Hijo de la guerra

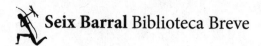
Seix Barral Biblioteca Breve

Ricardo Raphael
Hijo de la guerra

Diseño de portada: Planeta arte y diseño
Ilustración de portada: iStock by Getty Images
Fotografía del autor: Blanca Charolet

© 2019, Ricardo Raphael

Derechos reservados

© 2019, Editorial Planeta Mexicana, S.A. de C.V.
Bajo el sello editorial SEIX BARRAL M.R.
Avenida Presidente Masarik núm. 111, Piso 2
Polanco V Sección, Miguel Hidalgo
C.P. 11560, Ciudad de México
www.planetadelibros.com.mx

Primera edición en formato epub: octubre de 2019
ISBN: 978-607-07-6181-2

Primera edición impresa en México: octubre de 2019
Quinta reimpresión en México: noviembre de 2023
ISBN: 978-607-07-6182-9

Impreso en los talleres de Litográfica Ingramex, S.A. de C.V.
Centeno núm. 162-1, colonia Granjas Esmeralda, Ciudad de México
Impreso y hecho en México – *Printed and made in Mexico*

Para Alfredo Genis González Méndez,
por el privilegio de su fraternidad.

No basta decir solamente la verdad,
más conviene mostrar la causa de la falsedad.

ARISTÓTELES

PRIMERA PARTE

1

Ritual de iniciación
Diciembre, 1999

Bajé a desayunar temprano, fui de los primeros en entrar al restorán. Poco a poco llegó la raza nuestra, pero nadie hablaba. Los jefes notaron la circunstancia del silencio. Entonces el Cos se animó a preguntar:

—¿Ustedes qué tienen, cabrones? ¿Están mal cogidos o se les apareció el diablo?

Esperamos a ver quién hablaba primero. El M se levantó y volvió a interrogar:

—A ver, tú, Galdino —a mí ya me hablaba así porque yo era su chofer—. ¿Qué carajos sucede?

—Nada, mi señor.

—¿Nada?

—Es que no sé cómo decirlo…

—¿Hay alguna molestia? ¿Les falta dinero? ¿Vieron maltratos?

—No, no —respondí, sin querer hablar de más.

—Suéltenlo, para que podamos platicar —insistió el M, dirigiéndose a la bola de culeros que me estaban dejando solo.

—Disculpe, mi señor… —Me atreví a abrir la boca, aunque la voz me salía chiquita—. Perdone que le haga mención, pero ayer, estando todos presentes aquí, en el hotel, vimos que usted y otras personas salieron en la televisión, acusadas de… Dijeron en las noticias que lo andan buscando, jefe… por narcotráfico.

Una carcajada del M rompió el silencio en el comedor.

—¿Antes no sospechaban nada?

—Pues algo —dije yo.

—¿Sabes cómo me llamo, Galdino?

—Ahora sí, mi señor.

—¿Cómo?

—Osiel Cárdenas Guillén.

—¿Qué piensan, señores? —interrogó al resto.

—Oiga, jefe... ¿y por qué no nos habían informado toda la verdad? —intervino Óscar Guerrero.

—Yo les dejé esa responsabilidad a Decena y a Lazcano —se defendió el M, quien continuó risa y risa mientras era evidente que, por su reacción hacia nosotros, solo el Lazca estaba incómodo.

Osiel propuso que saliéramos al estacionamiento del hotel, y todos lo seguimos.

—Escoge una camioneta, Betancourt, la que quieras —ordenó apenas estuvimos en el exterior; Betancourt caminó hacia la Escalade que ese día traía Rejón—. Abre la puerta del conductor —volvió a instruir y Betancourt obedeció.

Del bolsillo de su chamarra el patrón sacó una navaja y con ella rasgó la piel del respaldo del asiento; sin mucho esfuerzo extrajo una placa ancha cubierta con fibra sintética que era parte del esqueleto, y dentro del hueco asomaron varios paquetes cubiertos con plástico y cinta canela. Retiró uno para mostrar que en su interior había cocaína. Según el M, cada asiento delantero contenía treinta kilos y los dos traseros unos ciento veinte más.

—Escoge otra camioneta —pidió el patrón, ahora dirigiéndose a Guerrero Silva. Óscar señaló una Suburban gris, estacionada frente a la Escalade.

El señor repitió la operación en uno de los asientos delanteros y retiró de nuevo la placa, que nos explicaron luego, era de plomo para evitar los rayos X; sin embargo, no había droga dentro del compartimiento sino paquetes con billetes verdes. De acuerdo con el patrón, las otras camionetas transportaban, cada una, setecientos cincuenta mil dólares.

Íbamos de sorpresa en sorpresa: durante los últimos meses había yo conducido esos vehículos sin saber qué contenían. Me imaginé todo lo que habría podido hacer con ese dinero. Adivinando mi pensamiento, el señor Osiel metió la mano debajo del tablero de esa misma camioneta y sacó de ahí una pelotita con cables.

—Esto es un rastreador satelital que ubica en tiempo real las coordenadas de los vehículos —precisó.

En aquel momento la tecnología de rastreo era cara, pero la compañía tenía para pagar eso y más. El aparato los alertaría si nos apartábamos de la ruta prevista; de plano no había manera de robarse el dinero o la mercancía sin que se dieran cuenta. Por último, el M nos mostró una pequeña calcomanía adherida en la salpicadera trasera derecha. En el caso de la camioneta que transportaba dólares, el pegote era verde; en cambio, la Escalade traía una amarilla. Así era como se distinguían las que llevaban cocaína de las que cargaban dinero. Osiel Cárdenas aclaró también que, cuando se trataba de mover moneda nacional, el circulito era rojo.

¡Puta madre! Hasta ese momento caí en cuenta de por qué, en cada ciudad a la que llegábamos, nos cambiaban los vehículos y por qué debíamos retirar las placas de los que traíamos para colocarlas en los nuevos; las matrículas eran legales y ayudaban a evitar las inspecciones. Es cierto que el engomado de los cristales nunca coincidía con las placas, pero para eso estábamos nosotros: cada vez que topábamos con un retén militar, mostrábamos las identificaciones que el gobierno nos había dado para que nos dejaran pasar.

Iba apenas descubriendo lo enredada que estaba mi vida en el negocio del narcotráfico.

Volvimos al restorán del hotel. Nadie ajeno a nosotros habría podido entrar o salir del lugar; ocupamos las sillas donde habíamos estado antes. El Cos, Treviño y Tony Tormenta no se habían movido. Osiel Cárdenas volvió a tomar la palabra.

—Bueno, muchachos, ahora que no hay más secretos y todos tienen la misma información, quiero preguntar si van a seguir sirviendo a la compañía.

Corrió dentro de aquel lugar un vocerío incomprensible.

—Hablen con libertad, no les pasará nada. Díselos tú, Heriberto —insistió el patrón.

Heriberto Lazcano se echó al ruedo con alguna dificultad porque sabía que con su silencio había abollado la confianza:

—Miren, compas, el que no quiera seguirle, mejor dígalo de una vez; no hay pedo, se los juro. El que así lo desee, se va. Pero hay que decirlo ahorita, no hasta la noche ni mañana.

Yo busqué la mirada del Hummer, porque me sorprendió que ese güey no hubiera dicho ni una palabra. Tocó el turno de que interviniera Arturo Guzmán Decena:

—Piénsenlo antes de responder. Ahora tienen buen sueldo, respeto, identificaciones, nadie los detiene; cada vez estrenan camioneta nueva, traen trapitos chingones y andan con buenas viejas. Cualquiera que quieran, güeyes, ustedes son la envidia; todas les dan el culo a una voz y no me digan que es por su carita. Analícenlo y, si no quieren, ¡pues ruedas de una vez!

Como si jugaran futbol, Decena le pasó el balón a Heriberto:

—La situación es esta: si se quedan, ganarán ciento veinte mil pesos netos al mes, que no gastarán porque les estaremos dando viáticos todo el tiempo.

—Mírense la ropa, traen buen reloj, alhajas finas, portan el arma que quieren; si entran a un restorán, el más caro del país, no tienen que preocuparse por el precio. El M no escatima recursos cuando se trata de ustedes —retomó la palabra Decena.

—Como dice Arturo, reflexionen en eso también: ¿cómo vive su familia? Recuerden los sueldos que se pagan allá afuera. Cuando éramos solo militares, ¿cuánto ganábamos? No hay comparación con lo que el patrón nos está ofreciendo —dijo el Lazca.

Con esos argumentos el Lazca, Decena y el M se nos metieron en la cabeza. Pero había también otras razones poderosas por considerar: ¿dónde estaban los otros veinticuatro compañeros del Grupo Zeta que también fueron al Fuerte Hood? Habíamos oído rumores. Que a tal lo levantaron, que otro murió en un accidente de coche, que a fulano su familia no lo volvió a ver. Para mí que esos cabrones no quisieron trabajar para la compañía y por eso ya no estaban entre los vivos; a nosotros sí nos habían calado y ellos no pasaron el examen. Eran gente honesta que quería mantenerse al margen, y creo que por esa razón los bajaron.

Por fin el Hummer decidió hablar:

—Pero las cosas han cambiado, patrón. A usted lo busca la policía, y aunque nos quedemos, pues de poco nos servirán las ganas con tanta gente en contra.

—De eso no tienen por qué alarmarse. Ustedes han de comprender que los medios de comunicación, los reporteros, deben de hacer su trabajo; no se enojen con ellos y tampoco les hagan caso. Estamos bien arreglados —respondió Osiel Cárdenas.

—¿Arreglados? —pregunté.

—Sí, Galdino, arreglados. Repito que los reporteros hacen su trabajo, y bueno, algunos están con nosotros, otros no. Pero ustedes como si nada, caminen derechito y nadie los molestará, se los aseguro. ¿Creen que estaría aquí tan tranquilo si tuviera miedo de que me agarren?

—¿Y el gobierno? ¿Está con nosotros el gobierno? —quiso saber Betancourt.

—Tranquilos, todo está en orden; trabajamos con el gobierno. Ustedes siguen siendo parte del gobierno, ¿o qué, los cortaron ya de la nómina del Ejército? Viene la quincena chica: cuando tengan su pago, se acuerdan de mí.

Otra vez se hizo el silencio en el restorán.

—¿Entonces? —apuró el Lazca, porque quería una respuesta rápida.

—No hay pedo, ya estamos aquí —reaccionó Óscar Guerrero.

—Pus le entramos —dijo Betancourt.

—Va —añadió el Mamito.

—Yo también —intervino Efraín Torres.

—¿Y tú, Galdino? —demandó Decena solo por joder; no necesité mucha reflexión porque el miedo me ganó y me doblegué ante la situación:

—Yo voy —respondí en voz más alta que el resto.

Al final ninguno se rajó. Los veintiuno que estábamos ahí reunidos con los jefes aceptamos la nueva realidad.

—Pérense, pérense —ordenó Osiel Cárdenas—. Este es un nuevo contrato de familia, así que quiero oír a cada uno aceptarlo.

Guzmán Decena, quien estaba parado frente al M, dio un paso militar y dijo:

—Yo seré el Zeta 1.

Se levantó Alejandro Lucio Morales Betancourt:

—Zeta 2.

Se sumó Heriberto Lazcano:

—Zeta 3.

Luego Jaime González Durán:

—Zeta 4.

Y así siguieron los demás.

Mateo Díaz López:

—Zeta 6.

Y Jesús Enrique Rejón:

—Zeta 7.

Óscar Guerrero Silva:

—Zeta 8.

Llegó mi turno:

—Zeta 9.

Omar Lorméndez Pitalúa:

—Zeta 10...

No hay que creerse lo que luego dijo la prensa: esa numeración de los Zetas nunca tuvo que ver con la jerarquía de mando dentro de la organización, eran claves para identificarnos entre nosotros y fueron asignadas por casualidad; Arturo se inventó en ese momento lo de Zeta 1 y sucedió que Betancourt estaba parado entre él y Heriberto, por eso Alejandro se nombró Zeta 2 y al Lazca le tocó ser Zeta 3. Hacía ya meses que el M trataba como iguales a Lazcano y a Guzmán Decena, y ellos se habían ganado la superioridad en el grupo, por lo que no es cierto que Betancourt fuera el número dos ni que yo ocupara el lugar nueve en la jerarquía. En todo caso, el tres habría sido el Hummer, y yo era el cuarto en el mando.

—No se retiren tan rápido —nos dijo el señor Osiel—. Antes hay que apartar el trigo malo del bueno.

Todos volteamos a ver al patrón.

—Ciro Justo Hernández, salga usted de la formación —ordenó el M.

El Cos y Treviño avanzaron hacia ese compa y lo flanquearon.

—Este hijo de la chingada estuvo hablando de más —nos informaron—. Por su culpa la policía investiga a la vieja del patrón y la DEA sabe cosas que no deberían saberse.

No tenía idea de que también la compañera del M estuviera en problemas.

—De este judas se encargarán todos ustedes —ordenó el Cos.

Ciro Justo Hernández era un cabo que siempre andaba callado, la llevaba con pocos y solo era amigo de Óscar Guerrero; esa mañana nos enteramos de por qué.

—¿Sabían ustedes que Ciro se cambió el nombre cuando lo mandaron al Fuerte Hood? —preguntó el M.

Óscar bajó la mirada.

—¿Lo sabías tú, Óscar? El verdadero nombre de este traidor —señaló con el dedo— es Ciro Guerrero Silva. ¿Cómo ven que Ciro y Óscar son hermanos, hijos de la misma madre y del mismo padre?

Nadie se atrevió a moverse de su lugar.

—Pero Óscar está limpio, ya lo investigamos y no hay problema con él. En cambio, el tal Ciro no merece trabajar para la compañía. Entregó nuestras claves de radio y proporcionó información sobre lo que hacemos y no hacemos; por su culpa nos metimos en problemas con la DEA, pero ese pedo ya está resuelto. Ahora lo que falta es que arreglemos cuentas aquí dentro.

Ciro Justo Hernández no era el único del Grupo Zeta que tenía una identidad falsa y Óscar se lo dijo al M; quería salvar el pellejo de su hermano.

—Discúlpelo, patrón, yo me voy a encargar de que no vuelva a cagarla.

Osiel tronó:

—¡Aquí el que la caga, la limpia! Esa es la regla y todos ustedes la van a limpiar, si es que realmente quieren seguir conmigo. Eso te incluye, Óscar. Es tu decisión: ¿te quedas con tu hermano o te vienes con nosotros?

A todo esto, Ciro Justo Hernández no parpadeaba. Ese chaparro taimado reaccionó con docilidad.

—Defiéndete, Ciro —suplicó Óscar—. Dile al patrón que no es cierto lo que está diciendo; lo del nombre falso sí, pero no que eres infiltrado ni soplón.

El traidor no se esforzó en salvar el pellejo. Fue difunto antes de serlo.

Ciro Justo Hernández no era el único de nosotros que cambió su nombre: más de la mitad de quienes fuimos al Fuerte Hood regresamos a México con otra identidad. Lo hicimos por órdenes del gobierno, por eso nos entró miedo de que el M estuviera acusando al hermano de Óscar Guerrero injustamente. Yo con Ciro nunca la llevé, era de esas personas recelosas que siempre te están juzgando con la mirada, pero Óscar sí era mi carnal y pobre cabrón, cuánto sufrió esa vez por lo que sucedía con su hermano.

Después de que el Cos y Treviño se lo llevaron, el M ordenó que todos nos dirigiéramos a una casa de seguridad a veinte minutos del hotel; dejamos las camionetas para no llamar la atención y nos transportamos en taxis. Óscar y yo viajamos dentro del mismo vehículo. Medio en clave, ahí dentro, le dije que si él creía que se estaba cometiendo una chingadera, los demás lo respaldaríamos.

—¿Y si es cierto lo que alega el M? ¿Qué pasará si Ciro es un infiltrado? —me preguntó.

Estuve a nada de proponerle que mejor se bajara del taxi y echara a correr, pero sabía que ese carnal no era ningún culero. Cuando llegamos a la casa ya estaban el Lazca, Decena, el Hummer y Betancourt; minutos después no faltaba nadie. Nos habíamos reunido otra vez los veinte zetas, veintiuno contando a Ciro Justo, y los cuatro principales: Osiel, Tony, Treviño y el Cos. El hermano de Óscar estaba completamente desnudo, amarrado a una silla de metal; otros comenzaron el trabajo sin esperarnos, de su boca salía sangre porque a putazos le habían tirado varios dientes. En cuanto nos oyó, llamó a su hermano para que lo defendiera.

—*Brother* —respondió Óscar. Con valentía, se acercó al M para insistir en el argumento de que varios de nosotros teníamos los nombres cambiados—: No es justo que solo Ciro pague por eso —razonó.

El patrón se apuró a despejar el error. Ciro no era un traidor por usar una identidad falsa sino por pasar información que no debía.

—Primero que a nadie, a ti te traicionó —le dijo a Óscar—. Tú, que lo metiste al Ejército y luego lo ayudaste para que fuera GAFE. Tú lo propusiste para ir al Fuerte Hood. Tú eres el primer traicionado.

Nos sorprendió el grado de detalle de la información que Osiel Cárdenas podía tener sobre cada uno de nosotros.

—¿Por ti este cabrón es lo que es?

—Sí —volvió a pronunciar mecánicamente el Zeta 8.

—Y, sin embargo, nunca te dijo que se cambiaría de bando.

—No.

—¿No te platicó que se reunía con periodistas y agentes del gobierno gringo?

Óscar negó ladeando brevemente el rostro.

—¿Tampoco te comentó que la DEA le pagó varios miles de dólares para que soltara nombres y entregara las claves de radio, para informar sobre mis movimientos? La mamada que vieron anoche por televisión —dijo el M, ahora dirigiéndose al resto— no habría ocurrido si este hijo de la chingada se hubiera mantenido en la línea, si no se hubiera hecho amiguito de los pinches gringos.

El rostro de Óscar se ponía cada vez más rojo.

—A los traidores hay una sola manera de tratarlos, ¿comprenden?

Óscar miraba de frente al M y de reojo a su hermano. El Lazca se aproximó a Ciro Justo y le pegó tamaño golpe en la cabeza con la palma abierta; el cráneo del güey tronó seco.

—Por tu culpa pudo haberse desmadrado la operación —añadió Heriberto—. Por tu culpa ahora el jefe está en los noticieros. Al patrón le costó muchos millones construir esta organización para que un pendejo como tú venga a echarlo todo a perder.

Cuando Óscar vio que no había remedio, trató de hacerse el fuerte:

—Entiendo, señor, entiendo lo que me explica. Si mi hermano se pasó de verga, pues yo no soy quien puede defenderlo.

—Entonces, ¿estás conmigo? —preguntó Osiel.

—Sí, señor.

Los demás asentimos junto con Óscar.

—¿Aunque sea tu hermano?

—Si usted no lo puede ayudar, yo tampoco.

El Lazca se arrodilló junto a la silla donde estaba Ciro y con un martillo le masacró los dedos desnudos de los pies hasta que se convirtieron en pequeños fragmentos de carne reventada; luego se aproximó el Hummer y puso un tremendo patadón sobre el pecho del desgraciado. Ciro salió volando con todo y silla, Betancourt se hizo cargo de levantarlo para que los demás pudiéramos continuar.

—*Brother*, ayúdame, por favor, ayúdame —balbuceó Ciro, tratando de encontrar el rostro de su hermano entre tanto cabrón que quería ser parte de la madriza. Óscar se mantuvo junto al patrón sin involucrarse, pero sin oponerse al castigo—. Piedad, amigos, piedad. ¡Óscar, *brother*, ayúdame!

Los gritos enardecieron el ánimo del grupo; varios comenzaron a disfrutar la tortura. El Hummer sacó un cuchillo de sierra y cruzando el labio superior le arrancó un pedazo de la mejilla: alcancé a ver el hueso pelón por encima de las muelas.

—Traigan brasas y vinagre —ordenó el Lazca.

A mí me tocó hacerla de curandero, apliqué primero el vinagre y luego una vara de madera ardiendo para cicatrizar la herida.

—Asegúrense de que sufra un chingo —mandó el M.

Veinte cabrones participamos en desollarlo. Betancourt y yo nos encargamos de mantenerlo con vida mientras los demás se llevaban, cada uno, su trofeo.

Esa fue la primera muerte culera en la que participé: una madre de esas te hace sentir poderoso.

Mientras tanto, el güey de Ciro escupía toda la sopa. Confesó que los gringos le ofrecieron una vida de rico en Estados Unidos si trabajaba como infiltrado entre nosotros; juró, y yo le creí, que nunca compartió nuestros nombres con sus otros patrones. En cambio, de Osiel Cárdenas dijo todo lo que sabía: la ubicación de casas y ranchos. También habló sobre los contactos que el jefe tenía fuera del país.

Ese día supimos más cosas del M que durante los meses previos. Cada vez que Ciro confesaba algo, el rigor venía peor: el Hummer lo castró y Decena le amarró un petardo para volarle la verga. No es fácil describir las emociones que genera involucrarte en una fiesta de esas; sientes miedo, pero no es un miedo desagradable porque está cargado de adrenalina. Quieres ver más, más sangre, más golpes, quieres oír más gritos y darle tú también, darle un chilazo al güey. No es excitación sexual, porque no soy puto, pero sí te excitas y no quieres que se detenga.

Al final Osiel decidió terminar con el show: le entregó a Óscar la Colt nueve milímetros que siempre cargaba y ordenó que le diera el tiro de gracia. Seguro que mi carnal ya se esperaba esa conclusión; no participó en la carnicería y por eso no le quedaba de otra si quería seguir siendo parte de los Zetas.

Cuando todo acabó, el patrón volvió a reunirnos a su alrededor, recuperó el arma que venía de usar Óscar y lo abrazó con fuerza diciéndole que lamentaba su pérdida.

—Guerrero, hoy perdiste a un hermano, pero ganaste una familia, veinte hermanos y yo que desde ahora formamos parte de ti. Con esta traición nace una hermandad, y así durará. Piénsenlo como un ritual que nos une para siempre.

La sangre que circulaba por nuestras venas nos tenía muy alertas, más que cualquier droga. Ese día surgió una legión de soldados dispuestos a hacer cualquier cosa con tal de sobrevivir. Entusiasmado, el patrón preguntó:

—Y su código, ¿cuál es?

Fue Decena quien pronunció la primera frase:

—¡Mata, Dios perdona!

Los demás completamos:

—Tu padre, la nación;

tu madre, la bandera;

tu esposa, tu pistola;

tus hijos, tus cartuchos.

Por cielo, mar y tierra,

nuestro único objetivo

es dar con el enemigo

y vencer o morir en el intento.

No hay amigos, no hay familia,

y no existe el amor.

Juan Luis Vallejos de la Sancha
Mayo, 2015

Por encima del horizonte, sobre la cresta de los cerros, dos camiones blancos descargaron los primeros desperdicios de la mañana. Chiconautla es una cárcel construida dentro de un antiguo basurero que la autoridad olvidó cerrar cuando mudó ahí a los reclusos. Sorprende que durante treinta años la prisión y el vertedero hayan cohabitado como hermanos siameses. En tiempo de calor las narices duelen porque la pestilencia se apodera de toda la cuenca. Los ajenos al penal no ingresamos antes de las diez de la mañana, así que aquel miércoles 13 de mayo de 2015 debí aguardar con paciencia casi una hora, hasta que un custodio accionó el pasador de una inmensa puerta de metal.

Antes de entrar, en el muro exterior topé con un cartelito que anunciaba una multa de seis mil pesos contra aquellos visitantes que introdujeran teléfono celular o dinero en efectivo. Después de cruzar tres aduanas me condujeron a los locutorios. Ahí, todos de pie, separados por una malla de fierro pintada de verde, los internos conversaban con sus abogados. Hasta el último momento temí que algo pudiera salir mal, pero quince minutos después de solicitar su presencia apareció Juan Luis Vallejos de la Sancha. Llegó vestido con uniforme azul y traía un cubrebocas, del mismo color, tapándole la mitad del rostro; imaginé que lo usaba para protegerse de los olores del basurero.

Para saludarme introdujo el dedo índice a través de uno de los brevísimos huecos de la malla. Preguntó si quería que habláramos en un lugar más accesible y pidió cien pesos. Con dudas, porque no había olvidado el cartelito en el muro exterior del penal, entregué enrollado un billete a través de la malla.

Cinco minutos después volvió Vallejos con un refresco de cola en la mano. La dádiva entregada a los custodios le consiguió permiso para situarse del lado de los abogados; lo tuve de cuerpo entero frente a mí. No era un hombre alto, pero me encontré con un deportista disciplinado.

En el pasillo paralelo a los locutorios comenzó a calentar el sol. Las manecillas del reloj en la pared marcaban las once de la mañana. Me habría gustado tener distancia con respecto a los demás reclusos, pero Vallejos estaba bien con la situación: se hallaba en familia, y esa familia hacía tiempo que había olvidado el significado de la privacidad.

El cubrebocas continuaba en el mismo lugar. Quizá también lo usaba para no hablar de más. Los tatuajes que llevaba por todo el cuerpo resultaron un buen pretexto para romper el hielo. Sobre el dorso de la mano izquierda, a lo largo del pedazo de piel que une al dedo índice con el pulgar, Vallejos tenía tatuada una letra zeta. Me aclaró que los primeros veinte zetas la lucían allí mismo, idéntica. Llevaba además una inscripción sobre la pared izquierda del cuello que rezaba «GUERRERO DE DIOS», y me dijo que también tenía cinco estrellas perfiladas sobre la espalda alta:

—Una por cada estado de los cinco que conquistamos primero —afirmó.

Si el cuerpo es el lienzo donde los seres humanos vamos bordando las experiencias de la vida, el de ese interno de Chiconautla era el paño de un testamento abrumador y contradictorio. El de un hombre que decía ser Galdino Mellado Cruz, alias el Zeta 9, y al mismo tiempo respondía al nombre de Juan Luis Vallejos de la Sancha.

Se retiró el cubrebocas y dijo:

—Fui uno de los veinte originales del grupo de los Zetas. El año pasado me convertí en un muerto vivo. Por la televisión supe que mataron a Galdino Mellado Cruz y sentí alegría, porque al fin había logrado librarme de mí.

En la red hay un par de fotografías de Galdino Mellado: provienen del Ejército y son archivos de la época en que se alistó para el servicio militar. Mi cerebro computó las semejanzas entre aquellas imágenes y la persona con quien conversaba. Eran parecidos a los de Vallejos los ojos saltones y tristes del Zeta 9 y el pronunciado remate hacia abajo de sus párpados, lo mismo que las orejas pequeñas y redondas, así como la frente, ampliada por dos entradas grandes en el pelo. De acuerdo con los registros públicos, Galdino Mellado tendría unos cuarenta y tres años, y a simple vista era posible que Juan Luis Vallejos fuera de la misma edad.

Si este hombre hablaba con la verdad, muchos estarían mintiendo: en mayo de 2014, justo un año antes de mi visita al reclusorio, Mellado Cruz murió durante un enfrentamiento en Reynosa, Tamaulipas. Al menos eso dijo el gobierno: los agentes de la policía habrían encontrado su cuerpo dentro de una casa que su organización usaba como centro de operaciones.

Pero Juan Luis Vallejos de la Sancha aseguró que él era Galdino Mellado Cruz.

—El de allá pertenece a la Familia Michoacana y ese otro, el que está parado junto a la reja, trabaja para la organización de los Beltrán Leyva. Aquí dentro nos conocemos todos. Afuera, los que sí importan saben también quién soy; si quiere, pregunte. Además, está el expediente judicial. Le doy una copia para que compruebe lo que estoy diciendo.

—¿Por qué quiere que dé a conocer su historia? —interrogué.

Enderezó el cuello como lagartija y respondió:

—Porque nos usaron. Fuimos un instrumento del gobierno y hubo una traición. Cuentan que estoy muerto y no es cierto. Lo mismo voy a decirle de otros.

Al reclusorio de Chiconautla llegan delincuentes menores y muy rara vez otro tipo de criminales.

—¿De qué está acusado?

—De robo. Me dieron cinco años y faltan algunos meses para que salga de aquí.

—¿Qué se robó?

Sonrió con media mueca.

—Una pistola calibre .22 —hizo una pausa y remató—: Pero no es cierto. La historia es más enredada. Usted solo tiene que escuchar lo que voy a contarle y así podrá juzgar. Si se anima, si no tiene miedo a saber, yo no tengo miedo a decir.

Otro recluso se acercó a nosotros para preguntar si queríamos comprar cigarros. Vallejos sacó del bolsillo del pantalón una moneda de diez pesos y pidió un par, uno lo colocó detrás de su oreja izquierda y me ofreció el otro. Lo rechacé porque recién había dejado de fumar. Entonces saqué del bolsillo de mi saco un puñado de pistaches salados que, en estos casos, me ayudaban a administrar la ansiedad.

—Hay dos condiciones para que estemos en paz.

Esperé a que consiguiera fuego. Encendió, escupió el humo y continuó:

—Primera: usted no puede publicar nada hasta que yo esté fuera de la cárcel. Ni una palabra antes de marzo del próximo año. Segunda: debe proteger a mi familia. Mucho trabajo me ha costado ganármela de nuevo, sobre todo a mi madre, y no quiero echarlo a perder. De mí puede escribir lo que se le dé la gana, pero no le perdonaría si publica algo sobre los míos. De sus nombres y circunstancias, cero. Por lo demás, conmigo no hay reversa.

El tono utilizado no dejó lugar para ambigüedades. Evité imaginar lo que podría suceder si yo quebraba sus reglas. Partí a la mitad una cáscara y llevé a la boca el primer pistache de aquel día. Su sabor salado espantó mi deseo de un cigarro.

—Si usted dice la verdad, yo tampoco me echaré para atrás —respondí imitando la firmeza de su voz.

Necesitaba imágenes de ese recluso para que un especialista las comparara con aquellas que el gobierno publicó de Galdino Mellado Cruz. Para ello había llevado a esa sesión una pluma cuya tapa escondía una cámara muy potente. Los custodios que hicieron el registro aquella mañana no la descubrieron.

—Quiero un retrato suyo —expliqué moviendo la pluma.

—Ningún problema. Ahora que nadie nos está jodiendo aproveche su camarita.

Coloqué el ojo diminuto de la pluma falsa frente a él y busqué un tiro limpio. Ese miércoles también había traído conmigo un documento que Vallejos debía firmar; con él obtendría autorización para visitarlo en el futuro. El interno sacó unos anteojos de montura negra y leyó el texto. Después de dos o tres minutos firmó como Juan Luis Vallejos de la Sancha, y bajo el trazo escribió: «Romanós 1:22». Es un versículo del Nuevo Testamento que habla sobre quienes presumen ser sabios, pero en realidad son hombres necios.

Le entregué un número de teléfono donde podía contactarme. Entonces, un interno vestido de color beige se aproximó para avisar que la conversación podría continuar si yo daba más dinero, pero ambos convinimos en detenernos.

Mientras caminamos de vuelta hacia la puerta de salida, tiré las cáscaras duras de pistache dentro de un basurero desbordado. El recluso esquivó la mirada inquisitiva de los custodios y al final se detuvo, extendiendo la mano para darme una despedida casi militar. No había tomado suficiente distancia cuando alcancé a escucharlo de nuevo:

—¡Yo no me rajo!

Viré y sus ojos me parecieron más tristes que antes. Continué andando hasta llegar a la calle. Cuán tenue me pareció, en ese momento, la frontera entre la libertad y su privación.

Falso positivo
Mayo, 2015

La investigación comenzó donde en esta época suelen comenzar todas las investigaciones: en internet. Transcurridos solo cincuenta y dos segundos en el buscador de Google, el nombre de Galdino Mellado Cruz arroja cuarenta y cuatro mil resultados. Frente a mí había una inmensa montaña de datos aún sin corroborar. Me angustió una jornada para la que iban a faltarme oxígeno y valentía.

Wikipedia dedica una entrada larga que incluye los principales datos de su biografía. Con su referencia también emergen cuatro o cinco imágenes que corresponden a distintos momentos de su vida. Ahí está la fotografía de cuando ingresó al Ejército, otra de cuando fue policía judicial, una más del periodo en que fue zeta y, finalmente, la de su rostro acribillado por una varicela de pólvora.

La confirmación de su muerte es probablemente la noticia más destacada en la red. Si uno dedica tiempo a bucear en esa nebulosa infinita de información, también es posible encontrar evidencia de que la justicia de Estados Unidos no creyó en el fallecimiento del Zeta 9.

Para despejar contradicciones, un día después de mi visita a Chiconautla envié a Montserrat Ferrara, antropóloga forense experta en análisis facial, las fotografías que había tomado con la pluma falsa. También le hice llegar una de las imágenes de Mellado que saqué de internet: elegí aquella donde tendría unos veinticuatro años, que es del periodo cuando trabajó como policía.

La experta devolvió una semana más tarde su peritaje. Ahí narra el método que utilizó para hacer su reporte: primero integró una base con quinientas caras seleccionadas al azar, dentro de la cual introdujo los retratos que yo había proporcionado. Luego corrió un programa capaz de comparar cuarenta y siete rasgos faciales entre todas esas caras de la base.

El resultado que obtuvo fue fundamental para seguir adelante: en ese universo relativamente amplio de fotografías, las dos más parecidas fueron las que yo había aportado. Según la experta, la probabilidad de que las imágenes del recluso de Chiconautla y la del joven Galdino Mellado Cruz pertenecieran a la misma persona era de un 82 por ciento:

> La cifra se acerca a cien por ciento si se eliminan los rasgos debajo de la nariz. Mientras la boca, el mentón y el cuello son facciones que se modifican con la edad, las medidas de los ojos, la frente o los pómulos tienden a perdurar en el tiempo. Comparando el tamaño de las cavidades oculares, la longitud de la nariz o las dimensiones de la frente, entre otros rasgos faciales superiores, se concluye que las dos fotografías entregadas corresponderían a la misma persona.

¿Mintió entonces el comisionado nacional de Seguridad cuando afirmó que los peritos del gobierno identificaron «plenamente» a Galdino Mellado Cruz?

Durante una conferencia citada al mediodía del lunes 12 de mayo de 2014, ese funcionario festejó que uno de los principales mandos criminales de Tamaulipas hubiera sido abatido en la ciudad de Reynosa. Con voz y porte de actor de película policial escandinava aquel hombre intentó infundir credibilidad sobre el relato:

—Derivado de labores de inteligencia, se le ubicó en un domicilio, a partir del cual este sujeto conducía la operación de sus negocios ilícitos. Cuando la Policía Federal logró aproximarse al inmueble, desde dentro se efectuaron disparos con armas de alto calibre y también los sicarios lanzaron granadas de fragmentación.

En la parte baja del atril, desde donde el comisionado pronunciaba su discurso, fue colocada una composición fotográfica que incluía dos mitades de un rostro humano, supuestamente pertenecientes al Zeta 9: la del lado izquierdo mostraba la faz de un varón vivo y sonriente; la del lado derecho, una cara masacrada por una decena de cicatrices de bala.

—La autoridad repelió la embestida apoyada por un helicóptero militar y elementos de la Marina. Después del enfrentamiento, ingresamos a la construcción, encontrando el cuerpo de un solo hombre abatido durante la refriega; los demás atacantes lograron huir.

¿Cómo fue que solo Mellado Cruz perdió la vida en un asalto donde intervino incluso un helicóptero militar? Este discurso del Comisionado puede consultarse en la plataforma YouTube y recuerdo que, al analizarlo, calculé que no debía utilizar, para mis comparaciones, la fotografía exhibida por esa autoridad: ocuparía otra que me diera mayor confianza.

El comisionado tomó agua, rascó las cuerdas vocales de su garganta y continuó hablando:

—No hay duda de que se trata de Galdino Mellado Cruz, un individuo relacionado con más de trece investigaciones por los delitos de homicidio, extorsión, tráfico de drogas y de armas.

A diferencia de los filmes escandinavos, donde la decencia policial obliga a que la autoridad atienda las preguntas de la prensa, apenas terminada su intervención, el funcionario abandonó la sala. Una hora más tarde, la televisión británica reprodujo aquella batalla descrita por la autoridad. Para ello utilizó una maqueta digital similar a la de un juego de video: puede igualmente consultarse en la red si se escribe en el buscador «*Zeta drug cartel Galdino Mellado Cruz killed*».

No faltó aquel lunes de mayo uno solo de los elementos que suelen desplegarse para otorgar credibilidad a la parafernalia oficial: la contundencia del discurso, la elocuencia de las imágenes y, sobre todo, la ingeniosa reproducción de los hechos. Sin embargo, un argumento se coló para incordiar la perfección de las escenas: la conferencia de prensa sucedió veinticuatro horas después de que miles de personas tomaron las calles de Tampico, Tamaulipas, para reclamar al gobierno por su negligencia frente a una ola de violencia que, en pocas semanas, había arrancado la vida a sesenta ciudadanos.

Para un cerebro políticamente torcido, como por ejemplo el mío, no es difícil sospechar que la escenografía montada para comunicar el deceso de Mellado Cruz pudo haber tenido como propósito competir por la atención de los medios de comunicación. Acaso el objetivo del gobierno no fue neutralizar al delincuente sino la crítica social.

Alimentó también mis dudas el hecho de que, un día después de la conferencia, el secretario de Gobernación —jefe inmediato del comisionado nacional— había visitado Reynosa para anunciar una nueva estrategia de seguridad: así como la policía, la Marina y el Ejército, en colaboración, habían abatido al último de los zetas fundadores, de igual manera lo harían, a partir de ese momento, con todo aquel individuo que pudiera significar una amenaza criminal.

Para alimentar la suspicacia también importó el documento que encontré en los archivos judiciales estadounidenses: se trata de un oficio fechado el miércoles 27 de mayo de 2015, un año después de la supuesta muerte de Mellado, que contiene la firma del fiscal de distrito Eric Daniel Smith. Ahí, este funcionario solicita al juez Keith P. Ellison que, a pesar de los dichos de la autoridad mexicana, mantenga abierta la causa penal en contra de Galdino Mellado Cruz, ya que posee evidencia de que el sujeto continúa con vida.

Tengo el título de licenciado en Derecho, pero nunca ejercí. La vida en tribunales me habría hecho infeliz. En los estantes de mi biblioteca todavía conservo una selección de libros gruesos gracias a los cuales me gradué de la universidad. De algo me habían servido antes para enfrentar distintas investigaciones durante mi carrera como periodista, pero en esta ocasión eran inútiles ante este pozo de confusiones. Mis maestros de derecho me enseñaron que los procesos judiciales tenían como principal objetivo estabilizar la verdad argumentada por las partes en conflicto: si el expediente penal no lograba este propósito, era muy difícil para la justicia hacer su trabajo.

No imaginé entonces que un día iba a enfrentarme a un caso donde los documentos procesales, mexicanos y también los estadounidenses, producirían el efecto contrario: impedían dar con la verdadera identidad de un delincuente tan buscado. De acuerdo con la jueza Verónica Castillo, Galdino Mellado Cruz ingresó al penal estatal de Chiconautla el lunes 13 de diciembre de 2010; según el comisionado nacional de Seguridad, ese mismo sujeto murió durante una balacera en Reynosa, Tamaulipas, en mayo de 2014 y, ante los ojos del fiscal Eric Daniel Smith y del juez Keith P. Ellison, ambos pertenecientes al Poder Judicial federal de Estados Unidos, el mismo individuo continuaba prófugo de la ley.

¿Podría el hombre uniformado de azul ayudarme a despejar la confusión? Acudí el miércoles siguiente al reclusorio de Chiconautla cargado de preguntas. No solo abordaría con él interrogantes relativas a su identidad: si el hombre decía la verdad, podría explicarme algo del horror que ha recorrido mi país durante la última década.

En muchas regiones los panteones se han poblado de gente muy joven. Antes de morir, esos seres humanos fueron torturados, tasajeados, decapitados. La escalada de violencia creció hasta hacerse insoportable: entre 2006 y 2018, a causa del conflicto armado contra las organizaciones criminales, en México perdieron la vida doscientas cuarenta mil personas y desaparecieron más de sesenta mil.

Los Zetas fueron protagonistas de esta tragedia. Ellos introdujeron terror, ferocidad militar y competencia armada a la pugna que ya había entre organizaciones. Antes de volverse delincuentes, fueron militares bien entrenados. Son el eslabón más obvio que alguna vez unió al gobierno con el crimen. Aproximarme a este individuo podía ayudarme a comprender el origen de la guerra y también las causas de tanta mortandad.

Como la inmensa mayoría de los mexicanos, yo sabía poco sobre ellos: se cuenta que los zetas fundadores se educaron en Estados Unidos, pero no existen pruebas de esta afirmación. Los contrató la Policía Judicial Federal, pero no ha sido posible explicar cómo fue que, de la noche a la mañana, se convirtieron en los sicarios más temibles del narcotráfico.

Los zetas fundadores comenzaron a marcar el territorio con cuerpos torturados y cabezas cercenadas: infligieron terror como nadie lo hubiera hecho antes en México. ¿Cómo sucedió que este grupo contagió a otras mafias con sus métodos y sus prácticas? Hay también evidencia de que los Zetas financiaron campañas políticas, pero nadie ha sido perseguido hasta ahora por este delito.

También es extraña la manera en cómo algunos de sus líderes fueron abatidos y luego sus restos desaparecieron, haciendo imposible validar su identidad. Circulan todo tipo de versiones sobre el verdadero destino de estos personajes; se dice que podrían estar vivos y en el extranjero, gozando de una existencia plácida y millonaria porque lograron un acuerdo que les permitió escapar.

El problema con estas versiones es que también suelen tener como fuente la propaganda. Igual que hace el gobierno, el crimen contrata publicistas que, por medio del corrido, el rumor, las redes y los sitios en internet, son capaces de inventar casi cualquier cosa.

Cuando me enteré, por un colega, que en el reclusorio de Chiconautla había un hombre que afirmaba ser el verdadero Galdino Mellado Cruz, pensé que no debía dejar pasar la oportunidad. Cabía dudar de su honestidad —fui advertido—; sin embargo, el hombre hablaba de temas y cosas que no parecían mentira. Si aquel sujeto era quien decía ser, el gobierno había montado una mascarada que yo quería denunciar. En caso contrario, si el interno de Chiconautla mentía, calculé que valía la pena el esfuerzo de visitarlo para averiguar las razones de su falsedad.

2

DIARIO DE UN HIJO DE LA GUERRA
Diciembre, 2008

En Chiapas la muerte me iba llegando lenta. Había sobrevivido cinco días dentro de una caja de madera improvisada como ataúd. Podía respirar gracias a dos tubos que emergían a la superficie. De tanto en tanto mis captores venían a visitarme: orinaban, echaban agua, lanzaban restos de comida y mierda a través de los ductos. Casi no podía moverme. Intenté presionar la tapa del cajón hacia arriba pero era inútil, me habían enterrado a tres metros de profundidad. Antes de sepultarme me rompieron las costillas, zafaron mi hombro derecho, arrancaron las diez uñas de mis pies y me destrozaron la quijada. Habría sido más humano que vaciaran sobre mí un carro completo de cemento. Era mejor una muerte rápida por asfixia que esta tranquila descomposición.

Cuando aquella masa caliente y viscosa fue subiendo, ya no pude dormir. A partir del tercer día entraron al ataúd unos hormigones rojos, famosos en esa región. Las bestias mordieron mi piel y la comezón fue infernal. Sentí hambre. Con la mano que tenía buena atrapé algunas y las devoré. Pensé que había llegado lo peor cuando descubrí que en las paredes del cajón una tarántula fabricaba su nido. Pero el bicho me dejó en paz y se me ocurrió entonces untarme tela de araña sobre las erupciones que me salieron en las mejillas; ayudó, pero el resto del cuerpo me dolía de a madres por las infecciones.

—¡Ya acaben conmigo! —gritaba a través de los tubos. Desde la superficie mis captores respondían orinando de nuevo y decían cada vez:

—¡Zetita culero!

Pedí a Oggún que me sacara de ahí pero no escuchó y, recordando cuando era niño, terminé por rezarle al Dios de los cristianos:

—No te conozco, pero si existes, ayúdame. No pido que me salves, solo que me quites la vida. Haz tu voluntad, haz algo, lo que sea, pero ayúdame a morir pronto.

Lloré entonces por la familia que dejaría sin haber pedido perdón. Fue dentro de ese cajón de madera donde comencé a preguntarme sobre el origen de mi violencia.

El impuesto de la ingenuidad
Mayo, 2015

Del otro lado de la línea escuché a una persona que se tranquilizó al saber que del mío había alguien que no mentía:

—¿Sabe quién soy?

Solo a él le había dado ese número.

—El hombre de Chiconautla —dije, y dentro de mi cabeza lo nombré Galdino en lugar de Juan Luis.

—Este teléfono es de los nuevos —afirmó.

—Lo tengo desde principios de año —respondí.

—Seguro que no es su número principal.

Era cierto. Había comprado ese aparato únicamente para comunicarme con él.

—Y usted me está llamando de un teléfono celular. ¿No se supone que ahí dentro están prohibidos? —reviré, y él desestimó mi comentario.

—¿Se va a echar para atrás?

—No.

—Lo llamo porque estoy pensando bajar al pueblo para comprar una libreta. Voy a escribir algunas cosas y quiero saber sobre qué temas le gustaría que lo hiciera.

Tardé en responder. No entendí lo que quiso decir con lo de «voy a bajar al pueblo». ¿Al pueblo de Chiconautla? ¿Fuera de la prisión? Eludí hacer una pregunta que podría dejarme en ridículo. Estaba ingresando a un mundo que desconocía casi por entero y con este hombre iba a resbalar varias veces antes de curar mi ingenuidad.

—¿Cuándo va a regresar? —preguntó.

Esta interrogante, como los canguros, llevaba otra dentro: «¿Logré sembrar en usted suficiente curiosidad como para que vuelva a visitarme?».

La respuesta surgió antes de que pudiera frenarla:

—El miércoles próximo.

—¡Aquí lo espero!

—Escriba sobre su infancia. Por ahí comenzaremos con las entrevistas —dije antes de colgar.

¿Galdino o Juan Luis? ¿Vallejos o Mellado? ¿Habría otro nombre asociado a esta persona? Si no contaba entonces con una teoría sobre su identidad, tampoco la tenía sobre los verdaderos motivos para compartir su historia. Si, según su narración, se hallaba a pocos meses de abandonar la cárcel, ¿para qué arriesgarse? La versión del gobierno era que Galdino Mellado Cruz estaba muerto. Eliminado ese delincuente —uno de los más buscados por la Procuraduría General de la República—, Juan Luis Vallejos habría quedado libre para reinventarse en cuanto saliera de Chiconautla. ¿Para qué complicarse entonces confesando su vida? ¿Quería usarme para enviar un mensaje a sus colegas, o tal vez a sus enemigos?

Decidí visitarlo cuantas veces fuera necesario para averiguar lo que tenía por contar. Si no fuese periodista habría sido más fácil darle la espalda a este asunto, pero en el oficio que ejerzo, incluso el desinterés por un tema debe tener buenas razones. Galdino Mellado y yo nos llevábamos cinco años de diferencia, en la práctica formábamos parte de la misma generación y, sin embargo, nos sucedió vivir de manera distinta nuestra época. El experimento que podía surgir de una conversación entre ambos, entre el zeta y el periodista, merecía la pena. Calculé también, con vanidad, que yo tenía mejores argumentos para perseverar y, no obstante, dice el versículo 22 del primer capítulo de la Carta a los Romanos, esto podía no ser sabio sino necio.

El expediente judicial
Mayo, 2015

Otra vez me atacó el candor cuando creí que el expediente judicial ayudaría a despejar la verdadera identidad del interno de Chiconautla. Sin embargo, conforme avancé en la lectura de ese tomo de quinientas páginas, la lista de nombres y de alias fue en aumento. A los dos primeros —Galdino Mellado Cruz y Juan Luis Vallejos de la Sancha— se sumó un tercero: José Luis Ríos Galeana.

La trama del encarcelamiento del presunto Zeta 9 comienza con una visita al viejo pastor Samuel Láscari, quien se hallaba convaleciente en su domicilio. Un tal José Luis Ríos Galeana pasó a saludarlo, como lo hacía regularmente desde que ese religioso enfermó. Paulina Fernández, la trabajadora del hogar, recuerda vagamente haberlo visto pasar al baño antes de despedirse.

Horas más tarde llegó al domicilio Jonathan Láscari, el hijo menor del pastor; entró a su recámara y de inmediato salió de ahí convencido de que le habían robado una pistola calibre .22, que se encontraba escondida entre sus pertenencias.

Preguntó entonces a la señora Paulina si alguien ajeno había visitado la casa. Ella respondió que sí y, seguro de que esa persona era responsable del hurto, Jonathan acudió al Ministerio Público esa misma noche para denunciar por robo a José Luis Ríos Galeana.

A la mañana siguiente, el viejo Láscari llamó a su feligrés para ponerlo al tanto de lo sucedido, y también para pedirle que aclarara la situación con su hijo. Según el testimonio de Jonathan Láscari, Ríos Galeana volvió por la tarde a su domicilio con un cuchillo para amenazarlo: «Dijo que iba a matar a mi papá y a mí, pero que antes me cosería el culo y me pegaría un tiro por cada una de las estrellas que lleva tatuadas en la espalda».

Cuando llegué a este punto del expediente pensé que no conocía los tatuajes referidos por el hijo del pastor. En la primera visita Juan Luis Vallejos me habló de esas cinco estrellas, una por cada estado que conquistaron primero, dijo, pero no me las mostró.

Continúa narrando Jonathan Láscari que ambos forcejearon en el porche de la residencia, hasta que el ladrón fue sometido: «Justo en ese momento iba pasando una patrulla y los policías arrestaron a José Luis».

En la declaración que el Ministerio Público tomó al presunto asaltante ya no aparece el nombre de José Luis Ríos Galeana sino el de Galdino Mellado Cruz. Ahí se menciona que el detenido se dedicaba al narcotráfico, que estaba vinculado con un grupo delincuencial muy peligroso conocido como los Zetas, y que en su medio lo conocían como el Mellado.

Tres meses antes de este episodio, el gobierno de Estados Unidos declaró, conforme a la *Kingpin Act,* que estaba prohibido para cualquier empresa o ciudadano de ese país sostener relaciones de negocio con Galdino Mellado Cruz y otras cincuenta y dos personas en el mundo, consideradas como amenazas por sus vínculos con el narcotráfico internacional.

¿Cómo fue posible entonces que ese mismo sujeto hubiese sido detenido sin que el gobierno mexicano ni la prensa internacional hayan hecho un gran escándalo?

Quizá ayudó a alimentar el desconcierto el hecho de que el señor Gilberto Vallejos Hernández acudiera al rescate de su hijo. El expediente consigna que, al entrar en contacto con esta persona, el oficial en turno afirmó no tener arrestado a ningún individuo con el apellido Vallejos y, sin embargo, permitió que el hombre recorriera el área donde estaban los detenidos. A decir del visitante, la autoridad estaba equivocada: el individuo identificado como Galdino Mellado Cruz era en realidad Juan Luis Vallejos de la Sancha.

Se levantó entonces un acta nueva en la que el preso adoptó un tercer nombre. El lunes 13 de diciembre de 2010 fue trasladado al penal de Chiconautla un varón identificado como Juan Luis Vallejos de la Sancha y/o Galdino Mellado Cruz. Me consta que la diagonal entre un nombre y otro ha permanecido desde entonces en todos los documentos judiciales relativos al interno de Chiconautla.

Transcurrió un año mientras se desahogaron las pruebas y los testimonios del proceso. En el expediente se narra la manera como las acusaciones fueron derrumbándose una a una: primero, el nombre con el que fue acusado era incorrecto; segundo, no apareció jamás el cuchillo y sin él no había manera de probar que el sujeto hubiera agredido a Jonathan Láscari con un arma prohibida; tercero, la señora Paulina Fernández no acudió para ratificar ni para ampliar su declaración original, y ella era el único testigo para sostener la acusación por robo; y cuarto, el denunciante optó al final por perdonar al indiciado.

A pesar de todo, la jueza Verónica Castillo dictó una sentencia de cinco años y tres meses en contra de Juan Luis Vallejos de la Sancha y/o Galdino Mellado Cruz, por haber cometido el hurto de un arma de fuego cuyo valor en el mercado rondaba entonces los seis mil pesos.

¿Por qué la sentencia fue por robo a casa habitación, cuando en todo caso debió acusársele por abuso de confianza, ya que José Luis Ríos Galeana visitaba con frecuencia la casa del pastor? ¿Por qué, sin haber testigo directo del delito, ya que la señora Paulina Fernández no acudió a declarar, la jueza Castillo mantuvo la acusación principal? ¿Por qué no se tomó en cuenta el perdón de Jonathan Láscari? Y más sorprendente: ¿por qué el encarcelamiento de Galdino Mellado Cruz no fue noticia pública?

Habría sido sencillo para un abogado sacar al supuesto ladrón de la cárcel y, sin embargo, la sentencia no fue apelada. El recluso hubiera tenido derecho a pedir que el juez de ejecución redujera a la mitad el plazo de su condena: por buen comportamiento, a los dos años y medio se habría marchado libre. En cambio, en el expediente consta que el recluso hizo todo lo posible para que tal cosa no sucediera: jamás asistió a las sesiones con el sicólogo; durante las horas de convivencia tuvo un pleito violento con una tal Rosaura, su expareja; provocó más de una riña con los internos y se hizo de mala fama entre los custodios. Así prolongó todo lo que pudo su estancia en prisión.

Segunda visita
Mayo, 2015

Galdino se aproximó acompañado por un colega, también uniformado de azul: un varón gordo y no muy alto que rondaría los sesenta años. El hombre fue presentado como el Comandante. Ese otro interno resumió los motivos de su ingreso a la prisión y hubiera deseado que también lo entrevistara: ahí dentro, es poderosa la necesidad de hablar sobre uno mismo. Se despidió sin ganas cuando nos avisaron que podíamos pasar a las palapas, negociación que costó cuatrocientos pesos. A pesar del ridículo cartelito, en esta cárcel el dinero viaja de mano en mano, en papel y metal, todo el día; pidió dinero el bolerito, un viejo de baja estatura y piel agrietada, lo mismo que aquel flaco apodado el Pifas, quien ofreció llevar refrescos y cigarros mientras conversábamos, y el custodio que vendió la oportunidad de que la entrevista ocurriera en un lugar cómodo.

Con la actitud del niño que hizo la tarea, Galdino me entregó un fajo de hojas escritas a mano, pero faltaba la esquina superior izquierda de esas páginas rayadas.

—Las arranqué rápido del cuaderno —explicó, y luego pidió que extendiera la mano para darme los pequeños restos mutilados.

Después de recorrer un pasillo ancho e inclinado alcanzamos las palapas, una nave inmensa cubierta a dos aguas por un techo de lámina y asbesto. La estructura metálica era de un verde igual al de la malla de los locutorios, lo mismo que las quince o veinte bancas largas y las mesas paralelas que sirven para que, los domingos de visita, las familias almuercen con sus parientes recluidos. Al fondo había un altar dedicado a la Virgen de Guadalupe; decenas de flores frescas lo rodeaban.

Aquella mañana éramos pocos los visitantes. Escogimos una mesa distante del resto, pero un ruido impertinente rompió la esperanza de intimidad, pues el golpe de un pico contra el cemento se escuchó durante toda la entrevista. Un par de internos trabajaron mientras conversábamos, rompiendo una escalinata que conducía hacia los sanitarios.

Ese día noté que se rasuraba las cejas. Observé sus orejas redondas, su dentadura perfecta, su tono «barrio» al hablar, su sentido del humor —casi siempre involuntario— y la vulnerabilidad que lo humanizaba. Habría sido más cómodo administrar la proximidad si Galdino no fuera Galdino sino Juan Luis Vallejos de la Sancha.

—Ahí tiene mis apuntes —dijo señalando las páginas entregadas—. Desde que vino estuve escribiendo todos los días. No comencé con mi infancia sino con la vez que me secuestraron en Chiapas.

Recorrí sin prisa las hojas separadas con torpeza del cuaderno comprado en el pueblo: esa ocasión aprendí que no era un lugar fuera del reclusorio sino la zona donde viven los presos que no visten de azul. El lugar de la mayoría, de los que comen rancho y duermen con otros doce en una misma celda. Vallejos no era «pueblo» porque pagaba una cuota semanal para que lo trataran con privilegio.

Los trazos bien plantados de su letra caían hacia el costado derecho de cada página. Descubrí algunas faltas de ortografía, pero no me impidieron tomar conciencia de que ese material podía ser valioso.

—¿Quién sabe aquí en el reclusorio que usted es Galdino Mellado Cruz?

—Muy pocos, solo los zetas que están en el dormitorio dos. Son chavos de la última generación.

—¿Y a quién le ha contado que quiero hacer un reportaje sobre usted?

—A nadie. Yo solo hablo de estas cosas con el espejo.

—¿Y el Comandante?

—Se lo quería presentar porque es parte de mi banda aquí adentro.

Aproveché para fijar, ahora yo, mis condiciones:

—No solo la familia de usted está en riesgo con lo que estamos haciendo. Si cualquiera de los dos se equivoca no habrá más entrevistas, y sabotear es otra forma de rajarse.

—¿Qué quiere que diga cuando venga a verme?

Le exigí que no explicara nada.

—¿Menciono que es mi abogado?

—Me parece una mala idea —respondí.

Galdino lanzó una mirada hacia la Virgen de Guadalupe y yo asumí equivocadamente que mientras estuviera encerrado en Chiconautla, él se hallaba en desventaja.

—Cuénteme de nuevo cómo fue que vino a dar a la cárcel.

Mi interlocutor se frotó las manos y respondió:

—Visitaba todas las semanas al pastor Samuel Láscari en su casa de Coacalco. Una tarde pasé a saludarlo, conversamos y me regaló una Biblia. Al día siguiente me enteré de que Jonathan, el hijo menor, creyó que yo había robado una pistola. Estaba equivocado, el pastor era para mí como un padre y jamás le habría hecho una cosa así. Decidí ir a su casa para aclarar. Llegué calmado. En la sala me esperaban Jonathan y su hermano mayor, quien también se llama Samuel. Todo salió mal, nos hicimos de palabras y me defendí. El más grande de los Láscari había trabajado para la policía y se me echó encima, luego Jonathan dejó entrar a dos agentes que me estaban esperando afuera de la casa: dijeron que yo era de los Zetas y por eso me condujeron a los separos.

—¿Cómo llegó el nombre de Galdino Mellado Cruz al expediente? —interrogué.

—Al principio el ministerio público pensó que tenía preso a un raterillo pendejo de nombre José Luis Ríos Galeana, porque así me hacía llamar cuando conocí al pastor Láscari; pero luego, cuando cotejaron mis huellas digitales, descubrieron que yo era Galdino Mellado Cruz.

No pude contener la carga de interrogantes que venía coleccionando:

—A usted lo estaban buscando en Estados Unidos y en México, ¿por qué no se hizo entonces un escándalo de prensa?

Sintetizó su respuesta en una sola frase:

—Fue parte de la negociación.

—¿Qué negociación? —dije, sobrepasado.

—La negociación que hice con la jueza para que me encerrara.

Traté de esconder la sorpresa que me produjo su respuesta; ahora fui yo quien guardó un silencio que él resolvió:

—Cuando mi papá fue a buscarme a los separos pensé que no estaba siendo acusado por un delito grave y que, con el desastre que traía en mi vida, dentro de la cárcel podía irme mejor: ya andaba cansado de romperme la madre, y es que también fue mi peor momento como adicto. Me había enganchado con la heroína y hacía puras pendejadas. Sabía que, si entraba al reclusorio, mayormente resolvería dos cosas: la heroína y la muerte. Si revisa las fechas entenderá todo. Era 2010, la peor época del pleito por las plazas, cuando ocurrían los asesinatos entre nosotros y la persecución del gobierno. Quería seguir vivo, y si no cambiaba, en cualquier momento me levantarían. Además, los santos de mi religión también dijeron que era la única manera de llegar a cumplir los cuarenta.

—¿La solución fue encerrarse a vivir en un reclusorio como este? —cuestioné, acuchillado por el escepticismo.

—Era la mejor manera de bajar el perfil.

—¿Camuflaje?

—Ándele, camuflaje. Así te enseñas en Tepito: confundes confundiéndote. ¿Comprende?

Asentí.

—Eso mismo hago yo aquí.

—¿En Chiconautla?

—Aquí la autoridad cree que soy una *hormiga*, como hay millones. ¿Se imagina lo que diría el director del penal si supiera que el Zeta 9 se esconde en su cárcel?

Puse sobre la mesa cien gramos de pistaches salados. Le ofrecí un puño y cambié de tema mientras procesaba la información anterior:

—¿Pudo dejar la adicción a la heroína?

—Se necesita al menos un año para que el vicio te suelte, pero lo peor fueron los primeros quince días. Cuando me arrestaron tuve que dejar de consumir de la noche a la mañana. Empezó la sudoración y la angustia, sentía ansiedad a toda hora. No podía concentrarme y viví las peores alucinaciones: veía un pedazo de mierda y creía que era heroína, la llegué a probar porque no podía concebir que fuera otra cosa. Todo me daba miedo y entré en psicosis. La ventaja fue que en Chiconautla no es fácil conseguirla. Hay otras drogas, pero esa no.

—¿Buscó apoyo médico?

—No, primero me la eché solo. Ya después fui a las sesiones de Alcohólicos Anónimos; eso me ayudó.

Rompí varias cáscaras antes de llevarme a la boca las semillas saldas y regresé al tema previo:

—¿Cuánto costó comprar a la jueza?

—No me acuerdo.

—¿Mucho?

—No importa. Ella me sentenció, pero es otro, el juez Roldán, quien va a darme la liberación. Ahora que el Zeta 9 está muerto no hay razón para preocuparme por lo que ya fue. Mi problema en el presente es que me endilguen las broncas que traigo aquí con la Familia Michoacana. A esa gente les anda por bajarme al pueblo, y si eso pasa me cae que no la voy a contar. Ahí, por unos cinco mil pesos cualquiera te atraviesa con una punta.

—¿Qué es una punta?

—Un pedazo de fierro al que le sacas filo, y luego lo embarras de excremento.

Me pareció horrenda la idea de agonizar con la sangre enve-
nenada.

—¿Cómo le ha hecho todo este tiempo para no ir a dar al
pueblo?

—En Chiconautla, lo que no se arregla con dinero se arregla
con mucho dinero.

3

DIARIO DE UN HIJO DE LA GUERRA
Diciembre, 2008

Conducíamos varias camionetas blindadas sobre una carretera secundaria, a muy pocos kilómetros de la frontera con Guatemala; nos emboscaron y nos sometieron porque nuestros atacantes nos superaban en número. El azar salvó mi vida mientras que eliminaron al resto de los integrantes de mi estaca dentro de una casucha construida con madera costera.

Entre dos hombres me hicieron subir sobre una mesa y ordenaron que me retirara las botas militares y los calcetines. Sin que negociara un carajo, un sujeto con cara de gringo me extrajo la uña del dedo gordo del pie izquierdo con una pinza de electricista; luego arrojó vinagre sobre ese bulto desnudo. Bien sabía yo que esa madre sirve para apurar la cicatrización de las heridas.

Grité tan fuerte que me dolieron los oídos. No calculé que con la queja alimentaría la adrenalina de mis verdugos, quienes repitieron nueve veces más la misma chingadera. Nazario Moreno era un líder importante de la Familia Michoacana. Fue él quien ordenó que me enterraran vivo, pero antes me usó para enviar un mensaje. Esa raza encontró mi teléfono celular y me obligaron a proporcionar el código para desbloquearlo. En la lista de contactos hallaron los datos de Omar Treviño, el 42, y esto confirmó que yo estaba bajo las órdenes de Heriberto Lazcano Lazcano, el líder principal de los Zetas.

Antes de marcar desde ese teléfono, Nazario Moreno ordenó que trajeran una batería y cables para pasar corriente. El tipo gi-

gante y güero exigió que me retirara los pantalones y la ropa interior; mis nalgas sintieron la madera astillada de la mesa.

Mientras me colocaban una pinza sobre los testículos, otra atrapó la cabeza de mi pene. El extremo opuesto de los cables permaneció suelto. Para que los hicieran funcionar, faltaba todavía que Lazcano se reportara con Moreno.

Por fin se comunicó:

—Soy Nazario Moreno y tengo un mensaje para ustedes —ordenó que conectaran las pinzas libres a la batería de doce celdas, colocada sobre el suelo—. ¡A ver si ya aprenden, pinches culeros, a no meterse con nosotros, Chiapas no es lugar para que tu gente venga de visita, lárguense y no vuelvan!

Aquella conversación habrá durado unos diez minutos porque Heriberto Lazcano intentó ganar tiempo; pidió pactar, ofreció dinero y propuso intercambio de prisioneros. Nazario respondió resoplando con fuerza. El segundo choque eléctrico provocó que mi vejiga se vaciara, y el tercero tuvo el mismo efecto en mis intestinos. Con el cuarto perdí la conciencia y no desperté hasta que ya estaba dentro de un ataúd improvisado, tres metros bajo tierra, nadando en una mezcla de desperdicios, mierda, orines y mi propio sudor.

Tepito
Junio, 2015

Al comienzo de la investigación me habría ayudado poder entrevistar a la familia de Galdino. La prohibición de acercarme era un problema para comprender el contexto en el que creció este hombre. Contaba con que, pasado el tiempo, lograría obtener su confianza y entonces insistiría para que me dejara conversar con las personas más próximas a su entorno. Mientras tanto, decidí visitar el barrio de Tepito, donde dijo que había transcurrido la mayor parte de su infancia. Si no podía acercarme a sus familiares, por lo menos lo haría al lugar que lo vio crecer.

Galdino Mellado Cruz dice que de niño vivió en una vecindad ubicada en el número 69 de la calle Jesús Carranza. El domingo que visité el sitio, en la puerta de ese inmueble topé con un hombre melenudo y barbón, que traía puesta ropa recogida de algún basurero y no se había bañado en mucho tiempo:

—Me llamo Brígido Solís Guzmán —se presentó—, aunque aquí todos me conocen como el Lobo.

Si era un habitante viejo del lugar, podría ayudarme con la información que estaba buscando: le conté que era periodista y que andaba sobre la pista de algunas familias antiguas del lugar.

—Uno deja el barrio, pero el barrio jamás lo deja a uno. Los pocos viejos que ahora quedamos podemos contarle, no hay ningún libro que diga todo lo que sabemos. Si me da para el refresco le hago al guía de turista —propuso y luego me presentó a su hijo Lupe, un muchacho de unos once años que me provocó lástima por flaco, sucio y, sobre todo, por su mirada desenfocada.

Llamó mi atención que el hombre, con setenta y muchos, tuviera un hijo de esa edad. No fue fácil caminar aquella mañana porque Tepito, como casi todos los días, estaba a reventar de puestos y visitantes. Además, justo en ese momento se celebraban elecciones. Sin embargo, el hombre se entusiasmó mostrando las calles.

Mientras nos dirigíamos a la iglesia de la Concepción, un dedo índice colgaba como gancho sobre el puente de la nariz de Lupe; con el resto de la mano el muchacho atrapaba un pedazo de esponja remojado en solvente.

El Lobo me mostró las casas más antiguas, que todavía eran de adobe, los puestos donde se venden juguetes sexuales, los tenderetes de películas piratas que se ofrecen solo al mayoreo, los billares, las cantinas y otra vecindad, en el número 33 de Jesús Carranza, un lugar conocido como la Fortaleza.

—Hace no tanto, ahí se vendían toneladas de mosto —dijo.

—¿Vino? —interrogué con ignorancia.

El viejo se rio y alcancé a ver los dos últimos dientes que le quedaban.

—No, cocaína, así se le dice aquí al polvo blanco.

En lo que me conducía por entre la gente, extravié la mitad de sus palabras debido al estruendo de la música norteña que sonaba cada dos o tres puestos. Cansado del esfuerzo que implicaba hacerse entender, el Lobo propuso entrar al Peñón, un parque público ubicado en el extremo este del barrio. Ahí dentro se había instalado una casilla para votar; era media mañana y una fila de unas treinta personas aguardaba con paciencia su turno.

—De chamaco pertenecí a la banda del Pañal y después a la de los Dóberman —confesó orgulloso—. Hace unos años hubo una película sobre nosotros, éramos una bola de chamacos de quince o dieciséis años; mi hermano Raúl entrenaba a los perros que usábamos para asaltar. A los clientes les quitábamos todo, hasta los zapatos. Cuando crecimos, nos volvimos grandes delincuentes.

Llegamos a ser ricos, pero al final nos quedamos sin nada. Desperdiciamos la oportunidad.

Ocupamos una banca en el Peñón, y mientras la narración intentaba continuar su curso, vino el cuidador del parque para amonestar al Lobo:

—¡Aquí adentro el niño no puede estar haciendo eso! —dijo.

El padre no se ofendió. Parecía acostumbrado a enfrentar reclamos parecidos, porque su hijo inhala solvente todo el día. Explicó que no dañaba a nadie consumiendo mona. Poseedor de una ternura que desentonaba con su facha de hombretón mayor y greñudo, el Lobo intentó explicar a su hijo que en ese sitio estaba prohibido drogarse:

—Siquiera esconde la mano para que el señor no te vea —ordenó mientras el cuidador regresaba sobre sus pasos.

Pero Lupe no retiró la mano de su nariz; parecía incapaz de comprender esa instrucción elemental. El Lobo se debatió entre partir del parque o insistir a su hijo que ocultara la mano donde atesoraba su droga barata. Fue el muchacho quien resolvió el dilema yéndose a refugiar detrás de los juegos infantiles.

—¿Por qué se lo permite? —me atreví a intervenir.

—Le gusta —respondió en tono conciliador.

—No se trata de un juguete.

—Vinimos aquí para hablar de Tepito, ¿no?

—Pues sí, pero esa cosa mata.

—¿Está usted hablando con un muerto?

Guardé silencio.

—Aquí la mona ayuda a los niños a pasar el tiempo —dijo para zanjar el tema.

Amordazado por la resignación, le entregué una fotografía ampliada de Galdino Mellado Cruz. Era aquella de la cartilla militar, cuando el fundador de los Zetas rondaría los diecisiete años, una distinta a la que analizó la antropóloga Ferrara.

Mi interlocutor reaccionó con convicción:

—Este es el nieto de la Jitomata, de Leonor Mayén.

—¿Está seguro?

—¡Claro que sí! Ese muchacho creció aquí. Fue amigo de mi hijo Felipe, el mayor. Se juntaba con la banda de los Morelianos. El papá se llamaba José Luis, José Luis Marino Hernández, mejor conocido como el Marino. Fue el segundo en la banda de Alfredo Ríos Galeana, el gran asaltabancos, ¿recuerda?

No podía ser coincidencia que el nombre de José Luis Ríos Galeana también apareciera en el legajo judicial: José Luis, como el padre, y Ríos Galeana, como aquel criminal muy famoso en los años ochenta.

—El Marino murió —añadió el Lobo— durante un atraco en Iztapalapa.

Tomé nota mental porque según el interno de Chiconautla, su padre seguía con vida; preferí dejar que la conversación continuara corriendo.

—¿Cree que ese muchacho haya usado otros nombres?

—Aquí todos cambiamos de nombre si andamos en problemas y ese calavera tuvo que huir, como a los quince años, después de que le disparó al pastor de un templo que está en la calle de Argentina.

—¿Qué templo?

—El Divino Salvador, detrás de la Secretaría de Educación.

Los electores dejaron la casilla y antes de abandonar el Peñón se detuvieron frente al hombre que minutos antes había regañado al Lobo; el encargado del parque tomó con el teléfono una fotografía a cada uno mientras mostraban su credencial para votar. Don Brígido me explicó que, a cambio de esa imagen, las personas recibirían dinero y una despensa por haber sufragado esa mañana.

—Así es en días de elección, te dan buenas cosas si apoyas al bando indicado y cada vez la despensa viene más grande: latas de fruta, frijol, arroz, papel higiénico, dulces. El problema conmigo es que perdí mi identificación y sin ella no puedo tomarme la foto.

Presioné al Lobo para que volviera al tema y accedió:

—Luego supimos que ese hijo de la chingada del pastor se pasaba con los muchachitos, le gustaban los menores, y por aquel tiempo corrió el rumor de que les pagaba para que lo dejaran hacer sus cochinadas.

Lupe seguía aferrado a la mona, así que el cuidador del parque regresó con nosotros y exigió que lo sacáramos inmediatamente del Peñón.

—Los ciudadanos estamos cumpliendo con nuestra responsabilidad cívica y este niño es un mal ejemplo —aseguró.

El Lobo hundió la cabeza greñuda entre los hombros y le gritó a Lupe para que se acercara de nuevo. Como quien domestica a un perro faldero, le dio una palmada en la espalda y lo apuró para que caminara hacia la salida. Nos despedimos con prisa. Sentí pena al ver esos zapatos desgastados por la miseria; los del padre y también los del hijo.

El Divino Salvador
Junio, 1988

Una tarde andábamos la bolita de amigos por la calle de Argentina, que es la continuación de Jesús Carranza. Tenía yo entonces unos quince años; éramos unos chamacos que nos creíamos «muy acá». Yo estaba recargado contra una pared cuando de pronto veo a un perrito, de esos pachoncitos, que venía jalando al pastor del Divino Salvador. El hombre no me reconoció cuando me le quedé viendo. Los otros compañeros se pusieron a decir cosas jodidas sobre él:

—Ahí va ese hijo de su pinche madre —rezongó uno.

—Puto, qué ganas me dan de matarte —dijo otro.

Pregunté solo por curiosidad:

—¿Pues qué tienen contra él?

Y el primero me respondió:

—Ese puto se pasó de verga conmigo, cuando era chamaco me agarró y chale, merecería lo peor.

Yo le pregunté:

—¿Cómo lo quieres matar?

Los demás reaccionaron:

—No inventes, estás diciendo puras pendejadas, no lo vamos a matar.

—Si hallamos unas piedras, se las aventamos —propuso el más acelerado.

No teníamos edad para hablar así, pero yo sabía dónde estaban las armas de mi papá. El Marquis se había quedado estacionado frente a la vecindad; metí un alambre y lo abrí sin problema.

Busqué abajo del tablero y ahí encontré escondida la Bulldog .38 especial.

Nadie dudó de que yo me encargaría de la misión. Fuimos tras el pastorcito que ya no estaba en la calle, así que lo buscamos en el templo. Recordaba una puerta de madera, pero la habían cambiado por otra de fierro pintado. Tocamos el timbre y el señor salió preguntando qué buscábamos; tenía enfrente a unos ocho chamacos y no pareció reconocer a ninguno. Le pregunté:

—¿Se acuerda de mí?

—No, ¿quién eres?

—Ira, una vez me pasaste para que te ayudara a detener tu escalera.

Se quedó pensando y eso me calentó la sangre. Entonces saqué el arma, se la puse cerca y *pum pum*, empecé a jalar. Le di cuatro detonaciones en el pecho.

Los demás echaron a correr. Yo, en cambio, esperé a ver cómo caía: agarró el zaguán y se escurrió hacia el piso. Lo miré a los ojos, y como reflejo de lo que había visto hacer a mi padre, me metí la pistola entre la espalda y el pantalón. Luego caminé, no corrí; me fui, pero iba volteando hacia el templo. Cuando entré a mi casa empezaron a llegar las patrullas. Me quité la playera. Era la inercia, así también le hacía mi papá cuando venía de un jale: escondía los fierros y se cambiaba de camisa.

Fue la primera vez que maté a una persona.

El Marino llegó pocos minutos después a la casa acompañado por la policía: dos señores, uno viejo y el otro joven, estaban ahí para detenerme. Nos sentamos los cuatro en los sillones de la sala mientras afuera seguían parpadeando las luces azules y rojas. En apariencia yo estaba tranquilo, pero dentro me sentía como una coladera en tarde de lluvia. Fue mi padre quien hizo las preguntas:

—Sé un hombre y dime por qué lo mataste.

Debí contestarle que justo por esa razón disparé contra el pastor: para poder ser un hombre. Pero tenía entonces todavía argumentos de niño. A como saqué de mi cabeza los recuerdos es que fui hablando. Primero conté de los frijoles de caramelo; el hombre ese regalaba dulces a los niños, mismos que a mí nunca me tocaban. Un día lo encontré solo, subido sobre una escalera para colgar una manta grande encima de la puerta principal del Divino Salvador. Me pidió ayuda y prometió que a cambio me daría un regalo.

Al terminar propuso que entrara al templo. Era un hombre güero de unos treinta o treinta y cinco años; aquel día llevaba un traje café y la camisa abrochada hasta el último botón. Entramos a una sala grande y cerró la puerta. Fue a buscar los frijoles de caramelo y me dijo que tomara los que quisiera: luego acarició mi cabeza y comentó que yo estaba bendecido por Dios. Me dio un beso con su barba rasposa, y la confusión hizo que yo permaneciera inmóvil. Jamás preguntó mi nombre. Se quitó el saco y puso un LP en el tocadiscos; unos cánticos religiosos se oyeron a todo volumen en el edificio. El pastor llevaba puesto un chaleco con un símbolo bordado a la altura del corazón. Se quedó fijo en mi memoria porque fue lo último que vi antes de que ese señor comenzara a quitarme la ropa.

Al escucharme, mi papá iba enfureciendo. Expliqué que esa tarde varios chamacos descubrimos que el tipo ese había hecho sus cochinadas con más de uno, así que busqué la pistola.

—¿Cuándo exactamente fue eso? —quiso saber mi papá.

—Recién había cumplido los ocho. Fue antes de que nos fuéramos a vivir a Ecatepec.

—¿Por qué no contaste nada? —preguntó uno de los agentes.

El Marino lo interrumpió:

—Porque si me lo hubiera dicho, yo mismo habría matado a ese hijo de su puta madre.

—Si el muchacho hubiera denunciado —intervino el oficial de mayor edad—, le aseguro que ese señor no se la habría acabado en prisión.

Todos sabíamos que mayormente eso era mentira. Mi papá exigió que comprendieran la situación:

—Préstenle el servicio a mi hijo, tiene quince años. Yo se los voy a refaccionar bien.

Antes de que los policías salieran de la casa, mi papá abrió la habitación prohibida y regresó con dos bolsas de supermercado. Supongo que dentro habría una cantidad grande de dinero. El agente más joven se me quedó viendo porque dudaba. Al final dijo:

—Si te damos la atención te me vas lejos, nada de seguir vagando por el barrio con tus amigos. Te esfumas, ¿me entiendes?

El Marino cerró el trato con un apretón de manos y los señores insistieron en que la próxima vez no habría servicio. Yo tenía miedo por la reacción de mi papá, pero una vez que estuvimos solos lo hallé muy amigo. Cuando ya no había nadie en la calle subimos al Marquis y el Marino volvió a guardar la pistola en la parte baja del tablero.

El Marino
Septiembre, 1982

No solo era encargado de una cantina, también se dedicaba a la venta de droga. Después incursionó en el secuestro y el robo a bancos. Cuando vivíamos en Tepito, vendía de todo. Por eso tuvo un problema y nos fuimos por un tiempo a vivir a Ecatepec. Cada vez que mi papá tenía asuntos con la ley, cambiaba de casa. Yo tenía nueve años cuando nos instalamos en la colonia Guadalupe Victoria. Está cerca de aquí, de Chiconautla. Mejoró nuestra situación porque el Marino se volvió gerente de La Barra de la Piedad y El Rincón Michoacano.

Me llevaba a su trabajo y yo pasaba horas rondando las mesas. Al Marino le gustaba tomar en copa, en aquel entonces bebía ron Presidente. Siempre fue de copa, ¡bien farolón! No lo mezclaba con Coca-Cola ni con hielos. Solo la copa chaparrita y el ron dentro.

En la colonia Guadalupe Victoria también estrenó carro: uno de los grandes. Lo traía bien arreglado, limpio, blanquísimo.

La cocaína no estaba entonces de moda; no entre la mayoría de la gente. Pero el Marino y sus amigos eran privilegiados. No les faltaron nunca alcohol, drogas ni mujeres. Los vi probar de todo.

Y aquí viene un suceso grande: había una persona que cantaba y era amigo de mi papá. Yo lo admiré mucho. Le llamaban el Charro del Misterio y usaba una máscara negra de luchador. Tenía voz de profesional y me impresionaba su corpulencia: pesaba más de noventa kilos y medía como 1.90. Él me habló sobre la lealtad.

Acostumbraba presumir la amistad que tenía con el Marino y con el resto de la banda. El Charro era la única persona que le decía cosas fuertes y él las aguantaba sin violentarse.

—Pues no estás solo —repetía mi papá— si alguien te hace daño cuentas conmigo y con estos amigos que tú ves acá. Ellos también son los tuyos. Ese señor no solo canta muy bien, tiene unos huevos que no te imaginas.

El Charro del Misterio cantaba y su nombre de artista era Alfredo del Río, pero en realidad se llamaba Alfredo Ríos Galeana. En aquel entonces lo buscaban por asaltar bancos. El Marino hizo varios jales con él. Cada vez que le iba bien a la banda, caían en la casa de Ecatepec. Recuerdo una maleta de color café con blanco y rayitas amarillas. De ahí sacaron una vez un paquetito y lo pusieron sobre una mesa pequeña de la sala. Era cocaína. Y entonces don Alfredo les dice a todos:

—Señores, como quieran, lo que quieran.

Pero yo no tenía permiso:

—¡Ah no, hijo, tú no, muchacho, esto no es bueno para ti! Mira cómo se ponen estos pendejos —comentó y nos alejamos del ruido para poder hablar.

Entre su tomadera me contó que de joven había sido militar y lo admiré más. Él fue quien me propuso que entrara al Ejército, algo que ocho años después se volvió real:

—Ahí vas a hacer algo de tu vida. Yo te puedo dar recomendaciones, ya verás.

Agarra y se quita un rosario y me lo regala. No traía crucifijo, en lugar del Cristo había una Virgen y la Virgen llevaba una perlita abrazada. Como que era única esa cosa. Me dice:

—Te lo regalo —y que protesta mi papá:

—¿Cómo se lo das a ese cabrón? Lo va a perder.

Y es que era un rosario caro. Entonces don Alfredo responde:

—¡Donde tú se lo quites te rompo la madre!

Entonces yo, por la forma como él se imponía, comencé a sentirme muy seguro; siempre que estaba presente ese señor, pues le hablaba muy acá a mi papá y él mejor se callaba.

Durante las fiestas en mi casa le pedían que cantara y ponía sus pistas; me acuerdo de una que le gustaba, se llama «Cataclismo». Mi papá la pedía:

—Vuelve a cantar «Cataclismo», otra vez «Cataclismo».

Y él le hacía:

—*Fue la visión de este delirio, todo un desastre de locura. Como si el mundo se estrellara, un cataclismo para los dos.*

Apuntes del periodista
Junio, 2015

Alfredo Ríos Galeana nació en 1951, en el estado de Guerrero. Es originario de Arenal de Álvarez, un pueblito de campesinos cerca del mar, por el rumbo de Zihuatanejo. Antes de terminar la primaria quedó huérfano de padre y su mamá lo llevó a vivir a la Ciudad de México. Entró joven al Ejército y ahí resolvió la falta de estudios. A los veintidós años se integró a la Brigada de Fusileros Paracaidistas, un cuerpo de élite cuyos elementos se cubrían la cabeza con una boina roja.

En 1975 Ríos Galeana abandonó el Ejército para volverse policía. Con objeto de enfrentar a las bandas criminales que comenzaban a multiplicarse en las zonas urbanas del país, el gobierno del Estado de México creó el Batallón de Radio Patrullas, una suerte de swat a la mexicana. La idea era tener un cuerpo de seguridad con características militares que operara sin restricciones burocráticas en contra de la delincuencia y las guerrillas. Corrían entonces todavía los años de la llamada *guerra sucia* contra los movimientos guerrilleros que en México y otros países de América Latina se habían multiplicado.

Ríos Galena fue nombrado comandante en este nuevo cuerpo policiaco conocido por sus siglas como el BARAPEM. Tres años después, todavía cobrando en la nómina policial, cruzó de lo legal a lo ilegal para formar una banda de asaltabancos. Según registros de prensa, entre 1978 y 1984 la organización encabezada por

Ríos Galeana participó en más de cien asaltos. Cuando estos datos se hicieron públicos, el gobernador decidió disolver el BARAPEM.

Además de trabajar para la policía y atracar bancos, Alfredo Ríos Galeana se daba tiempo para cantar profesionalmente. En esos años grabó al menos tres discos. Escondido tras una máscara negra entonaba música ranchera y se hacía llamar el Charro del Misterio. Poseedor de atributos para el camuflaje, Ríos Galeana no tardó en ganar fama dentro del ambiente criminal. Se cuenta que, antes de cometer un asalto a un banco, llevaba a sus socios a robar una casa habitación con el propósito de templar primero los nervios y poder actuar con cabeza fría en las operaciones más complicadas:

—Prefiero la inteligencia a la violencia —solía repetir.

Se hizo célebre la vez que una cajera le reclamó porque siempre los ladrones asaltaban el mismo banco, y ella terminaba en el suelo bajo la amenaza de un cañón de pistola. El líder de la organización decidió que tal injusticia debía corregirse: abortó el operativo en el que se hallaba y se dirigió a robar la institución financiera ubicada al otro lado del arroyo vehicular.

El Charro del Misterio recorría palenques y cantinas de baja estatura social y es probable que en esas andanzas conociera a otro criminal apodado el Marino: ese hombre se convirtió en el segundo al mando de su banda. Varias veces Ríos Galeana se fugó de la cárcel y hay registro de que, en la última ocasión, el Marino le ayudó a escapar.

4

DIARIO DE UN HIJO DE LA GUERRA
Diciembre, 2008

—*¡Galdino! ¡Galdino! —Escuché gritar cuando el tronido de las balas se detuvo. Al oír que me llamaban, concluí que mis compañeros habían logrado dominar a la raza que me enterró vivo.*

—*Aquí estoy —respondí con la voz que me quedaba.*

—*¡Galdino! ¡Galdino!*

—*Aquí abajo —hice un mejor esfuerzo.*

Tenía todavía ganas de vivir y mi garganta logró emitir un lamento prolongado.

—*¡Cállense, güeyes, y escuchen!*

—*¡Aquí estoy! —insistí.*

—*¡Silencio!*

—*¡Aquí abajo!*

Tuve suerte, porque alguien se detuvo justo encima de las coladeras que me habían permitido respirar durante los últimos siete días.

—*Hey, esos, aquí... Sigan mi voz, putos.*

La luz de una linterna me avisó que por fin me habían descubierto, y luego luego me sacaron de la fosa séptica donde estaba sepultado. Para ese momento ya no era capaz de oler ni un carajo, pero pude suponer el estado en que me encontraba cuando, al verme, un chavo de los nuestros volvió el estómago.

—*Por favor, no las maten —dije porque otro descubrió bien espantado el nido de tarántulas junto al lugar donde antes estaba mi cabeza.*

Traté de explicar que su tela había servido para curarme, pero nadie comprendió mi interés por esas alimañas. Cuando los hombres pudieron subirme a la superficie comprobaron que me estaba pudriendo, por dentro y por fuera.

—No la va a hacer —dijo el más tonto de la estaca.

Estuve a punto de perder la conciencia, pero no me lo permití: temí que si me desmayaba me darían por muerto. Con cuidado colocaron mi cuerpo en unas cobijas viejas y vaciaron sobre mí cantidades extraordinarias de agua —a unos cuantos metros había un aljibe que utilizaron para remover las larvas alojadas en mi piel—, luego me envolvieron como tamal y me trasladaron a la ciudad de Tapachula.

Alrededor de las siete de la mañana me internaron en una clínica privada; el médico de guardia recibió un pago grande a cambio de cerrar las puertas del edificio y echar fuera a otros dos pacientes que se recuperaban de operaciones sin importancia.

Apuntes del periodista
Junio, 2015

El Poder Judicial de Estados Unidos tiene disponible en internet un sitio para acceder a los documentos públicos de los casos que sus tribunales ya han resuelto. Esa página se conoce, por su abreviatura, como PACER *(Public Access to Court Electronic Records)*. Entre un mar impresionante de información, ahí puede consultarse material clave para comprender la historia de los Zetas; por ejemplo, el testimonio de Jesús Enrique Rejón Aguilar, el Mamito o el Zeta 7, rendido ante el juez Samuel Sparks dentro de un juicio realizado en la ciudad de Austin, Texas, durante la primavera de 2013.

La secretaria de la corte, Lili Iva Reznik, hizo la transcripción en inglés de las declaraciones de Rejón Aguilar, las cuales están en el expediente A12-CR-210-55. Contiene información que no pude encontrar en otras fuentes, excepto en las conversaciones con el interno de Chiconautla. Destaca la confirmación sobre la peculiar fe religiosa de los zetas fundadores, la cual salió a la luz durante el interrogatorio que el abogado Mike DeGeurin hizo a Rejón Aguilar el lunes 29 de abril del mismo año.

Durante los careos el abogado preguntó al testigo si era brujo, a lo que el interrogado respondió sin ambigüedades que sí. DeGeurin pidió que explicara al juez Sparks de qué se trata la religión yoruba: el Zeta 7 dijo que es una fe que vino a América traída por los esclavos africanos que llegaron a Cuba:

—En ese país se mezcló con las creencias católicas y a partir de entonces algunos la llaman santería.

Intentando vincular la violencia de los Zetas con las creencias religiosas de sus integrantes, DeGeurin quiso saber si la gente que practicaba esa religión sacrificaba animales durante sus rituales. Rejón respondió afirmativamente.

Sin darle respiro, el fiscal avanzó con otro cuestionamiento:

—¿En esa religión se justifica matar gente?

El Zeta 7 negó con un tímido movimiento de su cabeza. El acusador quería probar a toda costa su hipótesis, así que insistió:

—¿En los rituales yoruba se utilizan cigarros?

—Sí, usábamos habanos —contestó Rejón.

—¿Esos habanos sirven para fumarse las cenizas de las personas muertas?

La última respuesta que esperaba escuchar DeGeurin no prosperó porque otro abogado reclamó que el interrogatorio carecía de relevancia o vinculación con los hechos que estaban siendo juzgados. El juez Sparks tuvo que conceder y por eso Rejón logró esquivar uno de los temas más controvertidos sobre la leyenda de los Zetas.

San Benito
Junio, 2015

En la mesa de registro había una larga lista de visitantes al reclusorio de Chiconautla. Diez metros adelante esas personas aguardaban con paciencia: madres, sacerdotes y misioneros laicos que todos los miércoles acudían para hacer compañía a los presos. Una monja destacaba por la anchura de su sonrisa y también de su pecho. La inmensa cruz que traía colgada al cuello me llamó la atención: en su centro tenía una medalla con la imagen de san Benito. Según me explicó, se trata del santo que protege de la hechicería y se usa también para realizar exorcismos. La hermana preguntó si yo era creyente y respondí que no. Aclaré, sin embargo, que tampoco era ateo.

—De los que creen y no creen —sentenció risueña.

Festejé su broma para no entrar en mayor detalle. De entre sus ropas sacó una medalla plateada, igual a la del crucifijo.

—No venga a estos lugares sin protección —dijo con autoridad y me la entregó. Acostumbrado a que todo en esa prisión tuviera un precio, quise pagar por el favor, pero la monja me detuvo proponiendo que mejor diera ese dinero a quien sí lo necesitara.

Nos separamos al llegar a los locutorios. Esa vez esperé de pie al interno de Chiconautla durante más de veinte minutos. A unos cuantos pasos de mí, otro hombre también aguardaba; tenía rapado el cráneo, era alto, iba vestido con traje y corbata negros. Alcancé a escuchar que buscaba a un interno cuyo apellido era Salazar y se identificó con los custodios como su abogado. Me distraje revisando las preguntas que había preparado para la entrevista de esa mañana, pero desconcentró mi atención la mirada insistente del varón calvo.

¿Sabría que estaba entrevistando a Galdino Mellado Cruz? Para conjurar los temores decidí saludarlo con una ligera reverencia de cabeza, seña que él tomó como pretexto para aproximarse. A saco me preguntó si yo era el periodista que salía en la televisión. Aliviado, respondí que sí y él pronunció despacio mi nombre para corroborarlo. Luego se presentó: se llamaba Benito, igual que el santo a quien solo diez minutos antes me había encomendado la monja de la sonrisa ancha.

El tal Salazar y Galdino alcanzaron juntos los locutorios. Como la vez que lo conocí, el Zeta 9 portaba un cubrebocas azul y sobre el tabique de la nariz unos anteojos de intelectual universitario con montura negra. El abogado y yo nos despedimos. Entregué la cuota de cuatrocientos pesos que pedía el custodio en turno para dejarnos pasar a las palapas y comenzamos la plática antes de las 11:30.

Las cenizas de los muertos
Julio, 2004

Intrigado después de leer el interrogatorio que Mike DeGeurin hizo a Rejón Aguilar, pregunté a Galdino si era cierto que los Zetas practicaban la religión yoruba.

—Por eso agarramos seguridad —respondió—, los santos nos cuidaban.

El interno de Chiconautla abundó contando un episodio que supuestamente ocurrió en Monterrey, cuando Heriberto Lazcano se convirtió en la cabeza de la compañía:

—Un día ordenamos a los zetas más jóvenes que cortaran la mano derecha de varias *hormigas* muertas, que las arrojaran dentro de un tambo con harto dísel y les prendieran fuego. Después mezclamos las cenizas de aquellas manos con marihuana, cocaína y tabaco; fabricamos cigarros utilizando la revoltura y los compartimos con la gente, sin distinguir entre jerarquías. Fumarse al muerto es una ceremonia que te protege. Para esto es necesario rezar «Tú sigues aquí, tú no te has ido; ahora formas parte de nosotros y nos vas a cuidar». Nos protegía Oggún, *orisha* de los guerreros y mensajero directo de Obatalá. Gracias a él los enemigos se sumaban a nuestro ejército: los vivos y también los muertos.

El padrino Lázaro
Noviembre, 1988

No fue inconsciente cuando coloqué junto a mi libreta de notas la medalla de san Benito que me regaló la monja aquella misma mañana, y es que esa vez Galdino habló con detalle sobre su ingreso a la santería:

—Poco después de que bajé al pastorcito ese del Divino Salvador me ingresaron al hospital de La Villa. En chinga tuvieron que operarme del apéndice y no tuve suerte. Luego de que pasó el efecto de la anestesia volvió el dolor, pero con más fuerza. Era como si tuviera navajas por dentro. Los médicos dijeron que iban a abrir otra vez, según escuché, que porque se me había quedado dentro un pedazo de algodón. Mientras esperaba en el pasillo que llevaba a los quirófanos conocí al señor Lázaro y la señora Maite.

»"Es él, mujer, es mi caballo", dijo el don recostado en la camilla vecina, mientras una señora que estaba a su lado le hablaba suavecito. Por su acento me di cuenta de que no eran mexicanos; los dos llevaban collares de colores y ella cubría su cabeza con un paliacate. Me hice pendejo, como si no hubiera escuchado, y entonces la mulata preguntó: "¿Sufres mucho, Galdino?". Me extrañó que conociera mi nombre. "Nosotros podemos ayudarte", volvió a decir.

»Bien jodido porque me dolía la panza, le dije que mejor se encargara de su marido, porque clarito se veía que estaba a punto de estirar la pata. "Queremos que recibas el aché de mi esposo". Mientras la mujer decía cosas cada vez más extrañas, el hombre

74

sudaba en cantidades extraordinarias. El tema era que yo no iba a ser el caballo de nadie, mucho menos del negro ese.

» "Tú naciste en el año de Oggún y eres el elegido. Necesitamos de ti un favor: permítele a mi esposo entregarte algo que cambiará tu existencia. Después de hoy podrás cumplir todas las ambiciones que tengas. Recibe el aché de Lázaro y no te arrepentirás". Me atacó de nuevo una tortura canija y el hombre habló por segunda vez conmigo: "Solo tienes que decir que sí y lo comprobarás por ti mismo. Te convertirás en un ser muy poderoso".

» La dama acercó mi camilla para colocarla justo al lado de ese señor, quien extendió sus manos gruesas sobre mi estómago, pronunció frases en una lengua que yo jamás había escuchado y de pronto que se va el dolor.

» Agotado por el último esfuerzo que venía de hacer, el señor Lázaro volvió a acomodarse. "¡Cuídate tú, mi negro, vela por mí y por los retoños y que vivas mil años!", soltó la mujer con los ojos llenos de lágrimas.

» El moribundo ya no habló, solo apretó con fuerza la mano de su esposa. De la parte baja de su camilla ella tomó una bolsa de tela, sacó varios objetos y los colocó junto al cuerpo del viejo. Había un cirio y utilizando una navaja lo marcó con líneas horizontales; después rayó la piel oscura del señor Lázaro. Al terminar, la señora Maite tomó una campana pequeña y la hizo sonar despacito para evitar que se oyera en el resto del hospital. "¿Aceptas tú la monta?", preguntó dirigiéndose a mí. No dije nada y ella siguió haciendo: puso la parte baja de la vela blanca sobre los labios secos del hombre; luego encendió el pabilo y clarito vi que la llama fue consumiéndose mientras el señor Lázaro dejaba de vivir. Pinche susto me llevé cuando se apagó la luz de todo el hospital y la ñora cargó el cirio para ponerlo ahora sobre mi boca: la llama se volvió a avivar en medio de la oscuridad y sentí un choque eléctrico que entró por mi garganta, me recorrió el cuerpo y me salió por los dedos de los pies.

» Después las lámparas del hospital volvieron a funcionar y los gritos de las enfermeras se aproximaron al pasillo donde estábamos. La señora Maite informó que su marido venía de morir y yo no pude soportar el cansancio. Me entró un sueño bien pesado y no desperté hasta un chingo de horas después.

»Por suerte los médicos no tuvieron que operarme de nuevo, pero mientras estuve inconsciente tuve unas pesadillas horrorosas. Como si estuviera en el cine, vi una película rarísima con bailes, música, rezos y voces en una lengua parecida a la de las últimas palabras que le escuché al moribundo.

»Al día siguiente desperté todavía con fiebre y volví el estómago varias veces. Mi madre estaba ahí, junto a mí, y me entregó una bolsita de algodón donde encontré los collares que el santero traía colgados antes de morir; dentro había también una tarjeta con una dirección y un teléfono. Me colgué los collares y decidí que buscaría a la señora Maite en cuanto pudiera caminar».

Salomón Congo Terra
Noviembre, 1988

Dice que lo citó en una casa de la privada de Camarones. Cuando la señora Maite abrió la puerta estaba acompañada por dos jovencitas; todas iban vestidas de blanco, traían un akete sobre la cabeza y también usaban collares de colores. Adentro, la viuda habló —con su acento que no era mexicano— de Eleguá, Obatalá, Yemanyá, Changó, Oshún, Oggún y Orunmilá; y cada cosa que contaba le pareció conocerla de antes. Cuando Galdino compartió con ella esa sensación, respondió que era así porque su marido le había heredado el aché. La señora Maite insistió para que regresara al día siguiente porque otros *awos*, más o menos de su edad, serían iniciados y él debía aprovechar la ocasión.

Se presentó puntual. Ese viernes por la tarde la casa estaba ocupada por muchas personas con aketes y collares, según su jerarquía; cuenta que era fácil reconocer a los *babalawos*, porque los demás se arrodillaban para saludarlos. Había personas de piel muy distinta: cubanos y haitianos, pero también españoles, gringos y, desde luego, mexicanos.

«Algunos eran gente panquezona que había estacionado en la calle sus carros de raza poderosa».

Narra que iba entrando en confianza cuando un hombre dijo que había llegado el momento y los *awos* debían alistarse. La señora Maite se aproximó para preguntar si había traído los collares de su esposo; él respondió que no y un poco decepcionada ella lo llevó a una habitación en el primer piso, donde ya esperaban las dos jovencitas del día anterior. Recuerda un cuarto cubierto de espejos: «Como de hotel de paso: en el techo podía reflejarme de cuerpo entero».

La señora ordenó que lo prepararan para la ceremonia y luego salió. Esas mujeres fueron cuidadosas al quitarle la ropa y tuvieron precaución cuando desprendieron la gasa que cubría la herida de la cirugía. Quiso conservar el bóxer, pero le explicaron que para bañarlo debía estar completamente desnudo. «No inventen», dijo temiendo una reacción de su cuerpo. Una de ellas rio y le informó que antes ya habían ayudado a otros varones.

Miró hacia arriba y desde ahí las espió. Luego entró a una bañera preparada con agua caliente y hierbas; recuerda que el olor era agradable. Se fueron repartiendo cada parte de su cuerpo para lavarlas, una a la vez. Después le rasuraron la cabeza, el sexo y las axilas: al terminar, su piel parecía de mujer. También le cortaron las uñas de los pies y las manos, y le echaron encima una túnica blanca igual a la de ellas.

De vuelta a la planta baja, la señora Maite lo presentó con un tal Pablo, quien iba a ser su padrino. Vivía en Cuba, pero permanecería seis meses en México. Aquel otro negro le cayó bien, como casi todas las demás personas. El ritual arrancó con el tronido de unos tambores; los *babalawos* encendieron unos cigarros gordos y largos, y el ambiente se llenó rápido de humo. Cuenta que la gente comenzó a bailar de una forma que nunca había visto; hicieron un círculo y en el centro colocaron una silla: ahí sentaron a un hombre que parecía de cien años. El viejo tenía los ojos en blanco y su cuerpo convulsionaba. Sintió miedo, y probablemente no fue el único: «Se escuchó clarito cómo protestaron sus huesos y de pronto comenzó a moverse distinto; aquel viejo se había dejado montar por el espíritu de un muerto: "Soy pie *mayombe*, abrelengua y remolino de cuatro vientos. Soy Salomón Congo Terra y me gusta que me tengan miedo"».

Galdino creyó que volvería a morirse si ese moribundo pudiera mirar al espejo su horrendo rostro. Él no había abierto la boca, pero el hombre logró escuchar sus pensamientos:

—Si no te place lo que ves, puedes salir de este lugar —dijo.

«Me burlé de él, porque desde niño lo hago con todo aquello que me espanta».

—Ven tú, anda, para que te lea la letra del año —anunció Salomón Congo Terra, después de regañarlo.

—*Sala malecum, sala, sala* —decían a coro los demás asistentes y los tambores seguían sonando.

Por boca del poseído todos los ahí reunidos se enteraron entonces de su destino:

—Tú eres ambicioso, tú eres egoísta, tú eres soberbio. Has pasado por mucho y el dolor ha sido grande, pero vas a llegar lejos. Mucha gente te conocerá y muchas personas sabrán tu nombre. Eres hijo de Oggún, el dios de la guerra, y un día serás *babalawo* y tendrás seis mujeres, pero con ninguna procrearás. Eso sí: con tus manos manchadas recibirás bienes y lujos. Tu riqueza será ilícita y mal forjada. Serás envidiado, pero también admirado. Y el día que olvides la religión, tendrás un castigo horrendo.

El padrino Pablo rayó su cuerpo. Con una pequeña navaja y cenizas de muerto, cortó sin penetrar su cabeza rapada, los oídos, cuello, pecho, espalda, pene, brazos, estómago, manos y plantas de los pies. Luego el viejo poseído se acercó y respiró en cada parte rayada; su nariz parecía la de un perro desesperado por arrancar los olores de su cuerpo. Por último, Salomón Congo Terra exigió que levantara la mano para decir con solemnidad las siguientes palabras:

—Juro que no hay amigo, no hay familia y no existe el amor. A partir de hoy viviré y moriré para y por la religión, y así será hasta que los santos cambien de idea.

Y él repitió cada palabra.

Tuvo permiso del viejo para retirarse y fatigado subió de vuelta al primer piso, pero esta vez las dos jóvenes lo condujeron a un cuarto distinto que llamaban «la bóveda». Dentro había una serie de recipientes, como soperas de tamaño humano, en cuyas paredes podía leerse el nombre de los santos. El padrino Pablo fue quien lo ayudó a entrar en una de ellas, luego colocó una tapa inmensa y pudo dormir en silencio. Antes de cerrar los ojos, decidió que cumpliría con la profecía: «Iba a convertirme en un gran *babalawo*».

Durante los siguientes meses el padrino Pablo le enseñó de todo. Tenía prisa porque debía regresar a Cuba. Galdino presume que gracias a la santería aprendió a endulzar cuando alguien quiere ser amado; a abrir caminos cuando las puertas de la vida se cierran; a hacer vudú cuando la gente pone obstáculos; a adivinar usando el tablero de Ifá y los opeles. Abunda en explicaciones extraordinarias, como que sus opeles no eran de concha vulgar, porque consiguió ocho molleras de niños recién nacidos, que usaba para sus adivinaciones: circulitos encadenados entre sí que, al lanzarlos, podían caer de cara blanca o negra: «La combinación es el mensaje de los santos. No hay sistema más poderoso para conocer lo que fue, lo que es o lo que será».

Apuntes del periodista
Junio, 2015

Como le dije a la monja que me regaló la medalla de San Benito: no soy una persona religiosa. Fui educado como católico conservador, pero, como pasa con muchos, a la edad adulta perdí la fe y también las razones para conservarla. Sin embargo, el fenómeno religioso es algo que me sigue interesando.

La vida de Galdino Mellado Cruz pareciera un sinuoso recorrido puntuado por experiencias vinculadas a la religión: primero la violencia que sufrió a manos del pastor del templo del Divino Salvador, a la edad de ocho años, y tres décadas después el encuentro con el pastor Samuel Láscari, fundador de la iglesia Alfa y Omega: un hombre que prometió redimirlo y al final, por mediación de su hijo, tuvo que ver con su encarcelamiento en Chiconautla.

La trayectoria de Galdino es una fuga que comenzó con un pastor y cerró con otro. En medio de ese trayecto: la religión yoruba, una fe que, como dice Galdino, provoca los peores prejuicios. La fantasmagoría que tenía dentro de la cabeza el abogado DeGeurin, cuando interrogó a Jesús Enrique Rejón remite a los cuentos que las nanas negras contaban a los niños blancos en los campos algodoneros del sur estadounidense antes de que sucediera la guerra civil. Se necesitaba mucha imaginación para inventarse un ritual donde se fumasen las cenizas de los muertos y, sin embargo, Galdino confirmó lo dicho por su colega con aquella historia que todavía me quita el sueño.

Mientras miraba de reojo la medalla de san Benito, colocada junto a mi libreta de notas, me pregunté si algo de todo aquello podía ser verdad. No tengo respuesta porque desde que dejé de ser una persona religiosa tengo prejuicios contra mis propios prejuicios; prefiero suponer que la historia de las manos incineradas forma parte de la propaganda que los Zetas tienen por costumbre distribuir entre sus seguidores con el único propósito de hacerse temer por sus adversarios.

5

DIARIO DE UN HIJO DE LA GUERRA
Diciembre, 2008

No desperté hasta setenta y dos horas después. En unos cuantos días había perdido la mitad de mi peso. «Salvó la vida de milagro», dijo la enfermera que me puso suero. «Un día más en esa condición lo habría matado». Tenía varios huesos rotos que fue imposible inmovilizar, y es que era más urgente la cicatrización de las heridas y esas no podían cubrirse. Un médico comparó las infecciones en mi piel con quemaduras de tercer grado.

Heriberto Lazcano fue a visitarme al sanatorio; para ese momento teníamos muchos años de ser compas. Permaneció la mitad de una semana para hacerme compañía. Su numerosa estaca se encargó de que nadie entrara ni saliera del edificio: temía que Nazario Moreno se hubiera enterado del rescate e intentara un ataque directo. Aunque era poco probable que lo hiciera mientras permaneciéramos en ese hospital; una cosa era agarrarse a tiros en medio de la selva y otra muy distinta enfrentarse en la ciudad.

El Lazca me pidió perdón por tardarse en el rescate. La llamada entre Lazcano y Nazario Moreno permitió que la banda se acercara a las coordenadas donde me habían secuestrado. Sin embargo, esa comunicación no fue tan prolongada como para que el satélite me ubicara con exactitud. Por eso, al grupo de hombres enviado por Lazcano le tomó siete días sacarme de la fosa donde me habían enterrado.

Llorando por el dolor conté que pude mantenerme con vida porque me aferré al recuerdo de esa llamada telefónica. Puesto que, por los toques eléctricos, perdí el conocimiento antes de que concluyera la comunicación, yo no podía estar seguro de que me hubieran ubicado, pero la oportunidad de que así fuera se convirtió en mi última fe cuando Oggún se olvidó de mí.

Así como, cuando era joven, no habría podido sin una pandilla, veinte años después daba gracias por contar con los Zetas. Estaba consciente de que, sin la compañía, el comandante Galdino Mellado Cruz no habría podido sobrevivir.

Apuntes del periodista
Junio, 2015

Nuevamente el testimonio de Luis Enrique Rejón Aguilar, durante el proceso seguido en 2013 en Austin, Texas, arroja luz sobre el recorrido que los zetas fundadores habrían tenido dentro del Ejército mexicano. Entre otros datos, el expediente consigna las fechas que ese exmilitar refirió sobre su ingreso y su retiro de las fuerzas armadas:

—Me incorporé en el año de 1993 y salí, con el grado de cabo de las fuerzas especiales, en 1999.

Pidió entonces el fiscal que explicara lo que eran las fuerzas especiales.

—Son un grupo que se mueve igual en aire que en agua, conocido como los GAFE.

—¿Algo así como los Green Berets o las Special Forces en Estados Unidos? —buscó precisar el acusador.

—Es correcto —respondió el testigo.

Por lo que cuenta Galdino, su paso dentro del Ejército habría sido similar al de Rejón. Después de haber permanecido dos años en el 15° Batallón de Infantería fue transferido a la Policía Militar y más tarde reclutado para incorporarse al GAFE.

La fuga hacia delante
Abril, 1990

Estábamos varios carnales hablando de vivir una experiencia nueva, y bien fantoches decidimos levantar a un cuate de la misma banda que se llamaba Ernesto. Venía de una familia ostentosa y siempre andaba de presumido con nosotros. El papá vendía pollos en los mercados. Nada profesional, nos pusimos a jugar y estuvimos a punto de embarrarnos. La habitación que usamos estaba apartada del resto de la casa por un patio interior. Era de Felipe, el líder de la banda, un moreliano que tiene dos años más que yo.

Hice como había visto antes con el Marino: cuando menos lo esperaba, le caímos encima y le metimos un calcetín grueso en la boca para que no pudiera gritar, le amarramos las piernas y las manos y lo escondimos debajo de la cama. No recuerdo cuánto dinero pedimos de rescate, pero para nosotros era una fortuna. Al segundo día la mamá de Felipe nos avisó que en la sala andaba el padre del muchacho desaparecido; iba acompañado por dos policías y recordé la vez que mi papá evitó que me detuvieran. Obvio que los cuatro muchachos dijimos no saber nada de Ernesto, pero algo hicimos mal porque el hombre no nos creyó. Antes de salir de la casa preguntó a Felipe por el lugar donde dormía; la mamá contestó que del otro lado del patio y después acompañó a las visitas a la puerta.

Los cuatro regresamos al lugar donde teníamos atado a nuestro carnal y decidimos sacarlo cuanto antes de la casa; esperamos a que dieran las siete de la noche porque a esa hora la señora acostumbraba a salir por la compra. Uno de nuestros cuates tenía estacionado en la calle un Renault viejito que parecía un zapato rojo. Sin que nadie nos viera, subimos al vehículo. El tipo amarrado en la cajuela iba manso porque ya no tenía fuerzas.

Yo conocía un lugar, atrás de la colonia Gabriel Hernández, que nadie visitaba. Cuando el amigo escuchó a lo que íbamos, se puso a hacer unos ruidos horribles con la garganta. Todo ocurrió muy rápido: los demás lo bajaron a empujones del carro para tirarlo junto a la pared de una propiedad abandonada. Yo llevaba conmigo la .38 de mi papá, que de nuevo me había agenciado cuando hicimos el plan. Al tener frente a mí ese cuerpo retorcido, me entró lástima, y es que todavía sentía amistad; estuve a nada de rajarme. Recuerdo su nariz escurrida. El problema fue que los demás eran unos culeros. Aquello comenzó como un juego porque solo queríamos ver lo que se sentía, el dinero ni nos importaba.

—Anímate —dijeron los demás mientras el chamaco berreaba.

Apunté entonces contra la cabeza, cerré los ojos y disparé. Cuando el eco de la bala dejó de escucharse, subimos al Renault rojo y nos fuimos, dejando al güey como había quedado. Ese fue el segundo pendejo que bajé en mi vida. El pastorcito del Divino Salvador se lo merecía, pero este no.

Ya de vuelta, afuera de la casa de Felipe, vimos varias patrullas estacionadas; decidimos llevar el auto un par de cuadras más adelante para que no nos vieran llegar juntos. Escondí la pistola detrás de una de las llantas del carrito, y luego acompañé a Felipe para asegurarme de que no fuera a regarla con la autoridad.

Estuvieron a punto de descubrirnos porque dentro de su recámara la policía encontró una chamarra que perteneció a Ernesto: salí al quite y dije que él me la había prestado meses atrás y yo la había olvidado. Otro problema fue que los agentes hallaron junto a la cama una cubeta con orines que el mocoso usó mientras lo teníamos encerrado. Felipe explicó que por las noches le daba miedo cruzar el patio para ir al baño, y entonces la utilizaba para mear. Su mamá lo regañó frente a todos por pinche asqueroso, y ahí quedó la cosa. Dos días después la policía halló el cuerpo y lo trajeron al barrio para que su familia lo velara. Los cuates fuimos a dar nuestro respeto.

Por lo de Ernesto me hice famoso entre la banda: corrió la voz de que no me rajaba y hasta me pusieron el apodo de Furia. Comenzaron a caerme trabajitos bien pagados: el marido celoso que quería vengarse de la mujer infiel, el líder de tianguistas que tenía un enemigo, el cabrón que quería cobrarse una deuda. En fin, para cuando me di cuenta, las propuestas llegaban solas. Nunca más volví a cerrar los ojos y calculé mejor cómo iba a escapar después de cumplir con el encargo.

El Marino no tardó en darse cuenta de mi nueva ocupación, y presumía con orgullo la fama que fui agarrando; alguna chamba que me cayó, él me la consiguió. Don Alfredo Ríos Galeana también se enteró de lo que estaba pasando y decidió hablar conmigo. Dijo que si seguía por ese camino iba a acabar muerto muy pronto. Tenía yo entonces diecisiete años y según él no era una edad para andar de asesino a sueldo. Mientras hablaba recordé las palabras de Salomón Congo Terra: «Mucha gente te conocerá y muchas personas sabrán tu nombre. Serás envidiado, pero también admirado». No quería dar la espalda a la profecía de mis santos, así que preferí hacerle caso a don Alfredo y busqué entrar al Ejército.

El sargento
Enero, 1991

En el municipio de Tampico el Alto, calle Llano Grande, vivía una tía de Galdino que estaba casada con un sargento retirado. La dirección que me dio de memoria el interno de Chiconautla coincide con la que aparece en su acta de nacimiento.

«La mujer era una gorda regañona pero el militar me cayó de perlas: siempre andaba limpio y me trató con respeto». Él le enseñó a tirar con rifle y al poco tiempo de recibirlo lo llevó a conocer al general Servando Mendieta, comandante del 15° Batallón de Infantería. Cuenta que le gustaron mucho los uniformes y también que esa gente pudiera salir armada a la calle sin tener que esconderse ni ocultar las armas. Ya le urgía verse entre esos soldados y el comandante propuso que se presentara en el batallón al sábado siguiente.

El único problema que tuvo con su tío fue cuando descubrió que, debajo de la playera, Galdino traía colgando los collares de la santería y también el rosario que a los nueve años le había regalado Ríos Galeana. Al principio creyó que sería posible esconder esos objetos debajo de la ropa, pero el militar lo desanimó:

—¿Cómo le vas a hacer con esas chingaderas cuando estés bañándote entre otros treinta cabrones?

Después de unas cuantas semanas se acostumbró a levantarse temprano. Dentro de ese cuartel terminó la secundaria y también aprobó un curso de adiestramiento básico. Galdino dice que alguien le contó a Mendieta sobre su religión y los trabajitos que sabía hacer. Entonces lo mandó llamar. Con un tono lambiscón, el general le pidió que le ayudara a conquistar a su secretaria, una chamaca treinta años más joven que le gustaba a todo el batallón: «lo que le estaba pidiendo era que la endulzara con mis poderes de santero». Dice que, en agradecimiento, el militar lo llevó a trabajar a su oficina como asistente.

Cuando concluyó el segundo año, cuenta que el general le dijo que estaba contento porque había destacado: las calificaciones que obtuvo fueron las más altas de su promoción. Luego agregó que sería un desperdicio quedarse estancado en ese lugar. Galdino hizo muina: «tanto "¡hijo ven para acá, hijo ve para allá!", para que al final me rechazara de esa manera!». Pero Mendieta no se extrañó porque había visto antes a otros jóvenes con el mismo problema: era fácil acomodarse dentro de ese mundito pegado al mar, con rutinas, sueldo, cama y tres alimentos al día.

—Pronto vendrá una nueva clasificación en la Ciudad de México —le informó el superior.

—Prefiero quedarme aquí, con usted —insistió el soldado.

—Se lo agradezco, pero yo deseo verle avanzar. Tiene alas para volar. Le daré una carta de recomendación. Venga por ella mañana.

Fuerte Hood
Marzo, 1994

«Escogieron los cuarenta y cinco mejores expedientes. Los elegidos veníamos de unidades y batallones distintos, pero todos teníamos referencias sobresalientes. El curso duraría seis meses y lo tomaríamos en Estados Unidos: allá no sería necesario gastar el salario porque todas nuestras necesidades serían cubiertas por el gobierno, hasta los cigarros iban a salir gratis».

No hay otra base militar más grande en el mundo. El Fuerte Hood rebasa en territorio a países como Singapur o República Dominicana. Viven ahí unas sesenta y cinco mil personas y cuenta con un valle inmenso que sirve para el combate con tanques de guerra. Narra Galdino que partieron hacia Texas en un avión Hércules C-130 desde la base aérea de Santa Lucía. Salvo un par de los seleccionados, ninguno había dejado antes el país. El viaje por avión no fue fatigante, pero sí lo fue el recorrido de varias horas en autobús desde Nuevo Laredo hasta aquella base militar. Habrían llegado a su destino bien entrada la noche. Recuerda que les asignaron una habitación individual reducida y dentro encontraron un uniforme de gala de color azul zeta, enviado por el Ejército Mexicano, y otros dos de color gris con camuflaje, el más utilizado en esa instalación. Sobre el brazo izquierdo de las casacas había una insignia con tres bandas naranjas para identificar a la unidad.

Muy temprano al día siguiente, se presentaron los cuarenta y cinco efectivos frente a la puerta principal de la compañía. Ahí conocieron a sus supervisores: los mandos iban vestidos de color arena. El responsable principal era un afrodescendiente totalmente rapado que medía casi dos metros; se llamaba George Warren Smith y les doblaba la edad. Por medio de un traductor informó que en el Fuerte Hood iban a convivir con verdaderos héroes de guerra, soldados que habían peleado en Vietnam, Somalia y el Golfo Pérsico. Aseguró que eran los militares mejor clasificados de su país. El entrenamiento exigiría un gran esfuerzo: si alguien no lograba dar el ancho, lo encerrarían dentro de su habitación hasta que los demás estuvieran listos para regresar a México.

Al terminar su discurso, Smith interrogó sobre el nombre que le darían a la unidad. La pregunta tomó por sorpresa a casi todos menos al cabo Heriberto Lazcano Lazcano. Dio un paso al frente y propuso que se llamaran «Grupo Zeta», en referencia a color azul zeta de los uniformes de gala. El instructor consultó si los demás estaban de acuerdo y a una sola voz respondieron que sí.

Apuntes del periodista
Junio, 2015

Durante treinta años los uniformes del Ejército se confeccionaron con tela designada en el reglamento como de color azul zeta; la última letra del abecedario llegó ahí cuando un mando la incluyó como instrucción ortográfica, ya que la tropa solía escribir azul con «s» en vez de hacerlo con «z». El problema vino cuando, muchos años después, corrió la versión de que los GAFE desertores escogieron identificarse con esa letra a partir de sus ropas de gala. Entonces, desde el Olimpo, se ordenó desaparecer el término «azul zeta» de todos los documentos: a los mandos les pareció sencillo hacer como si jamás hubiera existido. El reglamento sobre uniformes y divisas de 1975 fue abandonado y se prohibió repetir juntas esas dos palabras, en público y en privado.

Jaime González Durán
Marzo, 1994

Nos levantamos a las cinco de la mañana y comenzamos corriendo diez kilómetros. Después del aseo usamos el uniforme gris. Diario llevábamos pantalón de comando, una casaca, coipa, botas, cinturón y casco; nos entregaron también un fusil M16 y una pistola .45. Todo el equipo pesaba casi cuarenta kilos. Los primeros días nos obligaron a marchar cargando un arma larga y pasamos horas pecho tierra tragando lodo. Fue luego cuando nos enseñaron estrategias y tácticas. Aprendimos, por ejemplo, a rescatar rehenes, a tomar control de territorios extensos, a conducir carros de combate, como los que desfilan por la televisión el día de la Independencia.

En esa base comenzamos a llamar Hummer a Jaime González Durán, y es que no hubo quien pudiera ganarle en el enfrentamiento cuerpo a cuerpo. El Hummer quiso agarrarse a madrazos una noche que los gringos dejaron fuera de nuestro bloque una bolsa de plástico llena de pañales desechables, bañados con una salsa oscura que parecía caldo viejo de frijol. Venían con un letrero que decía: «*Eat, fucking brown* tamalitos!».

El Grupo Zeta permaneció apartado los seis meses que duramos ahí. Al principio creímos que entrenaríamos junto con el resto, pero era evidente que los gringos nos despreciaban. Cada vez que ingresábamos al comedor se hacía el silencio y luego insistían con lo de «*the mexican* tamalitos». En vez de desanimarnos nos propusimos probar que estábamos a la altura de los pinches güeros, y cada madrugada fuimos los primeros en dejar la cama y por la noche los últimos en regresar al dormitorio.

Óscar Guerrero Silva
Julio, 1994

Después de cuatro meses de estar viviendo en el Fuerte Hood, los mexicanos subimos a dos helicópteros Apache: esos monstruos con hélice pueden transportar veinticinco pasajeros. Viajamos a un pantano donde viviríamos la experiencia más dura del entrenamiento. Viendo un mapa, supongo que nos llevaron en dirección sureste porque el territorio era selvático y había mucha agua.

Sobre la zona de aterrizaje nos esperaba un grupo de diez instructores. Ahí me enteré de que íbamos a pasar veinte días conviviendo con ellos en medio de la nada: tomaríamos el curso de supervivencia militar. El equipo y las armas debían servir para valernos por nosotros mismos; si queríamos regresar con vida, estábamos obligados a cazar y cocinar nuestra propia comida. Nos dividieron en equipos de cinco personas, llamados estacas, como la vara que se clava en el suelo para marcar un territorio. A mí me tocó compartir estaca con Óscar Guerrero Silva, Heriberto Lazcano Lazcano y Arturo Guzmán Decena. Además estaba el instructor, un hombre antipático, casi albino y pasado de peso.

Primero nos dispersamos en un territorio que desde el helicóptero se miraba muy grande. Después de caminar unas cuatro horas, el instructor nos ordenó instalar el campamento en un lugar elevado y seco. Perdimos contacto con las demás estacas. Para cenar, yo solo tenía barras de chocolate y unos cigarros Lucky Strike. Cuando quedaron montadas las casas de campaña fuimos a buscar comida; eran cerca de las tres de la tarde y debíamos volver antes de que se hiciera de noche. Decena y Lazcano marcharon por un lado, mientras que Guerrero y yo tomamos el camino contrario. El gringo permaneció en el campamento.

Óscar y yo cruzamos de todo: ratones, reptiles y pájaros de aspecto asqueroso. Después de dos horas sin ninguna suerte, mi compañero dio con unas codornices que tomaban agua junto a una piedra: sin pensarlo, disparó contra ellas y logró darle a la más pequeña. El resto se elevó por culpa del sonido. Regresamos cargando un animal que no sirvió de mucho, al final solo le dio de cenar a Óscar y yo debí conformarme con un pedazo de chocolate. No recuerdo si Lazcano y Decena tuvieron mejor suerte, pero el instructor cenó como rey gracias a las latas de verduras y carne que había llevado.

Durante la madrugada de aquella primera noche nos despertó un ruido dentro del perímetro del campamento. Una familia de cerdos salvajes hurgaba en nuestra basura; imitando a Óscar Guerrero, tomé el arma y tiré contra la bestia más grande, pero fallé porque las sombras de la noche me confundieron. Los animales huyeron y yo pedí perdón a mis colegas por haberlos despertado.

Esta circunstancia dio una idea para resolver el problema de la comida. Al día siguiente, los cuatro mexicanos salimos a buscar madera para construir una trampa. Hacia el mediodía ya habíamos logrado fabricar una jaula de noventa centímetros de ancho y metro y medio de alto. Al frente colocamos una puerta que cerrara automáticamente una vez que el animal entrara.

Otro reto era conseguir una carnada que atrajera a los cerdos de la noche anterior. Óscar localizó una mazorca silvestre y nos prometió que con ella aseguraríamos la cena; yo coloqué el elote desnudo en el centro de la trampa y los cuatro nos sentamos a esperar.

La segunda noche en el pantano también nos metimos a la bolsa de dormir sin haber probado nada, pero antes de las nueve escuchamos ruidos cerca del lugar donde habíamos dejado la trampa. Lazcano llegó primero y encontró, tratando de apropiarse de la carnada, a un jabalí: un cerdo gigante vestido con un abrigo lanudo negro y cuatro colmillos afilados. De un solo golpe Lazcano atravesó un cuchillo que entró limpio en el cogote de la bestia. El alarido duró casi nada. Ese día me enteré de que la familia de Heriberto Lazcano se dedicaba a vender barbacoa en Pachuca, y después de verlo actuar me quedó claro que tenía oficio de carnicero. Con habilidad destazó al animal, avivó la hoguera y colocó el cadáver en posición para rostizarse. Fue la primera vez en mi vida que probé jabalí: el olor y el sabor son más fuertes en comparación con el cerdo normal. Durante las semanas que faltaban para regresar al Fuerte Hood, esa carne sería nuestro principal alimento. Aún no sabíamos que los jabalíes serían también, en parte, el motivo por el que nos llevaron a ese pantano tan lejos de todo.

6

Heriberto Lazcano Lazcano
Julio, 1994

Los ojos claros de Lazcano me miraron con respeto cuando le conté que yo era santero. Nos habíamos quedado solos porque, después de comer carne de jabalí hasta que nos dolieron las mandíbulas, Óscar Guerrero y Arturo Guzmán Decena se retiraron a descansar. Quiso que habláramos de su futuro y yo tenía escondidas en un fondo falso de mi mochila las molleras de recién nacido, junto con los collares del difunto Lázaro. Sobre el tablero de Ifá arrojé varias veces los opeles para estar seguro de no cometer un error. Los santos informaron en cada ocasión que estaba ante un hombre muy poderoso, y lo dije así. Por falta de fe reaccionó como si no le estuviera hablando. Los seres humanos aceptamos mejor las pequeñas que las grandes adivinaciones. Llevé entonces la conversación hacia otro tema que engancharía mejor su interés:

—Vas a morir tres veces: una cerca del mar, otra en el desierto y la última en una isla.

—¿Seré yo un gato para tener tantas vidas? —se burló.

—Las primeras dos serán fingidas pero la gente las creerá. Tú no morirás como la mayoría de nosotros: la tercera vez estarás rodeado de tu familia y serás un viejo de muchos años.

Lazcano perdió la concentración sobre el resto de las cosas que todavía podía contarle. La parte de la predicción que hablaba de sus tres muertes lo animó para soltar la lengua. La autoridad de los *babalawos* depende del poder para escuchar; sobre todo porque somos oreja, antes que voz, es que la gente nos respeta.

Interrogatorio militar
Julio, 1994

Al amanecer del cuarto día, en ese pantano recibimos la orden de capturar varios jabalíes vivos. No entendimos la obsesión que el comandante tenía con esos animales: era demasiada comida, pero nadie dijo nada. Hicimos como la vez anterior, buscamos madera para fabricar más trampas y también maíz para usarlo de carnada. Se nos fue la mañana y también la tarde, pero al final del día teníamos resuelto el problema.

Antes de que pasaran dos horas escuchamos gemir al primer animal capturado. Poco después lloraba un coro de bestias, todas tratando de escapar. Lazcano abandonó la tienda de campaña para terminar con el ruido, pero el instructor le cortó el paso; ordenó que dejáramos en paz a los animales porque esta vez no solo iban a servir como alimento.

A las seis de la mañana nos reportamos con el comandante. Encontramos que junto a él colgaba, de un roble joven, uno de nuestros jabalíes, como si fuera una piñata: era inmenso y negro. El gringo había atado sus patas delanteras a una soga y con el otro extremo hizo subir a aquella bestia, que pesaría unos ochenta kilos. El jabalí aullaba y era evidente que no sobreviviría por mucho tiempo. Las patas delanteras terminarían desgarrándosele o quizá la tracción aplastaría antes sus pulmones.

El instructor se dirigió a mí. Ordenó que me quitara la casaca, las botas, los calcetines, y que me sentara sobre un tronco que había colocado junto al cerdo; siguiendo también instrucciones,

Lazcano amarró mis muñecas con la punta de una segunda cuerda. Ambas sogas, la que sostenía al animal y aquella con que me ataron, fueron tensadas en paralelo, por lo que el jabalí y yo terminamos con las extremidades superiores alzadas en la misma dirección. Sin embargo, yo tenía la ventaja de permanecer sentado.

El instructor parecía un director de teatro colocando a cada actor en el escenario. Como explicación a lo que estaba preparando, dijo que esa mañana íbamos a tomar nuestra primera clase de interrogatorio militar. La posición era desagradable pero no lo suficiente como para negarme a participar. El gringo pidió a Óscar que igual se quitara la casaca y le entregó unos guanteletes para que con ellos cubriera sus manos.

—Son para que no te lastimes —tradujo Decena, el único de nosotros que entendía el inglés. Eran similares a los utilizados en *kickboxing*: protegían los nudillos, pero dejaban libres los dedos.

De la nada, el comandante gringo preguntó por medio de Decena:

—¿Te has drogado?

Enmudecí porque me había portado bien desde que aterrizamos en Nuevo Laredo. Entonces el instructor ordenó a Óscar que golpeara al cerdo con todas sus fuerzas: el animal recibió tres puñetazos contra el vientre y las costillas.

—¿Has consumido droga? —le dijo de nuevo Decena. La bestia herida chilló. Miré a los ojos del instructor para asegurar que me creyera y respondí que no. El gringo pasó a un lado de Óscar y usando las manos desnudas lanzó un par de golpes que hicieron retroceder al menos medio metro el cuerpo del animal; Lazcano era responsable de detener a la bestia para que no se saliera de su eje.

—¡Que lo golpees así, con fuerza! —instruyó Decena a Óscar Guerrero. Esos golpes abrieron la piel del animal.

—Dice que estás mintiendo, que respondas la verdad —insistió Decena. Cuatro golpes más de Óscar y los lamentos se hicieron agudos—. Que no respondas pendejadas, dice el comandante. Que contestes y punto: ¿has consumido drogas?

Mientras yo miraba al piso, confesé que sí. Óscar recibió la orden de detenerse. Lazcano relajó la tensión de mi cuerda y por un momento pude descansar las muñecas sobre las rodillas.

—¿Qué tipo de drogas? —interrogó Decena.

—De todo, marihuana, cocaína, mona —respondí sin dejar de mirar los zapatos del instructor. Se abrió un silencio largo y luego Arturo volvió a la carga.

—Ahora quiere saber si has matado a alguien.

Miré horrorizado al cerdo y de nuevo busqué los ojos del gringo. Opté esta vez por negar con la cabeza, lo cual provocó que Heriberto recibiera la instrucción de elevar otra vez la soga atada alrededor de mis muñecas; del tirón que dio, perdí el equilibrio. El jabalí resintió una acción parecida y volvió a berrear. Óscar arremetió, y sus puños hirieron a la bestia como si fueran navajas.

El comandante se aproximó con una botella de vinagre y roció parte de su contenido sobre las lesiones más evidentes del animal. Al contacto con el líquido, los alaridos se hicieron insoportables.

—Así es como cicatrizan las heridas —tradujo Decena para los demás. Y después volvió a preguntarme—: ¿Has matado a alguien?

Grité que no. Que nunca había matado a nadie. Con un leño grande en la mano, el instructor se echó encima del cerdo para quebrarle las costillas y luego hacer que las patas delanteras abandonaran sus coyunturas. Escuché clarito que el animal suplicaba.

—¿Has matado a alguien? —volvió Decena.

—Ya dije que no —insistí mientras buscaba de nuevo la mirada del instructor para que me creyera.

—Mientes —dijo el gringo en español.

Al escuchar nuestro idioma nos sorprendimos. Luego, con un cuchillo cortó la cuerda que mantenía suspendido al cerdo y lo dejó caer; ordenó que no lo tocáramos. Ese jabalí no podría ponerse nunca más en pie porque sus patas delanteras estaban dislocadas.

Óscar se retiró los guanteletes y Heriberto me ayudó a desanudarme. Volví a ponerme los calcetines, las botas y la casaca.

Oía quejarse al cerdo salvaje como si fuera un perro viejo.

Aquella mañana el instructor me reclamó ante los compañeros:

—No importa cuánta sea la presión física o sicológica, un soldado no debe revelar lo que sabe.

Pregunté qué había hecho mal, y sin que Decena alcanzara a traducir, el gringo rio por primera vez desde que lo conocimos. En ese momento confirmamos que hablaba nuestro idioma y nos había engañado hasta entonces.

—Todo, absolutamente todo —respondió en español, con un acento muy marcado.

El comandante era diez centímetros más alto, se colocó frente a mí y puso las manos sobre mis hombros. Preguntó de nuevo, esta vez sin traductor, si había consumido drogas. Fui incapaz de sostener la mirada.

Ya conocía la respuesta, así que guardé silencio y miré al suelo. En cuanto lo hice, el militar liberó mis hombros y dijo:

—Este cabo bajó los ojos; eso hacemos cuando recordamos. Eso quiere decir muy probable que sí.

Mientras hablaba, calculé que ese señor habría pronunciado las mismas palabras decenas de veces. Las conocía de memoria:

—Es posible mentir al interrogador: hay que engañar probando emoción distinta, como actor que siente alegría cuando está triste, o culpa cuando no tiene. Si engaña emociones, engaña también cuerpo. Rabia, sorpresa, temor, no están conectadas a cerebro: palabras y gestos de cara sí, pero lenguaje de cuerpo dice otra cosa. Cuando interrogué si había matado, el cabo giró hacia animal, pidiendo perdón por lo que iba a decir. Si hubiera estado menos concentrado en cerdo, habría engañado.

Era correcto. En ese momento supe que el jabalí iba a pagar por mis respuestas y sentí pena por él.

Al concluir su sermón el instructor nos entregó un documento gordo, arrugado y amarillento, que seguramente había pasado antes por otras manos. Estaba escrito en español y tenía dibujos, diagramas y gráficos. En la portada aparecía el escudo de la Escuela de las Américas.

—Dice que tenemos dos días para estudiarlo. Podemos tomar notas, pero no estamos autorizados para llevarlo de vuelta al Fuerte Hood —advirtió Arturo.

Arturo Guzmán Decena
Julio, 1994

Para la siguiente actividad hubo que formar dos equipos y a mí me tocó con Decena. Obedecí cuando nos ordenaron que cada pareja sacara de las jaulas a un jabalí; a pesar de que los dos éramos cabos, la ventaja que le daba a Arturo hablar inglés me obligó a ser su subordinado. Fue difícil que los animales no escaparan: apenas se sintieron libres, trataron de tomar camino lejos del campamento. Pero después de tres días sin comer, estaban débiles. El comandante nos entregó una hoja pequeña de papel con las coordenadas del lugar adonde debíamos dirigirnos.

Decena y yo habremos andado unos siete kilómetros arriando al cerdo. En el camino intenté sacarle conversación. Averigüé que era casi tres años más joven que yo, y que nació en el estado de Puebla. Usando frases cortas me contó que su padre se lo llevó de mojado a Estados Unidos cuando cumplió seis años y por eso sabía hablar inglés, pero la *migra* los regresó tiempo después; el papá partió de nuevo y prometió que enviaría por él, cosa que no hizo. Arturo no volvió a tener noticias suyas, pero continuó practicando el inglés con familiares que iban y venían de la frontera.

Una vez en el sitio indicado atamos al jabalí a un tronco y luego, para asegurarnos de que no escapara, amarramos también sus patas delanteras. La bestia permaneció en el piso refunfuñando y nosotros buscamos una sombra para esperar la llegada del instructor. El gringo trajo una caja pequeña de herramientas que lanzó cerca del cerdo; conversó durante varios minutos con Decena y esperó a que mi compañero tradujera: teníamos media hora para arrancar las pezuñas del jabalí con unas pinzas de mecánico. Las dos patas delanteras serían responsabilidad de Arturo y yo debía encargarme de las traseras.

Pocas cosas pueden alterar más que el aullido de un cerdo salvaje: sus chillidos se meten dentro del cerebro para no salir. A Decena le tocó el primer turno. Madreó con las dos manos la cabeza del animal, y aprovechando el aturdimiento cerró, contra el árbol donde lo habíamos atado, la soga alrededor del cuello; así no podría girarla ni lastimarnos con sus colmillos. Luego tomó las pinzas, y tras intentarlo dos o tres veces pudo desprender el primer trozo de pezuña. El alarido de la bestia hizo que de las ramas elevadas escapara una parvada grande.

Le tomó más de veinte minutos terminar con la operación. Mientras tanto, el instructor se ocupó en encender una fogata con un par de troncos. ¿Para qué necesitaba fuego, si faltaban varias horas antes de que cayera la noche? Una vez que mi colega retiró hasta el último rastro de las pezuñas que protegían las extremidades delanteras, el instructor se aproximó con una botella de vinagre que vació sobre las heridas del jabalí. Luego me entregó un leño para que, con la punta ardiente, quemara los muñones desnudos.

—Dice que así sobrevivirá por más tiempo —repitió Decena en español.

Me entraron ganas de vomitar y maniobré como pude para cauterizar la piel sangrante. Después tomé el relevo, y tiré con fuerza para sacar de un solo golpe pedazos más grandes de las pezuñas traseras. Fue desagradable cuando el animal vació sus intestinos sobre mí: Arturo se burló, pero el militar gringo hizo como si nada hubiera sucedido. Tocó el turno de cauterizar las heridas más recientes de la bestia, también con vinagre y brasas. Esta parte del entrenamiento nos enseñó a tomar distancia de las emociones. Habría sido fácil matar al animal, pero hacerlo sufrir no lo era; jode estar consciente de que llevará tiempo verlo morir y que, mientras tanto, hay un camino miserable de dolor.

Cuando terminamos con las patas, el instructor dijo que debíamos desmembrarlo lentamente, sin que se nos muriera. Una parte del cuerpo cada cuarenta y cinco minutos: las orejas, los testículos, los ojos, el pene, los colmillos. La secuencia era problema nuestro, siempre y cuando nos aseguráramos de que el animal siguiera con vida hasta la vuelta del instructor. Fue claro: a las diez de la mañana del día siguiente quería verlo descuartizado, pero respirando. Antes de partir nos entregó una bolsa para que guardáramos las partes extirpadas.

La lección arruinó mi apetito. ¿Quién podía comerse un cerdo que aún te mira mientras cocinas su carne? Decena, sin embargo, se preparó de cenar con la primera pata que cortó; mientras, yo tomé el cuchillo de caza para desprender los testículos del animal. Luego siguieron la segunda pata y la tercera, utilizando el vinagre y las brasas. Arturo extrajo un ojo y yo el otro: posteriormente vinieron los colmillos y las orejas. Durante un tiempo el animal tuvo fuerza para reclamar, pero todo espíritu de resistencia abandonó su cuerpo hacia la madrugada. Hicimos rondas para poder dormir, aunque el insomnio nos ganó a los dos. Los primeros gritos del jabalí danzaban a nuestro alrededor. Por mi religión yo estaba acostumbrado a los sacrificios de animales, sin embargo, no había visto sufrir de esa manera a ninguno.

Antes de que el cerdo muriera conseguimos extirpar dieciséis partes, pero cuando el gringo regresó, el corazón de la bestia había dejado de latir. Nos llamó inexpertos y exigió ver la bolsa donde habíamos guardado nuestro trofeo. Así llamó a los restos del jabalí, «nuestro trofeo». El contenido comenzaba a apestar, pero el instructor no hizo muecas. Esta vez me ordenó que desprendiera la cabeza del animal. Luego dijo:

—Tú, Galdino, camina kilómetro hacia norte y deja cabeza sobre estaca, a las doce del reloj; anda después doscientos metros, calcula movimiento de manecilla y marca la una. Ahí deja otra pieza. Doscientos metros después, a las dos en el reloj, otra pieza. Así hasta llegar a las seis, ahí estará esperando Arturo. Sigan juntos para hallar los puntos de vuelta a la cabeza de cerdo. Tracen un círculo perfecto.

El territorio
Julio, 1994

Cuando creces en Tepito es mejor pertenecer a una pandilla que tener una familia; ahí estás más seguro que en ningún otro lado. Los Morelianos era la banda con la que me juntaba. Nos reuníamos en la Fortaleza, una vecindad en el número 33 de Jesús Carranza. Con mi pandilla aprendí a hacer de todo: fui *gorlero*, esos raterillos que arrebatan la bolsa a las mujeres en la calle, y también *chorlero*, los que abren los automóviles con un gancho o una varilla. Por aquel entonces se estrenaron varios centros comerciales, y nos metíamos a las tiendas de deportes para llevarnos ropa. Lo importante no era el botín sino relacionarse con la malicia, que te aceptaran y protegieran como integrante de la banda.

Hubo una época en que los Morelianos no salíamos del barrio por separado; si íbamos por ahí, intentábamos andar en grupo, y es que éramos enemigos de los Rolex, que vivían del otro lado de la calle Toltecas. El principal negocio de esos tipos era robar relojes caros en las colonias ricas de la ciudad, también le hicieron al secuestro, y como nosotros, vendían droga. La calle servía de frontera para dividir nuestros territorios: si alguno de los Morelianos intentaba acercarse a la iglesia de San Francisco, era hombre muerto. La misma regla aplicaba para los Rolex a propósito de la Fortaleza.

Obvio que cada pandilla marcaba su territorio con grafiti. Hace tiempo que no visito Tepito, pero seguro que todavía están las inscripciones con aerosol en las paredes. La calle más grafiteada era

Toltecas, porque esa frontera estuvo en disputa durante mucho tiempo. Hacíamos igual que los perros: si uno meaba en un rincón, el otro aplicaba una dosis mayor.

Pensábamos largas horas dónde dejar señales de nuestra banda. Un día, los Morelianos pintamos con aerosol el techo de una patrulla de policía y en otra ocasión subimos a una antena muy alta de comunicaciones. Mientras más exótico fuera el lugar, más importantes nos sentíamos: éramos animales empujando el territorio de nuestro poder.

Las marcas no tenían que ver con el negocio de la droga. La disputa entre los Morelianos y los Rolex era otra: queríamos ser los más admirados, infundir miedo, tener la reputación más temible, pugnábamos por expresar superioridad. Ser moreliano o ser rolex era una cuestión de actitud, pertenecíamos a tribus distintas y nuestra comunicación debía dejarlo claro.

Los restos del jabalí que Decena y yo dispersamos en forma circular tenían la misma función que el grafiti de la calle Toltecas. Establecimos un perímetro para comunicar nuestro territorio: la cabeza del cerdo en un extremo, y el cuerpo en el otro, trazaron una línea que debía servir para precisar el punto a partir del cual quedaba prohibido al enemigo dar un paso más.

Guardia y protección
Septiembre, 1994

Nadie volvió a hablar de aquella experiencia; sin embargo, todos supimos lo que cada uno había hecho. Cuando aterrizamos de nuevo en el Fuerte Hood, faltaban todavía treinta días para regresar a México. Como yo, otros habían perdido peso durante la estancia en el pantano: Alejandro Morales Betancourt se estiró como carrizo y los pómulos del Hummer asomaron por encima de sus mejillas.

La habitación que volvieron a asignarme en el fuerte, esa vez, me pareció una mansión; la cama y el agua caliente nos devolvieron el buen humor. Por haber regresado en martes no tuvimos descanso hasta que llegó el siguiente fin de semana. Sobre la mesa que hacía las veces de escritorio encontré un sobre con un sello que decía «CONFIDENCIAL»: adentro había una instrucción escrita a máquina y firmada por el sargento George Warren Smith. Debía presentarme al día siguiente a un curso que solo tomaríamos siete mexicanos: Arturo Guzmán Decena, Heriberto Lazcano Lazcano, Jaime González Durán, Óscar Guerrero Silva, Alejandro Morales Betancourt, Jesús Enrique Rejón Aguilar y yo.

Este grupo tendría una capacitación especial; Smith nos seleccionó porque éramos los mejores. Aquel negro enorme anunció que nos prepararían para proteger a gente importante: jamás pensé que se necesitaran tantos conocimientos para ser guarura. De entre los siete, yo destaqué como chofer. Aprendí a conducir desde adolescente, en el Marquis blanco del Marino, pero esta experiencia sería distinta. Los automóviles pueden ser un arma poderosa para atacar y también para defenderse. En el Fuerte Hood me enseñaron a manejar a toda velocidad y en reversa, logré parar el carro en dos llantas y supe cómo embestir otro vehículo sin hacerme daño. Para entrenar me entregaron un Atlantic modelo 84: pude hacer con él lo que se me dio la gana. Después de mí, lo mandaron directo al deshuesadero.

Durante el curso nos enseñaron a proteger a un principal, como se llama a la persona que cuidas. El escolta tiene que hacerlo sentir seguro, y también a su familia; hay que saber cómo hablarles, con buena educación y respeto, sobre todo a la mujer. Nos entrenaron para estudiar bien la geografía y desplegarnos en el terreno. Supimos cómo organizar una caravana de vehículos y ensayamos para reconocer posibles amenazas en espacios abiertos o durante un trayecto.

Me hubiera gustado conservar una fotografía de la ceremonia de graduación, pero en el Fuerte Hood prohibieron, bajo amenaza de arresto, tomar una sola imagen de las instalaciones. El último día nos vestimos con el uniforme azul zeta: del lado derecho, a la altura del segundo botón de la guerrera, el sargento George Warren Smith nos prendió una insignia como reconocimiento de que habíamos aprobado el curso. En ese momento, cada integrante del Grupo Zeta conoció el significado de la palabra *vanidad*. Un general dio el discurso de despedida, nos felicitó por los seis meses de entrenamiento y mencionó que estaba sorprendido porque, a diferencia de nosotros, en las promociones anteriores hubo dos o tres reclutas que terminaron desertando. El Fuerte Hood, dijo, nos había cambiado; gracias a la formación que recibimos, estábamos preparados para dar la vida por nuestro país. Seríamos los nuevos héroes de la historia mexicana.

7

Pasaron dos semanas antes de que los médicos se atrevieran a retirar la sonda por donde me daban de comer, y más de mes y medio para que fuera dado de alta del hospital; el Lazca se mantuvo al tanto de mí todo ese tiempo. Para la primavera de 2009 quedaban ya pocos zetas fundadores activos. No solo por amistad, sino también porque era un sobreviviente, importaba que yo librara lo antes posible la convalecencia.

Lazcano ordenó que me trasladaran a un balneario suyo, ubicado en Atotonilco de Tula. Yo parecía un hombre que hubiera cumplido mil años: mis piernas habían olvidado cómo caminar y el corazón se me fatigaba con solo abandonar la habitación. Pero las aguas del balneario me ayudarían; sumergido hasta el cuello, me repetía que todo estaría bien. Debía ser paciente con la impaciencia. Dormía durante el día, porque de noche solía aturdirme viendo televisión o jugando con una consola descontinuada de Xbox; la oscuridad de la madrugada me llevaba de vuelta al horror del hoyo pestilente, y la intensidad de las pesadillas me hacía despertar a gritos.

Un domingo muy temprano, Lazcano entró a mi habitación. Para animarme dijo que prepararía barbacoa, vendrían al balneario algunos amigos y también varias panteras, *así se conocía a las mujeres que trabajaban para la compañía. Los hermanos del Lazca habían enviado un par de borregos para que él los preparara. Cada vez que le entraba la nostalgia, Heriberto Lazcano hacía de comer. Le gustaba matar al animal, arrancar con su cuchillo la piel, separar las vísceras y cortar las piezas crudas de carne para arrojarlas al horno bajo la tierra; desde que fundamos los Zetas lo hizo muchas veces mientras alguien más cavaba un hoyo de un metro de profundidad.*

Cuando el Lazca hincó el cuchillo para separar las extremidades del animal, sentí náuseas. Tuve que echar varios pasos atrás porque todo mi cuerpo experimentó sudor frío. Como si tuviera fiebre, me ardieron las axilas, la frente, los testículos y el culo: intenté mantenerme en pie, apoyado en el hombro de un zeta joven que tenía al lado. Lo peor vino cuando arrojó dentro del hoyo humeante las piezas recién destazadas: el olor a carne me trajo de vuelta la experiencia de Chiapas. Incapaz para ese momento de guardar la compostura, di media vuelta y arqueé el cuerpo para expulsar cuanto guardaba en mi interior. El desayuno fue escaso esa mañana, así que solo hizo erupción un chorro de bilis, pero los sonidos que produje contagiaron de asco al grupo que tenía más próximo. Me disculpé y regresé a mi recámara porque sentí urgencia de bañarme. Me llevó hora y media sentirme libre del sudor ácido que tenía embarrado sobre la piel; sin embargo, no logré que los latidos de mi corazón recobraran un ritmo normal. Mis palmas y las plantas de mis pies seguían húmedas y me horrorizó imaginar lo que Lazcano estaría pensando: los Zetas no tenían permiso para el descontrol. Hubiera preferido en ese momento meterme bajo las cobijas, dormir por horas o embrutecerme con un juego de video, pero debía volver. Me vestí con ropa limpia y me lavé la boca varias veces con líquido astringente. Antes de concluir, guardé en el bolsillo del pantalón suficiente papel de baño como para secar una alberca.

—¿Qué pedo, güey? —preguntó Heriberto apenas me vio llegar.

—Nada de qué preocuparse, carnal. Sigo todavía con mis cosas...

—Denle de tragar a mi amigo —ordenó el líder de los Zetas.

El olor a carne cocinada entró de nuevo por mi nariz y mis intestinos reaccionaron. Los otros compas regresaron a sus conver-

saciones, pero el Lazca no perdió detalle: la señora que recogía trastes sucios dejó caer al suelo un vaso de cristal, yo salté como chicote y caí a medio metro de la silla donde estaba sentado.

—¿Qué pedo? —volvió a preguntar Heriberto.

—Nada —insistí.

—No me mientas, carnal, ¿qué te traes?

—Seguro que nada —argumenté asustado—. Olvídalo... olvídenlo —me dirigí al resto de la mesa.

Evidentemente enojado, el Lazca recogió su plato para alejarse; habrá concluido —con razón— que allá en Chiapas quedó enterrado el verdadero Zeta 9.

La tortura
Agosto, 2015

Una entrevista con Saúl Quiroz podía aclararme varios puntos sobre la biografía de Galdino Mellado Cruz. Por eso lo busqué. Veinte años atrás él había fundado la subprocuraduría encargada de perseguir a la delincuencia organizada. Cuando dejó de ser funcionario público, esa experiencia profesional le consiguió trabajos bien pagados en la academia y como consultor.

Propuso que nos encontráramos en una librería donde, para pagar la renta del local, los dueños también venden café y sándwiches estilo americano. Llegó puntual a nuestra cita; se hacía auxiliar con una andadera para personas con discapacidad. Saúl explicó que recién lo habían operado de un defecto de nacimiento en la planta del pie; tres meses habían transcurrido y aún no se recuperaba, por eso necesitaba la andadera. Tenía el mismo sobrepeso de la última vez que nos vimos, dos o tres años atrás. La barba tampoco le había encanecido. Según mis cálculos se acercaba a los sesenta años y, no obstante, aún le brotaba de color negro. El contraste con su pelo canoso no podía pasar desapercibido.

Me sorprendió enterarme en ese momento de que estaba molesto conmigo. Recordó la crítica a una declaración suya que hice durante un programa de televisión, y antes de pasar a otra cosa quería cobrarse el agravio:

—¿Sigues defendiendo criminales?

Me tomó desprevenido, sobre todo porque quería justo hablarle de un criminal peligroso.

—¿A qué te refieres? —reaccioné.

—Leo lo que escribes y te veo comentar sobre temas graves en los medios.

—¿Por qué dices que defiendo criminales? —insistí bastante incómodo, pero su comentario tenía que ver con un tema lejano: meses atrás, un juez había dejado libre a un supuesto secuestrador porque se demostró que la policía lo torturó. La obsesión de Saúl era vieja: según él, una confesión obtenida bajo tortura no debía ser pretexto para liberar a un criminal.

—Personas como tú van a acabar con el país. No sé qué esperan, ni qué quieren probar —advirtió.

—¿De verdad crees que alguien es un delincuente cuando la única prueba que tienes en su contra es su propio testimonio obtenido bajo tortura? —quise saber.

—Me tienen harto con sus principios absolutos.

—¿No se trata de eso la justicia civilizada? —defendí—. ¿De encontrar la verdad por medios legales?

—¿Y dónde dejas los derechos de la víctima, los derechos de la chica que secuestró?

—No vengo a pelearme contigo —argumenté.

La respiración de Saúl cambió de ritmo.

—No vives en tierra de hadas y lo que ustedes están provocando es que las calles se llenen de asesinos, de secuestradores, de terroristas.

—Para ser juzgado como criminal es necesario que la autoridad lo pruebe —insistí.

—Si no eres capaz de ver por las víctimas, eres cómplice de los criminales —sentenció.

Estaba ante la disyuntiva de escalar la discusión o intentar conducir al exfuncionario de la Procuraduría para que me hablara de los GAFE.

—Me temo que tienes razón —concedí—. No vamos a estar de acuerdo.

Saúl pidió un café y se arrellanó en su silla. Estaba satisfecho; para él, yo había perdido el primer asalto.

—¿De qué quieres hablar esta vez? —demandó Saúl, acostumbrado a ser tratado como un experto.

Corriendo el riesgo de que me juzgara de nuevo —por defender criminales—, le conté sobre las entrevistas que estaba haciendo a un sujeto que afirmaba ser Galdino Mellado Cruz. Se interesó y yo abrí con la primera pregunta que llevaba para ese encuentro:

—¿Sabes algo sobre la formación que recibieron los GAFE en Estados Unidos?

Antes de responder, juntó las palmas de las manos y colocó las puntas de los dedos bajo la nariz:

—Escuché que fueron al Fuerte Benning, en Georgia. Ahí está la Escuela de las Américas, que formó a muchos militares latinoamericanos.

—¿Todos los GAFE fueron al Fuerte Benning?

—No lo sé.

—Él dice que se formó en el Fuerte Hood, que está en Texas, a trescientos cincuenta kilómetros de la Escuela de las Américas.

—Cuando yo trabajé para la Procuraduría, la Escuela de las Américas estaba bajo la lupa porque un diputado gringo denunció prácticas horribles; recuerdo que la prensa publicó unos manuales escritos en español que usaban ahí dentro para enseñar a torturar.

—¿Los instructores de la Escuela de las Américas podrían haber sido transferidos al Fuerte Hood?

—Es posible —respondió con un gesto de cautela bien ensayado.

Llegaron nuestras bebidas y Saúl pidió a la mesera que trajera endulzante artificial.

Día del padre
Junio, 2015

La montaña apestaba como nunca, pero la basura de los cerros había desaparecido. Durante la época de lluvias en Chiconautla los pepenadores echan tierra sobre los desperdicios para que no escurran hacia la parte baja, donde se halla el reclusorio y, sin embargo, los olores sí descienden con fuerza.

Esa vez tardé en ingresar porque los números no cuadraban. Un custodio viejo aceptó hacerme conversación mientras aguardaba.

—Cuando los números no dan se vuelve a contar, una y otra vez; así sabemos si alguien escapó. Nadie entra y nadie sale mientras tanto.

El tercer miércoles de junio de 2015 esperaban fuera de la prisión varias decenas de personas; iban a festejar por adelantado el Día del Padre con sus parientes.

—El domingo vendrá tanta gente que muchos prefieren adelantar la fiesta.

La mayoría de los visitantes eran mujeres y traían comida preparada en casa. No había niños porque debían ir a la escuela.

—Al menos la mitad de los que están encerrados aquí son inocentes —informó el custodio—, por eso sus familiares son tan solidarios. Es como si vinieran a visitar a un enfermo que por mala suerte cayó en el hospital.

—Chiconautla tiene más de cuatro mil presos. ¿Dos mil son inocentes? —cuestioné con incredulidad.

—En México los jueces caminan lento.

—¿Cuántos reclusos son realmente peligrosos?

—No más de doscientos. —El custodio sobó los nudillos de su puño izquierdo.

El olor a basura creció conforme el sol se iba levantando.

—Esos doscientos hijos de la chingada son mi responsabilidad; soy el encargado de vigilarlos. Los médicos del penal me reclaman por mis métodos para poner en orden a los cabrones, y yo les digo: «Cada quien su trabajo. El de usted, doctor, es salvar vidas, cueste lo que cueste; el mío es mantener el orden aquí dentro, igual, cueste lo que cueste». ¿O no?

Preferí no responder. Poco antes de las 10:30 se abrió la puerta y del reclusorio emergió un río humano de funcionarios y vigilantes que, gracias a que los números por fin cuadraron, tuvieron autorización para regresar a casa.

El custodio siguió hablando como si nada pasara:

—Allá arriba los pepenadores pagan a los líderes de su organización para recuperar todo lo que pueda venderse: vidrio, papel, plástico. En el basurero, si no cubres la cuota mensual matan a tu padre, a tu hijo o de plano te desaparecen. Es una mafia peor que la de aquí dentro.

Me habría gustado seguir conversando con ese hombre, pero aquella mañana quería ingresar a Chiconautla entre los primeros. Sé que no me creyó cuando le dije que era abogado de un interno, aunque tampoco intentó preguntar la verdadera razón de mi visita.

Como todos los miércoles, dejé llaves e identificación en el primer filtro, firmé la hoja de registro, saludé a mi amiga, la monja de la sonrisa grande, y pasé revisión frente al guardia que puso dos sellos sobre mis muñecas.

Apenas llegué a los locutorios, el Pifas, un tipo que ya había visto otras veces, gritó a todo pulmón:

—¡Vallejooo!

Como personaje de caricatura corrió desde los locutorios hasta la puerta del patio donde los internos disfrutaban la luz del sol; fungía como heraldo encargado de avisar la llegada de las visitas.

—Ya viene —me dijo para que no desesperara—. ¿Quiere que vaya trayéndole su café?

Para responder saqué dos monedas de diez pesos. Entre carrera y carrera, el Pifas se sintió con el deber de hacerme conversación, y contó que la persona a la que visitaba había tenido un pleito con otros internos:

—Por eso se la están haciendo cansada, para castigarlo, pero espérelo porque no pueden prohibirle que vea a su abogado.

—¿Qué problema tuvo?

—No ha pagado la cuota y debe dinero.

—¿Por eso está castigado?

—Pues es que ayer se armaron los putazos.

—¿Madrearon a Galdino?

—¿A quién?

—A Vallejos, ¿lo madrearon?

—Sí, pero se defendió. Los que fueron a cobrarle salieron perdiendo.

—¿Cómo lo llaman aquí? ¿Juan Luis Vallejos o Galdino Mellado?

El Pifas abrió los ojos como si de pronto le hubiera hablado en noruego. Insistí:

—¿Cómo lo nombras tú?

—Yo lo conozco como Vallejo.

Dijo «Vallejo», en singular.

—Lleva varios días castigado, pero ayer lo vi y ya andaba derechito. Aguante, no tarda.

Asentí y traté de retenerlo para proseguir con la conversación:

—¿Has escuchado antes el nombre de Galdino Mellado Cruz?

—La mera verdad, no. Aquí ese cuate es Juan Luis Vallejo, Vallejo de la Sancha.

Di un paso más:

—¿Crees que ese cabrón sea zeta?

—La mera verdad yo creo que sí, por los tatuajes y por la manera en que pelea, como soldado; acabó con los puños todos morados. El güey es de pocas pulgas…

—¿Se prende rápido?

—Sí, siempre —hizo una pausa—, sobre todo ahora que tiene pedos de luz.

—¿Luz?

—Dinero, lana, billete; no tiene con qué pagar sus deudas —desesperó el Pifas mientras movía los dedos, exhibiendo lo que veía como un problema de comunicación entre nosotros—. Ya sabe cómo se maneja todo aquí.

—¿Cuánto debe?

—La mera verdad no sé, pero si lo bajaron al pueblo, han de ser más de dos meses.

—¿Y cuánto cuesta un mes en la zona de privilegio?

—Donde vive ese cabrón, unos dos mil por semana.

—¿Tú pagas eso?

—No, ni madres —precisó—. Yo vivo en el pueblo porque todo el dinero que gano se lo doy a mi familia.

—¿Tienes hijos?

—Sí, seis en total. Todos con la misma mujer —presumió.

—¿Cómo ganas dinero aquí adentro?

—Pues haciendo servicios de todo tipo a los compañeros, a los custodios, a los abogados. Que si un cigarrito, un café, un agua, refrescos, recados, condones; lo que sea, don, la necesidá está canija.

El Pifas volvió a echar carrera porque un abogado requirió de sus favores. Durante los siguientes quince minutos continuó yendo y viniendo, a pesar de que tenía las piernas cortas y no era ya ningún chamaco.

Al cabo de un rato apareció Galdino. Me estrechó la mano con parquedad y anduvo lento mientras alcanzamos las palapas. Repitió varias veces la pregunta: «¿Qué pasó, mi señor?».

—¿Qué pasó con usted? —interrogué.

—¿Se acuerda del amigo, el comandante?

Asentí.

—Pues se lo llevó la chingada. Lleva días que no puede levantarse de la cama, porque trae todos los huesos rotos.

—¿A qué se debió el pleito? —pregunté.

—Lo de siempre. Quieren luz para dejarnos en paz. Ya sabe, harto dinero. Así se hacen aquí los negocios.

Galdino me pidió ayuda para subir los últimos escalones que conducían a las palapas; estaba enojado y no me miraba a los ojos. Alrededor de nosotros comenzó a sentarse un mar de gente. Se mezclaron los internos con las mujeres visitantes: las novias y las madres de los presos. Para que no hubiera caos, ellas tenían obligación de vestir ropas de color rosa. Los reclusos, en cambio, traían prendas beige y uno que otro, como Vallejos, uniforme azul. Esa mañana el ánimo de fiesta enrareció el ambiente: todo daba la sensación de un circo venido a menos.

—Maldito aquel hombre que confía en otro hombre —dijo a bocajarro.

Reconocí la cita bíblica, era de Jeremías. Apenas la pronunció, comenzó a escucharse a todo volumen una cumbia; Vallejos se tensó. Era difícil hacer coincidir su estado de ánimo abatido con la fiesta.

—Aquí dentro, mi señor, no soy nadie. Un futbolista de mierda al que ya no necesita ni un equipo de tercera división —insistió cada vez más críptico, como si hablara consigo mismo.

Para sacarlo del estado lamentable de ánimo en que se encontraba le pedí que me mostrara el tatuaje de las cinco estrellas que tenía en la base del cuello. Sin trámite Galdino se levantó la camisa por la parte de atrás y confirmé su existencia; repitió entonces que los zetas fundadores se habían tatuado una por cada estado de los primeros que conquistaron.

Un varón vino a sentarse a nuestro lado: tendría unos sesenta años y no le quedaban dientes sanos. Galdino enderezó la cabeza y alargó el cuello. Su nerviosismo me hizo pensar en una lagartija antes de atrapar al insecto con su lengua larga. Luego informó a su colega:

—Este es el periodista que me está entrevistando, también es abogado. Habla con él, puede ayudarte con tu asunto.

El interno de Chiconautla traicionó otra vez nuestro acuerdo y de nuevo tardé en reaccionar. Se puso en pie dejándome a solas con el sujeto: ambos guardamos silencio.

—¿Qué hay? —preguntó el desconocido—. ¿Está interesado en el negocio?

—¿En qué negocio?

—¿Le dijo Vallejos sobre las muchachas?

—¿Qué muchachas? —pregunté desconcertado.

—El día que quiera estar con una mujer aquí dentro, se la conseguimos. Tenemos de todo: güeras, morenas, gordas, flacas, mayorcitas, jóvenes...

Guardé dentro del portafolios el cuaderno, la pluma y la grabadora que solía llevar a Chiconautla. También un paquete con 150 gramos de pistaches, que se mantuvo cerrado durante esa visita. Me levanté y caminé en dirección a la salida de la prisión, pero Galdino me cortó el paso.

—No se asuste, mi señor. Ya le dije que mientras yo viva, a usted no le pasará nada.

La frase sonó igual a la que pronunciaría un merolico que comercia con herbolaria en el mercado.

—¡No se vale! —le reclamé—. Volvió a darle la espalda a nuestro acuerdo.

Miró al suelo y sacó de la chistera la siguiente barbaridad del día:

—Ya sabemos cuál es el vehículo que usa para venir a Chiconautla.

—No es difícil averiguarlo —respingué.

Nunca lo había visto tan arrogante. Por un momento los golpes de su cara desaparecieron, también la hinchazón de la nariz, y ya no cojeaba. Otra vez, como lagartija, elevó el cuello y reformuló su frase:

—Ya sabemos... y lo podemos seguir hasta su casa.

Galdino es experto en provocar al monstruo de la paranoia ajena; así es como ha construido otras veces su poder. No soporté la música y no quería seguir junto a él. No era su amigo ni su cómplice, mucho menos estaba dispuesto a ser su víctima.

—No se vaya. Queda todavía tiempo que pagó para estar en las palapas.

—No me gusta el ruido.

—A mí tampoco —respondió.

Era su actitud lo que en realidad me apartaba, pero no se lo dije.

—Maldito aquel que confía en otro hombre —cité ahora yo a Jeremías.

Por sus ojos vidriosos caí en cuenta de que había consumido de nuevo: esa mañana se hallaba bajo los efectos de alguna droga. Entonces entendí que volvería a ser el Zeta 9 en cuanto saliera de la cárcel. No estaba dispuesto a quedarse a vivir en la parte baja de la cadena alimenticia; extrañaba al que fue alguna vez y no toleraría por más tiempo ser extorsionado ni madreado por la Familia Michoacana, los dueños de esa cárcel. Haría lo que tuviera que hacer para evitarlo: regentear prostitutas, traficar con droga, amenazar periodistas o volver a matar. Miré al suelo con impaciencia y nos despedimos fríamente.

Arranqué el motor y me marché del basurero con la sangre andando dentro de mis venas a toda velocidad.

Santa Lucía
Enero, 1995

Esperando que nos asignaran una primera misión pasamos varias semanas estacionados en el Batallón de Tropas de Asalto, dentro de las instalaciones de Guardias Presidenciales. Una tarde Heriberto Lazcano me mostró el oficio de la Defensa en el que se instruía al Grupo Zeta para presentarse en el aeropuerto militar de Santa Lucía: participaríamos en un evento donde asistiría el presidente de México. Se nos ordenó preparar una demostración sobre lo aprendido en el curso que tomamos en Estados Unidos.

Dedicamos todo un mes a preparar el espectáculo. Debíamos mostrar que éramos los más chingones. Logré convencer a mis superiores, y me consiguieron un carro para hacer piruetas. Como si fuera regalo de Reyes, tres días antes llegaron al batallón los uniformes: quedamos impresionados. A excepción del casco, los guantes y el cinturón, todo el resto de la ropa era negra. Sobre el casco había una letra zeta blanca, y bordada en el brazo derecho de la casaca otra del mismo color.

Por ociosos nos pusimos a inventar un código de guerra. Es común entre los militares gringos que, cuando marchan, repitan a coro un código que solo pertenece a su unidad; era justo que el Grupo Zeta tuviera el suyo. Después de mucho darle, quedó así:

—¡Mata, Dios perdona!
Tu padre, la nación;
tu madre, la bandera;

tu esposa, tu pistola;
tus hijos, tus cartuchos.
Por cielo, mar y tierra,
nuestro único objetivo
es dar con el enemigo
y vencer o morir en el intento.
No hay amigos, no hay familia,
y no existe el amor.

El resultado no gustó a todos, pero la mayoría de los cuarenta y cinco lo aprobaron porque corría prisa.

Nos dijeron que gente poderosa vendría a vernos, pero fuimos ubicados lejos del lugar donde aterrizó el helicóptero del presidente. A los integrantes del GAFE nos colocaron en el extremo de la pista junto a la Brigada de Fusileros Paracaidistas, la misma a la que perteneció don Alfredo Ríos Galeana.

Tuve una sensación contradictoria porque había llegado muy lejos, pero también porque sería difícil sobresalir frente a tanta raza queriendo llamar la atención del presidente. La ceremonia comenzó con honores a la bandera y cantamos el Himno Nacional, después pasaron revista y escuchamos a una banda que tocó música de esa que le gustaba a Betancourt, la típica clásica que siempre suena igual. Anunciaron nuestro turno y marchamos hasta el templete. Ahí estrenamos nuestro código militar. Debió ser impresionante porque éramos un grupo de hombres vestidos de negro con fusiles M16 y mochilas equipadas con lo necesario para sobrevivir en situación extrema. Primero se lució Arturo Guzmán Decena: dando la espalda a los invitados colocó sobre el asfalto de la pista principal un fusil Barrett calibre .50. A un kilómetro había un contenedor viejo, igual a los que suben y bajan de los barcos en el puerto de Tampico; el mejor francotirador del Grupo Zeta sorprendió cuando de un solo tiro partió aquella inmensa caja metálica.

Al final me tocó a mí: conduje un automóvil Corsar verde como los que por aquel entonces usaban los altos mandos del Ejército. En reversa, alcancé una velocidad mayor a los sesenta kilómetros por hora; luego, con ayuda de una rampa, hice que el vehículo se parara en dos llantas. Para cerrar lo estrellé contra una pared de costales, aunque antes logré saltar y salí ileso. Me llevé el mejor aplauso.

Un general agradeció a los miembros del GAFE y dijo que nuestra superioridad sería de gran servicio para la patria. El evento continuó durante una hora y luego nos invitaron a desayunar. Entregaron distintivos de colores que debíamos colocarnos sobre el pecho, junto a la placa donde estaban escritos nuestro nombre y grado; ayudó para conducirnos a la mesa que nos habían asignado. A los integrantes del Grupo Zeta nos separaron, querían que conviviéramos con compañeros de otros batallones, y también con los senadores y altos funcionarios que habían asistido al evento.

Heriberto conversaba con un general calvo, y en su mesa estaba también sentado Arturo Guzmán Decena. En la mía solo conocía a Rejón; las otras personas eran civiles vestidos con ropa elegante, varios tenían la edad de mi padre y usaban relojes de esos que la banda de los Rolex robaba en las colonias de la gente panquezona; olían a perfume y seguro se habían barnizado las uñas esa misma mañana.

Nos preguntaron sobre nuestra experiencia en Estados Unidos; a pesar del supuesto secreto, todos en esa mesa sabían que recién habíamos regresado al país. Fue haciéndose la plática y así me enteré de que varios de esos hombres trabajaban para la Procuraduría General de la República. Entre otras cosas, contaron que la Policía Judicial estaba reclutando nuevos integrantes. Recuerdo haber pensado que quizá la disposición de los asientos en ese evento no había sido casualidad.

Hacia el final, el secretario de la Defensa dijo que el presidente entregaría condecoraciones a los pilotos veteranos que habían acumulado más de tres mil horas de vuelo: varios recibieron alas de pecho con estrella y laurel. Esa fue la parte más tediosa de la ceremonia. Ya nos estábamos despidiendo cuando un teniente del Estado Mayor Presidencial se acercó a Rejón y a mí para decirnos que un general quería conocernos. Lo seguimos hasta una mesa donde ya aguardaban de pie Decena, Lazcano, el Hummer, Guerrero y Betancourt. Ese general, nos dijeron en las presentaciones, era el director del Instituto Nacional para el Combate a las Drogas. Durante casi todo el evento había estado sentado a la izquierda del presidente. Dijo que sabía de nosotros y también que pronto nos asignarían una misión muy importante.

Fatal improvisación
Agosto, 2015

Cuando Saúl Quiroz estuvo a cargo de la unidad especial dedicada a perseguir narcotraficantes, fue que la Procuraduría contrató algunos GAFE como policías federales, a pesar de que aquellos soldados no habían sido formados para ese trabajo.

—¿Por qué lo hicieron?

—Lo hicimos para salir del paso —explicó Quiroz.

—No tenían ni veinticinco años cuando los enviaron como jefes de la Policía Judicial —argumenté.

—¿Dónde más podíamos reclutar? Desde el verano previo comenzamos la limpia y en solo año y medio corrimos a más de mil agentes. Necesitábamos suplir las vacantes.

—¿Creyeron que porque esos GAFE eran jóvenes no se iban a corromper?

—Yo tenía entonces treinta y tres años y suponíamos que la edad era un criterio para encontrar recursos humanos que no estuvieran maleados.

—¿Ya había militares trabajando con ustedes?

—Varios coroneles y generales se habían hecho cargo de los principales puestos de la Procuraduría en la frontera con Estados Unidos, así que era normal poner soldados bajo sus órdenes.

—Los arrojaron a los brazos del enemigo —opiné.

—Así es —completó Saúl Quiroz sin refutar mi argumento.

8

DIARIO DE UN HIJO DE LA GUERRA
Marzo, 2009

Heriberto Lazcano decidió que el periodo de convalecencia había terminado: era tiempo de volver a trabajar. Tres días después del episodio de la barbacoa, me mandó llamar para encargarme una responsabilidad. Al norte de Pachuca, en una colonia que lindaba con la zona rural, sin pedir permiso a los jefes de la plaza, un grupo de personas había instalado una bodega para procesar drogas. La orden fue removerlos. Pensé en negarme porque no me sentía listo para volver a la acción, pero era obvio que se trataba de una prueba.

Seleccioné entonces a quienes me acompañarían en la estaca, supervisé las armas y conseguí el mapa del lugar donde se llevaría a cabo el operativo. Cuando todo estuvo listo tomé el volante de la unidad principal, porque así lo había hecho siempre: cada vez que iba al mando, nadie más podía conducir. Tres camionetas me seguirían en caravana. A punto de partir, el Lazca tomó el asiento del copiloto y me anunció que también participaría en la misión; no era lógico porque hacía ya tiempo que era el líder de los Zetas y no debía correr riesgos innecesarios. De hecho, tampoco era razonable que yo lo hiciera. Dadas nuestras jerarquías dentro de la compañía, no estaba ninguno en posición de involucrarse en ese tipo de tareas.

Sentí el sudor, pues dentro de mi cabeza comenzó a celebrarse una alocada danza de amenazas: imaginé a Heriberto Lazcano dando la orden para que alguno de los ayudantes me volara la ca-

beza o colocara alrededor de mi cuello un cable acerado para degollarme. Intentando espantar esa pesadilla, miré obsesivamente el espejo retrovisor; varias veces llevé también la mano debajo de la pierna izquierda, para asegurarme de que ahí continuara el arma que me protegería en caso de ser atacado.

—¿Todo bien? —preguntó el Lazca.

—Sí, carnal, ¿por qué? —respondí con fastidio.

—Porque llevas medio minuto detenido frente al semáforo en verde —hizo notar el copiloto.

Hasta ese momento escuché el claxon de los otros vehículos, que me exigían avanzar. Reaccioné pisando a fondo el acelerador, con lo cual llamé la atención de los transeúntes próximos a la caravana.

—Pinche Galdino, al chile, ¿estás bien?

Esa pregunta era ociosa porque Heriberto conocía la respuesta y sin embargo no estaba interesado en saber si el Zeta 9 había perdido habilidades —eso era evidente—, sino en averiguar cuáles eran mis males. Yo estaba jodido por verme obligado a descubrir esas limitaciones en compañía de los demás; para mí también eran desconocidas todas las consecuencias que el incidente de Chiapas había producido en mi personalidad.

Después del error del semáforo vinieron otros. Si bien había revisado varias veces el mapa para ubicar la bodega que atacaríamos, conduje la caravana hasta una dirección equivocada; un error como ese podía poner el riesgo la operación porque le daba tiempo al adversario para repeler el ataque. Por fortuna, los malandros de la bodega eran novatos y no se enteraron de nada hasta que los Zetas les caímos encima.

Cuando tuve frente a la camioneta el zaguán de la bodega, uno del grupo bajó y lo hizo volar con la descarga de un fusil Barrett: esa fue la señal para que los demás integrantes de la estaca descendieran de sus vehículos. Por instrucciones del Lazca, me tocó a mí ser el macho que abriera el paso como primero de la fila.

—Tú en once, continúa en once —ratificó para que me mantuviera en la posición delantera; recibí un golpe leve sobre el hombro izquierdo y entonces disparé, derribando el primer cuerpo de la mañana. Otro toque en el hombro contrario y tiré sobre el siguiente malandro. Al final solo sobrevivieron cinco sujetos de los quince que se hallaban dentro de aquel lugar: después de que Lazcano los interrogó, ordenó que los rajaran. Respingué luego luego porque estaba en desacuerdo. Heriberto había utilizado la palabra rajar en vez de bajar; mientras bajar significaba volar la cabeza de esos desgraciados, rajarlos quería decir desmembrarlos y esparcir sus restos. Yo no entendía la lógica de esa instrucción, aquellos eran mocosos sin conocimiento de las reglas del narcotráfico, pendejos metidos en un territorio prohibido. Si Heriberto Lazcano se hubiera quedado en el balneario de Atotonilco, yo los habría liberado para que fueran a contar lo sucedido: ese mensaje evitaría que alguien más de la zona intentara de nuevo ponerse al tú por tú con los Zetas. Pero el Verdugo quería imponer un castigo desproporcionado. Entonces di la espalda a los pobres diablos y me dirigí de vuelta hacia mi unidad mientras escuchaba los gritos de súplica de los prisioneros, quienes se resistían al cable acerado alrededor del cuello.

—¿Adónde vas, Galdino? —escuché decir al Lazca.

—Ya terminamos aquí —respondí sin volver la vista hacia la masacre.

—No te vayas todavía —ordenó mi superior.

Era temerario continuar dando la espalda a mi antiguo compañero; no había entre ambos amistad suficiente como para desafiarlo sin consecuencias frente al resto de la raza. Giré medio cuerpo y vi rodar por el suelo la cabeza de un muchacho de quince años; hice un esfuerzo grande para no caer también. Porque era un hijueputa, el Lazca me entregó un cuchillo de sierra y ordenó que ayudara a los zetas más jóvenes a destazar los cuerpos y esparcir las extremidades en las calles de aquella colonia.

—Ya no estoy para esas, Heriberto —argumenté.

—Eso lo decido yo —respondió el Verdugo.

Fue cuando me retiré el pasamontañas y los guantes empapados de sudor, metí el resto del equipo que llevaba encima dentro de la cajuela de la unidad principal y me retiré caminando sin voltear.

Reynosa
Agosto, 1995

Una semana después del evento en Santa Lucía, Heriberto Lazcano nos juntó a los siete integrantes del Grupo Zeta y nos informó que nos mandarían a la frontera para cumplir una misión delicada; iríamos concretamente a Tamaulipas, porque en ese estado había mucha violencia y necesitaban que supliéramos a la policía, pues se había vuelto muy corrupta. Respecto al salario, por aquel entonces a los GAFE nos iba mejor que a otros militares. Recuerdo que la quincena chica era de catorce mil y la grande de dieciséis mil pesos. Heriberto dijo que además nos darían un bono de la Procuraduría y una camioneta del año, de las más grandes, con placas oficiales para hacernos respetar. A Lazcano lo ubicaron en Ciudad Victoria, a Rejón y a mí nos enviaron a Reynosa, al Hummer lo mandaron a Matamoros, Decena fue a Tampico, Guerrero a Ciudad Mier y Betancourt a Miguel Alemán.

En Reynosa descubrí el lugar más feo del planeta. Nos instalaron en un motel triste pero ahí nos esperaba, como prometieron, una camioneta del año, negra y ostentosa. El mismo día nos reportamos a la oficina de la Procuraduría. La encontramos casi vacía; frente a una hilera de escritorios polvosos nos recibió una secretaria que se había aclarado el pelo con agua oxigenada y su piel olía fuerte a lavadero. Dijo que en Reynosa no había delegado y que debíamos tener paciencia hasta que nombraran al remplazo, así que Rejón y yo dedicamos la primera semana a patrullar la ciudad dentro de nuestra camioneta nueva, utilizando el aire acondicionado a su máxima potencia. A través de las ventanas polarizadas aquello era más soportable.

Lo legal y lo ilegal son dos espejos: uno sirve de piso y el otro de techo. Eso lo aprendí cuando mi papá y Alfredo Ríos Galeana tenían buenos amigos en la policía. Pero sobre la ética del narcotráfico yo sabía poco: una cosa es vender velas de mota en la Fortaleza de Tepito y otra distinta vérselas con los grandes intereses de la frontera. A los pocos días de haber llegado a Reynosa nos visitó en la delegación una mujer muy atractiva, mulata, flaca y alta, casi diez años mayor que yo; tenía unos bonitos ojos negros y se pintaba los párpados de color uva. La secretaria de la delegación nos presentó porque eran amigas. La visita dijo que en su negocio había algo para nosotros y que Rejón y yo podíamos pasar a recogerlo esa misma noche. Hay placeres que vienen con el cargo y no encontré razón para decir no a la oferta de la señora Yaneth, que escribía su nombre con i griega y «th», según aclaró cuando nos dio la dirección del Jelly's.

Horas después Rejón y yo descubrimos ese antro que olía a éter por el hielo seco que lanzaban hasta el abuso sobre la pista donde las bailarinas se desnudaban. Apenas entramos nos dieron una mesa de pista y cuando nos sentamos colocaron una botella de güisqui caro frente a nosotros. Yaneth hizo que no faltara nada.

Había muy poco trabajo en la delegación, pero el puesto asignado tenía como beneficio la camioneta y ese pase gratuito para utilizar los servicios del Jelly's; de tanto comer y beber subí de peso y por primera vez me salió papada.

El Jelly's
Febrero, 1997

La señora Yaneth no cobró nunca hasta el día en que por fin lo hizo. Entre las chavas que trabajaban para el Jelly's había una que no se separaba de su lado. Era de esas personas sin prisa por envejecer, lo mismo podía tener dieciséis que veintiséis años. No conocí su verdadero nombre, pero en ese antro la llamaban Hania. Un sábado por la mañana, Yaneth me llamó temprano al hotel y dijo que necesitaba un favor de nosotros —Rejón no andaba en Reynosa porque había ido a la Ciudad de México por asuntos de familia—; insistió en que era urgente y media hora después nos vimos en la puerta de su negocio. Hay lugares que no deberían visitarse con luz de día: en cuanto entré, el olor a encerrado me provocó náuseas. Hallé a la patrona muy alterada. Sus ojos estaban irritados.

Comenzó a explicarme que las cosas estaban muy revueltas y no tenía a quién recurrir. Habían detenido a Hania cerca de Río Bravo, un municipio vecino, y en ese momento la policía del estado la tenía presa. Argumentó que la chica no merecía ir a la cárcel porque todavía era muy joven; si yo no la ayudaba, la acusarían de transportar droga. Confesó que en ocasiones las trabajadoras del Jelly's se ayudaban haciendo mandados, recibían buen dinero por cruzar la frontera con droga debajo de los asientos de un carro viejo. Los agentes mexicanos casi siempre las respetaban, pero la tarde anterior Hania había tenido mala suerte.

No tuve problema en ayudarlas. Hice un par de llamadas y los colegas modificaron los cargos: borraron del expediente la acusación original y en su lugar pusieron que se le detuvo por ejercer de prostituta. Esa misma tarde Yaneth pagó la fianza y Hania quedó libre. Los federales éramos influyentes. Más que pedir un favor, di la orden.

Un par de noches después volvió a llamar Yaneth. Dijo que ella y Hania tenían una botella esperando en el Jelly's para tomárnosla juntos.

—¿Los tres? —pregunté con intención.

—Sí, los tres —respondió Yaneth.

Dije que pasaría a visitarlas. Desde que conocí a Yaneth le traía ganas.

El privado era pequeño. Sobre una mesa cubierta con cristal había una botella cara de güisqui, una hielera y tres vasos. La patrona del burdel servía el alcohol cuando Hania nos alcanzó. A diferencia de Yaneth, la más joven solo llevaba puesta una bata de noche.

«Cruzaré los montes, los ríos, los valles por irte a encontrar» cantaba Hania intentando imitar la voz que emitían las bocinas.

Tomé a Yaneth por la cintura y la conduje a un rincón para bailar; ella colocó la mejilla sobre mi hombro y alcancé a escuchar su respiración. Casi de inmediato, Hania se unió al baile. «Yo podría empeñar lo más caro que tengo, que es mi libertad», continuó la canción.

Yaneth era un espagueti largo y flaco embutido en unos pantalones negros de cuero y usaba un *top* para cubrir los senos. Aquella noche la patrona llevaba el cabello recogido sobre la nuca: sabía sacarse partido con su mata abundante.

Yo deseaba verlas juntas y fui a servirme más alcohol. «Sería un honor, ay, amor, ser tu esclava…», continuó Hania y Yaneth le cerró los labios con el primer beso de la noche. Tomé asiento como quien se prepara para ver el comienzo de una obra de teatro; la mulata desanudó el lazo de la única prenda que llevaba Hania. «Sería tu juguete por mi voluntad», canté magnetizado por las dos mujeres.

El contraste era bello: Yaneth tenía la piel más oscura de todo Reynosa y Hania había nacido demasiado blanca; la patrona medía casi 1.80 y la más joven no rebasaba el 1.70. Con la tercera pieza Hania quedó completamente desnuda y Yaneth atrapó su sexo con la mano derecha. Fue entonces que descubrí, sobre la areola del pecho izquierdo de Hania, un lunar tan grande que podía confundirse con un segundo pezón en el mismo seno.

El mesero se aproximó y puso sobre la mesa una bolsita con cocaína, Hania dejó a Yaneth bailando sola y sobre un plato trazó tres líneas de polvo blanco. Yo me negué, ladeando la cabeza: esa noche no necesitaba más estimulantes. La botella de güisqui había perdido la mitad de su contenido y era mía casi toda la responsabilidad.

Inmune ante el rechazo, Hania optó por untar cocaína en mis encías. Después volvió sobre sus pasos y las mujeres retomaron la danza, una vestida y la otra desnuda. Yaneth recorrió despacio los pezones de su pareja. Las dos se conocían bien y compartieron el ritmo lento que habría sostenido una quinceañera durante su primer vals.

Aunque disfrutaba la escena, me entraron ganas de pasar a otra cosa. Quizá había visto demasiadas películas pornográficas y fue por eso que, con un control remoto imaginario, quise apresurar la escena. Me uní al baile de las dos mujeres con torpeza. Intenté abrazar a la patrona por la espalda y ella se apartó con brusquedad, así que bailé con la más joven.

—Te presto a mi novia, pero solo por esta noche —concedió Yaneth; luego abandonó el privado y Hania me entregó la segunda parte del mensaje:

—No lo tomes a mal, soy lo más cerca que puedes estar de ella.

Los efectos del alcohol me ayudaron a aceptar mi derrota. Entonces coloqué los dedos donde antes habían estado los de Yaneth, y a menos de un centímetro del clítoris de Hania descubrí una argolla metálica. Me excitó la imagen de ese objeto diminuto incrustado contra la piel blanda y mojada.

Continuamos la danza y la mujer desnuda me enseñó a manipular su tercer arete.

La frontera de la cocaína
Agosto, 2015

En el mismo tono de profesor que había utilizado antes para responder otras preguntas, Saúl Quiroz regresó en el tiempo:

—En 1989 el presidente George Bush gastó millones de dólares para derribar las avionetas colombianas que introducían droga a través de los pantanos de Florida; tuvo éxito con su estrategia y selló esa puerta de entrada. Fue entonces que México se volvió una vía alterna para el negocio de la cocaína.

—¿Cuánto calculas que valía entonces ese mercado?

—Uff. ¿El de la cocaína transportada a través de México?

—Sí.

—Unos treinta mil millones de dólares.

La cifra me hizo mirarlo con incredulidad.

—Eso declaró un capo importante de la época ante los tribunales gringos —afirmó con convicción.

—¿Cuánto de ese negocio se lo llevaba la organización del Golfo?

—Por lo menos un tercio.

—¿Diez mil millones de dólares anuales?

—Sí.

—¿Y cuánto de ese dinero se utilizaba para comprar autoridades?

—Alrededor de un diez por ciento.

—¿Mil millones de dólares al año para sobornar policías mexicanos?

—Yo creo que la mayor parte de ese dinero se iba a Estados Unidos.

—Supongo que es más barata la corrupción en México —expresé con resignación.

—¡Seguro! Ponle que anualmente aquí se invirtieran unos trescientos millones de dólares para que el gobierno mexicano no molestara.

—¡Trescientos millones de dólares al año! —repetí.

La invitación

Febrero, 1997

Amanecí en el departamento que compartían Yaneth y Hania. Ambas se hospedaban en una especie de bodega amueblada en el último piso del Jelly's: ese edificio de cinco niveles era una caja de sorpresas. Durante el desayuno las dos me hicieron sentir en familia; Hania había recuperado la bata que llevaba la noche anterior y Yaneth vestía otra idéntica.

Hubo chilaquiles para desayunar. La salsa verde tenía el picante exacto para vencer la cruda. La patrona actuó como si no me hubiera dejado plantado. Aquella mañana Hania se miraba realmente linda; no perdió oportunidad para reafirmar que ella era pareja de la patrona. Los muebles del lugar eran de chile, dulce y manteca, ni en una tienda de mercancía china habría sido fácil encontrar tanta variedad. La patrona estaba sentada sobre una silla dorada forrada con terciopelo rojo, yo en otra de madera y Hania en un banco alto e incómodo.

En la charla Yaneth preguntó por Rejón y también por el resto de mis compañeros. Como pasa después de una noche de buen sexo, conté cuanta pendejada: mayormente sobre la experiencia en el Fuerte Hood. Olvidé que estaba prohibido compartir esa información. Para Hania fue importante que tuviera una visa para entrar a Estados Unidos, en cambio, Yaneth se sorprendió cuando dije que además de policía judicial era un militar de élite. Conté que en total fuimos cuarenta y cinco los que viajamos a Texas, pero solo siete estábamos en Tamaulipas.

La invitación que hizo la patrona no me pareció premeditada:

—¿Por qué no los traes para que pasen con nosotros los últimos días de la Semana Santa?

Llevábamos varios meses haciendo cada uno lo suyo y no habíamos tenido oportunidad para intercambiar experiencias. Pregunté a la anfitriona si mis amigos podían quedarse a dormir en el Jelly's y Hania intervino para decir que ahí tenían cuartos y chicas suficientes para todos.

—Como son días de vacaciones familiares, no suelen venir clientes —añadió Yaneth.

Prometí llamar y así lo hice. El Hummer, Lazcano y Decena aceptaron de inmediato, un día después también lo hicieron Betancourt y Rejón. A Óscar Guerrero no lo localicé.

Desconocía lo grande que era el lugar, pero aquel fin de semana descubrí que el Jelly's tenía al menos treinta habitaciones. A cada uno de mis compañeros le dieron una diferente, mejor amueblada que la del hotel donde a Rejón y a mí nos hospedó la Procuraduría. Aquel Jueves Santo se estacionaron afuera cinco camionetas negras del año, de esas que solo tiene la gente con poder: los vecinos habrán pensado que ahí estaba el gobernador o quizá alguien más importante. Como si fuéramos niños saliendo del salón de clases, apenas estuvimos juntos nos arrojamos al juego de manos. Uno empujó al otro y el tercero saltó encima de todos. Al Hummer era preferible no provocarlo, pues un golpe de ese gigante podía tirar un par de dientes.

Yaneth buscó el mejor vestido que tenía para salir a recibir a mis amigos. La patrona sabía impresionar y ninguno fue insensible a su buen trato.

—Si así es la dueña del lugar, ¿cómo serán las demás viejas que trabajan aquí? —interrogó Decena. Le respondí que no estaba seguro de que Yaneth fuera la dueña, pero le prometí que no tendría queja sobre el personal.

Aquel primer día lo festejamos con champaña de la más fina; fue la primera vez que la mayoría probamos esa bebida. Hania se encargó de distribuir al personal femenino entre mis compañeros.

A Decena le tocó una güera flaquita que hablaba como española. Rejón escogió a Gloria, una sinaloense alta y rellena a quien conoció la primera vez que visitamos el Jelly's. Al Hummer lo emparejaron con una muchacha de baja estatura que no lo hizo muy feliz. Betancourt cometió el mismo error que yo: pensó que Yaneth estaría disponible y rechazó a la pareja que le propusieron. Heriberto aprovechó la circunstancia y se dispuso a festejar con dos al mismo tiempo. Yo me quedé con Hania porque ya nos conocíamos.

Mientras bailábamos, bebíamos y algunos se drogaban, la patrona mandó traer comida china. Los amigos estaban bien agradecidos con Rejón y conmigo. Pasadas las once de la noche, cada uno se retiró acompañado por su puta y una botella de champaña sin abrir. Como Lazcano no aceptó separarse de su regalo doble, Yaneth tuvo que llamar a otra trabajadora para que le hiciera compañía a Betancourt.

Yo no estaba dispuesto a descender de categoría. Mientras mis amigos se encaminaban a sus habitaciones, subí al quinto piso para pasar la noche en el departamento. Hania aceptó porque, según me dijo, Yaneth no se quedaría a dormir en el burdel. En vez de continuar la fiesta, mi amiga y yo pusimos una película en la videocasetera y compartimos una bolsa grande de palomitas; la cinta era de guerra y aunque Hania no protestó, pronto se quedó dormida. Yo no tenía sueño. La ayudé a meterse dentro de las cobijas y luego salí del cuarto para seguir distrayéndome con la televisión.

Recuerdo que fui a la cocina, abrí el refrigerador y bebí un trago largo de leche directo del envase. En esas estaba cuando escuché la voz de Arturo Guzmán Decena: lo oí reír y también a la española con quien estaba pasando la noche. El sonido que ambos producían parecía emerger de un radio de transistores, fui a buscar el origen de esas voces y no tardé en encontrarlo: junto a la puerta de entrada del apartamento había una habitación alucinante.

Al entrar topé con una imagen ridícula del Hummer: su cuerpo gordo y desnudo era cabalgado por una mujer pequeña, mientras mi amigo se distraía mirando una película. Al lado del Hummer estaba Lazcano con sus dos mujeres, y debajo de esas personas,

Decena conversaba animado con la española. Aquel cuarto tenía una pared donde al menos había quince pantallas empotradas; aunque arrojaban tonos blanco y negro, tenían fidelidad suficiente para detectar cada movimiento en el Jelly's. En el costado más angosto de esa habitación había un escritorio con muchos botones que, al manipularlos, me ayudaron a viajar de una habitación a otra atendiendo el sonido.

Velé hasta que mis colegas se quedaron dormidos. La chava que acompañaba a Decena fue la última en caer porque hablaba sin parar. No era española: nos engañó porque era rubia y tenía bien entrenado el acento extranjero, pero en realidad, igual que Decena, había nacido en Puebla. Arturo se descosió esa noche contando cosas que jamás hubiera compartido con nosotros.

Todo lo que ocurría en los salones y las habitaciones del Jelly's quedaba registrado en una inmensa grabadora. Recorrí cada pantalla, intrigado por averiguar quién más podía haber sido hospedado en el burdel esa noche: solo doce habitaciones estaban ocupadas y encontré que dentro de una de ellas dormía Yaneth. En la parte superior de aquel muro reconocí también al jefe de la zona militar: roncaba junto a una dama que se exprimía una espinilla frente al espejo. Conocía bien a ese general, habíamos convivido en varias reuniones de trabajo.

Esa habitación en el apartamento de Yaneth estaba diseñada para espiar a los huéspedes. Cuando caí en cuenta de mi descubrimiento, temí por aquello que mis colegas hubieran podido contar en compañía de sus putas: todos teníamos una reputación que cuidar y era delicado que se nos fuera de largo la lengua. Con culpa por la trampa en que, sin saberlo, había metido a mis amigos, regresé a la habitación donde dormía Hania, me desvestí y la desperté para tener sexo. Aquella noche no fui amable con ella en la cama.

No tenía entonces idea del dolor de cabeza que provoca la champaña al día siguiente. Me metí a bañar suponiendo que mis compañeros aún no se habían levantado; si bien no recordaba haber visto el departamento de Yaneth en alguna de las pantallas, me sentí incómodo cuando miré mi cuerpo desnudo frente al espejo. Saber que nadie en ese burdel tenía intimidad cambió mi aprecio por el lugar.

Cuando Hania tuvo la intención de bañarse conmigo, cerré la llave del agua y con brusquedad la dejé atrás. Sintió mi molestia y preguntó la razón. No estaba seguro de las consecuencias que enfrentaría si compartía los motivos de mi enojo, pero al final decidí interrogarla sobre la habitación secreta. Al escucharme, palideció.

—¿Has entrado ahí? —interrogó y yo asentí—. Siempre está cerrada la puerta.

—Ayer no lo estaba —devolví.

—Debes preguntarle a Yaneth.

—Pues llámala, porque no pienso esperar mucho antes de contarles a mis compas que anoche los grabaron mientras cogían con tus amigas.

Los pezones de Hania oscurecieron. Sobre la mesita de noche había un teléfono secretarial y a través de él se comunicó con Yaneth.

—Galdino quiere verte aquí arriba —respiró—. Está encabronado porque descubrió el cuarto de las televisiones.

Mientras yo esperaba en el comedor de las sillas diferentes, el dolor de cabeza fue en aumento. ¿Qué le diría a la patrona cuando la tuviera enfrente?

Yaneth tardó casi treinta minutos en acudir; durante ese tiempo nuestra novia se encerró en la recámara. La patrona llegó acompañada por un fulano enorme que los fines de semana cuidaba la puerta principal del Jelly's.

—¿Por qué no fuiste a desayunar barbacoa con tus cuates? —me preguntó.

En ese momento me enteré de que, mientras yo esperaba, ella organizó a las chavas para que llevaran a los invitados a un restorán a las afueras de Reynosa. La información me intranquilizó. Una cosa era enfrentar el problema sabiendo que mis amigos estaban en el mismo edificio y otra muy distinta sería hacerlo solo.

—Me dice Hania que te pusiste a husmear —dijo.

—El cuarto estaba abierto. A medianoche escuché voces y fui a ver de qué se trataba.

—Esos monitores sirven para darle seguridad a las trabajadoras en caso de que un cabrón quiera pasarse con ellas.

Ya había imaginado esa respuesta.

—¿Y por qué grabas a los clientes?

—¿Cómo sabes eso?

—A ti ya se te olvidó que soy policía.

—Y también eres militar —añadió.

—Pues entonces más respeto. Quiero que borres el material donde aparecemos mis compas y yo.

Yaneth pudo haberme engañado aceptando la petición, sin embargo, escogió un camino diferente:

—Esos videos ya están en manos de otras personas.

—¿De quién? —interrogué.

—De los dueños del Jelly's.

—Creí que tú eras la mera mera —mentí.

—Pues sábete que solo soy una empleada.

—¿Y quiénes son tus jefes? —intenté averiguar, más cauteloso que antes.

Yaneth pidió al guardia que nos dejara solos; luego fue a buscar a su novia para ordenarle que también saliera del departamento. Lamenté el rostro dolido de Hania cuando cruzó frente a mí. Una vez solos, Yaneth se sentó en una silla que se encontraba ante a mí; le tomó medio minuto encontrar las palabras de su siguiente frase:

—Mira, Galdino, aquí viene gente importante: diputados, empresarios, senadores, funcionarios, presidentes municipales, autoridades gringas...

La interrumpí:

—Anoche vi al jefe de la zona militar con una vieja jodidona.

—A él le encanta —me aclaró la patrona con un gesto bien entrenado de coquetería.

—Voy a contarle que lo grabaste cogiendo.

—Yo no lo hice. Ya te dije que este negocio es de alguien más.

No sabía qué creer.

—Los aparatos que están en cada habitación son para espiar a los clientes —acusé.

—Sí —respondió ella sin ocultar.

—¿A quién le sirve ese material?

—No te puedo decir.

—¡Soy judicial! —dije, tratando de recuperar autoridad.

—Lo sé —contestó sumisa a pesar de mi bravuconada.

—Si divulgo lo que descubrí, nadie va a regresar aquí.

—¿Y por qué lo harías?

—Porque estoy encabronado. Invité a mis carnales y mira cómo los trataste.

Yaneth regresó a ser la anfitriona generosa del día anterior.

—¿Y si te comparto la información que obtenemos con estas cámaras?

—¿Cómo? —interrogué.

—En las cárceles y en los burdeles no hay secreto que pueda guardarse. Si quieres saber lo que realmente está pasando en Reynosa, yo puedo convertirme en tu mejor fuente.

De esa mujer no podía fiarme.

—Ya te ayudé una vez y mira cómo me fue.

—No te pagué mal.

—¿No?

—¿Te vas a quejar de Hania? —interrogó.

—Hablemos de ti y no de Hania.

—¿Qué quieres saber de mí?

—¿Por qué me rechazaste?

Esa pregunta la sorprendió.

—¿A ti te gustan los hombres?

—No.

—Pues a mí tampoco —aclaró, y nos quedamos callados.

Volví resignado adonde estábamos antes:

—¿Cuál es tu oferta?

Miró al techo y tomó aliento:

—Las cosas en Tamaulipas están peor que nunca

Yaneth no me estaba revelando nada que ignorara. Esa fue la razón por la que nos enviaron a los GAFE a Tamaulipas. Ella continuó:

—¿Tienes idea de cuánto vale el negocio de las drogas en esta frontera? Quien termine siendo el jefe de la plaza, se ganará el premio gordo de la lotería.

—¿Y quién va adelante? —quise saber.

—Eso todavía está por resolverse —me informó Yaneth—. Mientras tanto, la competencia por la sucesión provoca harta violencia.

Guardé silencio en tanto reflexionaba sobre lo poco que sabía con respecto a esta nueva experiencia de trabajo. La mulata, además de hermosa, era lista.

—Mientras las cosas se definen, se necesita saber dónde está parado cada uno. Te ofrezco compartir aquello que vaya averiguando a cambio de que olvides lo que viste ayer.

—¿Me estás pidiendo que traicione a mis compas?

—Conmigo no los traicionarás. Podrías incluso ayudarlos.

«¿Me convenía la propuesta de la patrona?», interrogué, pensando en mis santos.

Yaneth buscó un ángulo distinto para convencerme:

—No digas nada. Deja que tus amigos la pasen bien y regresen a su puesto el lunes. Mientras tanto, quédate las próximas noches en el cuarto de los monitores para que te muestre lo que puede aprenderse si se coloca una cámara y un micrófono en el lugar adecuado.

Yaneth sabía leer bien a las personas, y por segunda vez me mordió la serpiente. Pero no le iba a salir gratis el chiste: de alguna manera quise joderla.

—Vas a tener que compartir a Hania conmigo.

—Si ella quiere, no tengo inconveniente. Cuando se trata de negocios no soy celosa. Pero te quiero fuera de mi cama, así que la próxima vez ustedes dos se van a dormir a las habitaciones de abajo.

Esa propuesta me pareció inaceptable:

—No voy a cogérmela frente a tus cámaras —rematé.

Se cerró el trato sin resolver el último punto. No contaría nada a cambio de compartir a su novia y su casa, y ella me daría información sobre lo que sucedía en Tamaulipas.

Ya lo compraron
Marzo, 1997

No calculé que dentro de la habitación de los monitores espiaría una conversación sobre mí.

—Ya lo compraron —escuché decir más noche al cabrón de Decena.

—No jodas, Galdino es nuestro compa —me defendió el Hummer.

—¿A poco crees que son gratis las viejas y la champaña? —malició Decena.

—¿De qué te quejas? A ti te fue rebién —argumentó el Hummer.

—En cambio tu vieja está de la chingada —se burló el otro.

Rieron los dos. El Hummer dio un paso atrás y se subió la bragueta. Las imágenes del baño de clientes del Jelly's eran tan nítidas que me hicieron sentir incómodo. Decena estaba recargado contra el lavabo y continuó intrigando a mis espaldas:

—No te hagas pendejo: ¿cuánto cuesta cada hora con tu puta, las botellas, las habitaciones, la droga? Te aseguro que el Mellado tiene negocios con la tal Yaneth.

El Hummer hizo un cuenco con las manos, lo llenó de agua y luego mojó sus ojos y mejillas. Al final se dirigió a la imagen que el espejo le devolvía:

—Hoy me voy a la cama con otra vieja.

Decena también admiró su propio reflejo:

—Yo en cambio me quedo con mi española.

No se atrevió a confesar que su amiguita era en realidad poblana. Lo demás que dijeron también quedó grabado:

—Un año, Hummer, un pinche año y te vuelves rico.

—Ora pues. ¿Cómo?

—Al puerto de Tampico llega de todo. Viejas que vienen a trabajar desde Europa del Este, fayuca, armas y chingos de cocaína. No te imaginas el bisne que se puede hacer en ese lugar.

—Ha de ser más divertido que Matamoros —dijo celoso el Hummer—. El mío es un pueblo violento pero aburrido.

Entró al baño un güey más ebrio que un gusano de mezcal; Decena y el Hummer callaron esperando a que el sujeto empinado sobre el mingitorio terminara de desahogarse.

—Desde donde yo la veo, está difícil darse color sobre lo que pasa. El pleito es de todos contra todos. Van más de veinte muertos desde que llegué a Matamoros y nadie reclama los cuerpos —contó el Hummer.

—Supe que balearon a dos policías de la federal —mencionó Decena.

—¡Está cabrón! Trabajaban conmigo.

—Nos mandaron a la guerra sin explicarnos una chingada —se quejó Arturo.

—Que cada quien se rasque con sus propias uñas —retomó el Hummer y ambos salieron del baño.

En el salón principal del Jelly's la música me impidió continuar escuchando su conversación. Tenía razón el Hummer: era difícil darse color de la situación en la que estábamos metidos.

El Chava Gómez
Agosto, 2015

Un grumo de mayonesa se alojó entre la barba de Saúl Quiroz:

—La región se volvió un polvorín. Así pasa siempre que alguien importante sale del juego. Durante 1997 aparecieron varios cadáveres en distintas ciudades.

—En el verano de ese año hice un viaje a la ciudad de San Antonio, Texas, y un jefe de la DEA me dijo que un tal Salvador Gómez era el nuevo líder del Golfo; cuando mandé pedir su ficha criminal, mis colegas de la Ciudad de México dijeron que no tenían información sobre él. Supuse que los gringos exageraban, pero no quise ser descortés porque en ese momento la relación entre los dos gobiernos andaba dañada por la desconfianza.

—¿Qué hiciste?

—Pues envié a un grupo de agentes a la dirección que me proporcionó la fuente de la DEA. Pocas horas después tuve noticias sobre la captura del delincuente: mi gente tomó preso al Chava Gómez, como se le conocía en Tamaulipas, junto con otro fulano de nombre Osiel Cárdenas Guillén.

Saúl hizo una pausa porque calculó bien que el último nombre provocaría mi curiosidad.

—¿Osiel Cárdenas? ¿El mismo que reclutó a los Zetas?

—Exacto. Él y el Chava eran entonces un par de mocosos que no llegaban a los treinta años.

—¿Qué hiciste con ellos?

—Los envié a la Ciudad de México, pero no duraron mucho encerrados —comentó haciendo un gesto de cansancio.

Saúl me miró con ojos fatigados y asumí que había llegado el momento de dar por terminada la entrevista. Antes aproveché para abordar de nuevo el tema que se nos había quedado pendiente al principio de la conversación:

—Oponerse a la tortura, Saúl, no quiere decir que proteges a nadie. Con mi periodismo me dedico más bien a lo contrario: a denunciar el desastre que nuestros gobernantes produjeron por acción y también por negligencia.

—No me pongas en esa lista.

—Esa lista la redactarán los historiadores y no los periodistas —concluí.

Nos despedimos y lamenté ver a Saúl Quiroz caminar con tanta dificultad. No importaba si era capaz de reconocerlo: entre otros, ese hombre era responsable de la crisis de violencia que estalló en todo el país pocos meses después de que dejó de ser funcionario público.

Mi situación en este momento depende de usted
Julio, 2015

—¿Qué hay, mi señor? —dijo Galdino a manera de saludo, y para corresponder introduje el índice derecho a través del tejido de metal—. ¿Por qué no vino la semana pasada? —me reclamó.

No tenía por qué darle una explicación; no obstante, lo hice:

—Te pasaste conmigo el otro día.

Galdino desvió la mirada.

—No recuerdo.

—Pues yo sí —expliqué.

—¡Ya!

—¿Qué te andas metiendo?

Guardó silencio y después soltó:

—Solo fue esa vez.

El blanco de sus ojos se asomó con brillo detrás de la oscura malla metálica y volví a preguntar:

—¿Te estás drogando de nuevo?

—Anfetas —confesó—. Usted perdone.

—¿Yo por qué?

—Por si lo ofendí.

Debajo de la malla, Galdino hizo pasar un fajo gordo de hojas manuscritas.

—He seguido trabajando —fue su disculpa. Recorrí las páginas sin prisa; él no se impacientó. La letra y las faltas de ortografía ya me eran familiares—. Solo fue esa vez. Le juro que ya no consumo, mi señor.

—No tienes por qué darme explicaciones —corté de tajo.

—Se las quiero dar porque necesito que siga viniendo.

No pasó desapercibido el uso del verbo *necesitar*. Hasta ese momento tomé conciencia de que lo había tuteado; él, sin embargo, no se permitía responder con la misma confianza.

—Cuéntame, ¿por qué no tienes para pagar la cuota semanal?

—Ya le vino el Pifas con el chisme.

No respondí.

—¿Se acuerda que le expliqué antes, mi señor? Si no le entro, pues me bajan, son las represalias naturales. El problema que yo tengo es que necesito protección.

—El Pifas vive en el pueblo.

—La diferencia es que él no tiene enemigos allá afuera. Yo aguanto de todo, he dormido con treinta cabrones en un cuarto de cuatro por cuatro metros; eso no es nada. No me malentienda, no ando buscando privilegio. Mi bronca es con la Familia Michoacana, los que saben que estoy aquí dentro quieren romperme la madre.

Un grupo de internos pasó detrás de él y los dos aguardamos hasta recuperar la privacidad.

—Hay otra cosa que no comprendo.

—Dígame, mi señor.

—¿Por qué no tienes dinero?

—Sí tengo, y un chingo.

—¿Entonces?

—Lo que me queda está escondido.

—¿Podrías explicarme?

—Mire, primero estaba el dinero que el gobierno me quitó: ese ya no regresa. Luego, la lana que puse a nombre de otras personas. Algunas se han aprovechado. Y, por último, los ahorros que enterré aquí y allá por si algo así me pasaba. Esa última parte es mi jubilación.

—¿Y por qué no tienes para pagar dos mil pesos a la semana?

Resopló con fuerza y se agarró con diez dedos a la malla que nos separaba.

—Le voy a orientar: cuando me metí preso y descubrieron que yo era Galdino Mellado Cruz, vino a verme gente de Hacienda, una señorita y dos cabrones, con identificación oficial y todo; se pararon ahí mismo donde está usted ahora. Me informaron que le habían bajado una camioneta a Rosaura, mi vieja, y también le congelaron sus cuentas de banco. Luego se metieron con mi mamá: por eso estaba enojada la vieja, porque le quitaron las panaderías que había puesto a su nombre. Además, se apañaron una casa grande que teníamos en la colonia Lindavista. En fin, ¿para qué le sigo contando mis miserias?

—Continúa, por favor.

Soltó el tejido metálico y siguió hablando:

—Los bienes que estaban a nombre de otras personas también se perdieron, unos porque Hacienda los detectó y otros porque los familiares se asustaron o se agandallaron, ¿comprende?

—¿Pero todavía te queda el dinero que tienes escondido?

—Claro que sí. Los zetas fundadores hicimos harta lana.

—¿Y por qué no les pides ayuda?

—¡Ni madres! De esta salgo yo solo. No voy a mostrar debilidad para que luego vengan a cobrarme. Ya hablaré con la compañía cuando esté fuera, antes no. Al fin que faltan pocos meses.

—¿Cómo resolverás de aquí a entonces tu situación?

Galdino bajó la vista y luego la regresó al lugar desde donde se asomaba.

—Discúlpeme, mi señor, pero yo ahorita... Mi situación en este momento... pues depende de usted. Favores allá afuera me deben muchos y todo se lo voy a pagar, se lo juro.

Nos caímos juntos
Octubre, 1998

Fue por culpa de Hania que me agarró el gusto por las joyas. Empecé a usar relojes buenos, esclavas y anillos con piedras grandes; me dio también por coleccionar rosarios lujosos. Pasábamos el fin de semana en McAllen porque ella montó un negocito. Cada vez que volvíamos a México, la chamaca traía joyería que luego vendía en el Jelly's: sus compañeras se encargaban de colocar la mercancía entre los clientes. Nunca había tenido tanto dinero, sin embargo, gastaba más rápido de lo que me llegaba. Hania y yo visitamos los mejores hoteles de la frontera gabacha. Un día me preguntó si podíamos hacer otra cosa además de coger y gastar, y le respondí que no. Cogíamos y nos daban ganas de salir de compras, comprábamos y nos entraba urgencia de regresar a coger.

—¿No hay nada más entre nosotros? —insistió y yo lamí el lunar que parecía pezón para evitar que siguiera preguntando.

Esa morra fue a toda madre conmigo. Cuando no estábamos en Reynosa, reventábamos mejor; mientras tanto, la Yaneth estaba cada día más estresada. El burdel la iba *psicoseando*, pasaba noches sin dormir. Cada vez que mi nuevo jefe, el delegado de la Procuraduría, visitaba Reynosa, se relajaba en el Jelly's. En esa ciudad solo éramos siete los agentes federales. De risa: ¿quién podría controlar un lugar así de conflictivo con tan poca gente? Por lógica, teníamos que estar apalabrados. Yo analizaba mi situación y sabía que me estaban poniendo a prueba. Si alguien venía a decirme que tal o cual andaba con la maña, pues yo hacía como que no hacía; sabía respetar la instrucción de mis superiores, y también a aquellas personas que habían pagado por trabajar la plaza. Más que el dinero, me gustaban la influencia y la manipulación. Era mucha gente la que quería quedar bien conmigo. Cuando iba a un restorán y no me gustaba la comida, aventaba el plato y a una voz los dueños corrían a la mesera que no me había tratado como merecía. Nunca más volví a ser *hormiga*. Desde que regresé del gabacho me convertí en lo que ahora soy: Galdino Mellado a mucho orgullo, el más mamón.

No le llevé información al jefe porque la habría agarrado contra el Jelly's, mejor la usaba para mi conveniencia. Por adelantado me enteraba de los cargamentos que cruzarían la frontera y también conocía los nombres de los ojetes que iban a morir. Gracias a Yaneth supe de las rencillas entre los mandos y entre los grupos que se peleaban la frontera. Pasé demasiadas horas dentro del cuarto de las televisiones: ahí conocí mucho de varios que nunca me conocieron.

Por ejemplo, gracias a ese cuarto supe —antes que el Mamito— cuando el coronel pidió su cambio a Saltillo; a Rejón no le gustó, pero cómo rezongar. El jefe le tenía ojeriza por alguna pendejada que ya olvidé. También ahí dentro escuché por primera vez hablar de Osiel Cárdenas Guillén: lo mentaron como un alto funcionario de la Procuraduría que andaba trabajando en Matamoros.

Pero subestimé el riesgo de la patrona: ¿cómo no iba a estar nerviosa la Yaneth conociendo tanto chisme? Neta que fue muy cabrón cuando Hania y yo nos enteramos de que habían encontrado su cuerpo tirado en el municipio de Miguel Alemán. Los hijos de puta que la levantaron arrojaron sus restos en un baldío y antes le sacaron los ojos.

Fuimos al Jelly's en cuanto supimos la noticia por la radio de mi camioneta. Hallamos vacío el burdel; la información había asustado a las putas y todas salieron por piernas. Tampoco estaban los guarros de seguridad. Pensé que podían haber sido ellos quienes pusieron a la patrona.

Hania no paraba de llorar. La acompañé al departamento del último piso para que recogiera sus cosas. Me dio un pinche dolor de estómago cuando entré al cuarto de las televisiones: no me sorprendió hallar las pantallas rotas. El desmadre de Tamaulipas había entrado por la puerta principal al Jelly's. Esa noche el burdel se convirtió en una casa habitada por fantasmas, Hania fue la última prostituta que pisó el lugar.

No volví a verla. La mesa tenía tres patas, y sin Yaneth era imposible que nuestra relación se sostuviera. La chamaca no quiso siquiera despedirse. Apenas salimos a la calle, tomó camino sola y sin voltear a verme. Ni cómo reclamarle.

9

DIARIO DE UN HIJO DE LA GUERRA
Abril, 2009

Era un cadáver condenado equivocadamente a existir entre los vivos y los fantasmas del pasado que hincaban los dientes en mí. Pasaba los días escondido en la habitación de un hotel; no me apetecía comer otra cosa que chicharrón, huevo y tortillas. Los demás se dieron cuenta, pero eran más tolerantes que el Verdugo. También creyeron que con el tiempo me curaría; sin embargo, yo sabía que un mecanismo definitivo se había quebrado. Mientras tanto, simulaba porque conocía la regla: no es el individuo quien decide abandonar la compañía, sino la compañía la que abandona al individuo.

Mi cerebro parecía de atole y cada noche era peor la confusión: por momentos odiaba y en otros me aplastaban la tristeza y el miedo. No me desvestía para meterme a la cama; como había visto hacer al M, ahora yo dormía con todo y botas. Debajo de la almohada escondía una pistola y entre las sábanas abrazaba un cuerno de chivo. Intenté hacerme frotamientos de cabeza para expulsar las visiones, pero los santos decidieron pasar de mí. Probablemente mi aché no había logrado resucitar en Chiapas. Quise mirar hacia otro lado y tampoco pude: atrás quedó la vieja orilla y del otro lado del río no había nada. La desconfianza era tan canija que debí protegerme de todos y de todo. Cuando caminaba por la calle me dio por creer que me apuñalarían por la espalda; extravié la capacidad para distinguir una amenaza real y pasaba horas obsesionado con los gestos o las palabras de personas desconocidas.

También el remordimiento devoró mis sesos, habría querido no ser aquel sujeto que provocó tanto daño. Miré en televisión un reportaje sobre los Zetas y luego lloré durante seis horas seguidas: las escenas de ese programa me hicieron recordar los pueblos que ayudé a erradicar, la memoria me devolvió la imagen de unos niños armados con palos y piedras para enfrentar al brazo armado del cártel del Golfo. Todos murieron en solo cinco minutos. Me asaltó también el huarache abandonado junto a una fosa donde fueron enterrados más de treinta cuerpos; igual escuché la súplica de un migrante centroamericano, cercenado de sus cuatro extremidades por haber transportado droga para el enemigo.

Después de lo ocurrido en el balneario, el Verdugo autorizó que me trasladara a Monterrey. Ciertamente no quería tenerme cerca. El descenso al infierno se fue haciendo cada vez más pronunciado: me habría suicidado de no ser por otra prostituta, que apareció para salvarme. Nos conocimos porque le pagué para ser escuchado; nunca tuvimos sexo, pero ella supo soportar. Pasó días enteros dedicada a un hombre que hablaba de sí mismo llamándose puto, castrado, maricón, enculado y una larga lista de palabras parecidas, siempre referidas a mi falta de hombría.

Aquella mujer consiguió más información sobre los Zetas y el cártel del Golfo que todo el aparato de inteligencia del Estado mexicano; detalles simples y también peligrosos secretos políticos. La pobre no supo medir el riesgo que implicaba conocer tan a fondo mi vida y la de mis carnales; solo sentía pena por mí, un vato capaz de pagar una fortuna a cambio de una oreja que lo atendiera.

Durante la cuarta o quinta ocasión que nos vimos, ella se animó a proponer una solución: sacó de su bolso una caja pequeña donde había dos jeringas y un par de papeles amarillentos. Me encabroné, a pesar de la botella de güisqui caro que traía dentro del cuerpo, porque yo no le hacía a la chiva.

—También tengo problemas y esto me ayuda para relajarme —insistió la vieja.

Me puse de pie y exigí que saliera de la recámara, pero ella no se rindió.

—No rechaces algo sin conocerlo.

—Tú lo que quieres es matarme —la acusé.

—¿Por qué crees esa pendejada? Esto no mata. Nos inyectamos los dos para que veas que no hay bronca.

Caí hipnotizado cuando la vi cocinar la heroína; luego la observé colocarse una liga gorda en el brazo y decir:

—Si suelto, la jeringa aventará todo y no podré ayudarte. Deja que primero te dé media dosis, con eso tendrás suficiente.

Al final la dejé hacer, ella buscó una vena útil y ajustó el elástico alrededor de mi brazo.

—Tres, dos, uno —y experimenté un fuerte calor.

Primero sentí que los músculos se me aflojaban y, con ellos, los horrores que había coleccionado dentro de la cabeza durante meses. Estaba dormido y despierto a la vez, escuchaba los ruidos de la calle y del hotel, lo mismo que la respiración de la mujer; entonces cerré los ojos y miré una película con las escenas más chidas de mi vida. De pronto, Lluvia entró a esa habitación: traía puesto su vestido amarillo. Mi cerebro se convenció de que ella había regresado. Estaba ahí, hablando con amor. La chiva la trajo de vuelta y entonces, en vez de llorar, pude reír.

Apuntes del periodista
Agosto, 2015

No es tarea sencilla rescatar la biografía del inventor de los Zetas. Como otros que se han dedicado al oficio del narcotráfico, la vida de Osiel Cárdenas Guillén es elusiva porque se alimenta del mito. Investigando di con un mozo que vivió con él, durante los años noventa del siglo pasado, en el sótano del Instituto Nacional de Ciencias Penales, la escuela de la Procuraduría para los ministerios públicos y los agentes judiciales. Esa persona dice que Osiel dejó Matamoros para vivir en la Ciudad de México a los diecinueve años porque se le metió en la cabeza que quería ser judicial; lo rechazaron porque no contaba con el certificado de secundaria, así que buscó otra manera de permanecer: consiguió empleo como entrenador de los perros que tiene esa escuela. Dormía en un cuarto junto a las jaulas. El antiguo mozo afirma que los años como entrenador de akitas y rottweilers lo cambiaron para siempre.

Ese empleo le permitió seguir insistiendo y un día logró volverse *madrina*: así llaman en el medio judicial al ayudante de los comandantes. Después, alguien con palancas lo ayudó para obtener una plaza como agente. Entonces buscó regresar a su tierra, Matamoros. Poco tiempo después conoció a Salvador Gómez Herrera, un hombre que recién había hecho dinero transportando droga hacia Texas. Cuando la disputa por el poder en la región se puso al rojo vivo, el Chava Gómez, como se le nombraba entonces, fue tras la oportunidad porque la compañía estaba descabezada. Siempre pasa así cuando caen los altos mandos: el soldado ambicioso trata de volverse general.

Gómez se armó de valor, apoyado por el comandante Osiel Cárdenas Guillén, quien le consiguió una falsa patrulla de caminos para que lo custodiara mientas viajaba con libertad por todo el estado. El problema vino cuando los gringos empezaron a decir que el Chava se había convertido en el nuevo líder del cártel del Golfo. En julio de 1998 el comandante Osiel y el Chava Gómez, andaban cerca de la carretera que sale de Matamoros con rumbo al mar, cuando un grupo de federales les bloqueó el paso. El comandante Osiel bajó del vehículo y reconoció a varios de sus colegas; mostró su identificación oficial y pidió que los dejaran continuar. Pero no era a él a quien buscaban, sino al otro sujeto que viajaba dentro del vehículo.

A los dos los llevaron a la Ciudad de México a bordo de un avión de la Procuraduría y los encerraron en una casa de seguridad. Con sus influencias, el comandante Cárdenas consiguió que el Cos entrara a visitarlo. El Cos es Jorge Costilla Sánchez, uno de sus hombres más leales. Dice Galdino que él metió a la casa de seguridad una maleta con ciento cincuenta mil dólares en efectivo y con ese dinero pagó una gran fiesta donde hubo drogas, música y mujeres. El dinero sobrante lo repartieron entre los policías. Cuando los custodios estuvieron fundidos, el Chava y Osiel salieron caminando de la casa por la puerta principal.

«Al patrón le encantaba actuar la fuga: cada vez que llegaba a este punto de la historia se ponía en pie y caminaba faramalloso, moviendo las manos como si estuviera en una película de acción. En la calle los esperaba el Cos, subido en un carrito jodido para pasar desapercibidos. Se fueron directo a la central de camiones y regresaron a Matamoros».

Mientras tanto, en la Ciudad de México los agentes esperaron cinco días para dar aviso a sus superiores, porque sabían que en cuanto se diera a conocer la fuga serían arrestados. Pasarían un tiempo en la cárcel, pero sus familias no tendrían económicamente de qué preocuparse. La noticia de la fuga salió en la televisión y la

Procuraduría puso precio a la cabeza de Salvador Gómez Herrera. El nombre Osiel Cárdenas no era todavía importante.

Los engranes de la empresa estaban urgidos por volver a funcionar a toda su potencia. El problema del negocio no eran las utilidades sino una estructura que pedía a gritos un jefe capaz de hacerse cargo; muchos aspiraban a ocupar ese puesto y por eso estaban matándose, aunque ninguno había probado habilidad para recomponer las cosas con el gobierno, y la particularidad de este negocio es que no funciona sin la cooperación del poder público.

A su vuelta, el Chava Gómez retomó las riendas y su socio comenzó a viajar por distintos lugares del país. De aquella época es el rancho que Osiel Cárdenas compró en Tomatlán, al sur de Puerto Vallarta. Según Francisco Vázquez Guzmán —un asistente de Cárdenas que más tarde testificaría en su contra—, cada vez que iba a Guadalajara regresaba con maletas llenas de ropa. Tenía gusto por las camisas, los trajes y los zapatos de marca. Andaba siempre acompañado por el Cos, aquel que le llevó dólares a México para comprar su libertad.

Algo importante que hizo Osiel durante esos viajes fue arreglarse con los proveedores colombianos, los invitó al rancho de Tomatlán y les dio el mejor de los tratos. El contacto con la gente de Cali era importante para asegurar mercancía barata y mantener la calidad.

El Chava andaba agradecido con Osiel, pues estaba consciente de que el escape de la casa de seguridad había sido obra suya y estaba dispuesto a pagar como su amigo quisiera. Cárdenas Guillén no dudó cuando el jefe le tendió la mano: en ese momento no le interesaba el dinero sino sus perros. Quería ladridos y dentelladas que a una orden suya aniquilaran al enemigo. Si antes ambos se fugaron fue porque tuvieron suerte —argumentó con su empleador—, pero en el futuro no debía dejarse nada a al azar.

—¿Qué quieres, compadre?

—Necesitamos contratar a los mejores hombres para que nos protejan —respondió Osiel.

—¿Qué necesitas?

—Chingos de lana —respondió el entrenador de perros.

—Nos está yendo de poca madre, así que con los dólares no hay pedo —cuenta Francisco Vázquez Guzmán que concedió el Chava Gómez.

Días después de aquella conversación, Arturo Guzmán Decena se convirtió en el primer soldado con quien Cárdenas Guillén pudo emprender su nueva estrategia. El Chava se portó generoso con la paga para este militar formado en Estados Unidos.

Según Galdino, el primer encargo que Decena recibió fue cerrar el burdel en Reynosa, «porque en el Jelly's se espiaba a los clientes y la información iba a dar directo a las oficinas de la DEA. En venganza porque los gringos habían ordenado la detención del Chava, Arturo también recibió la instrucción de chingarse a la patrona, porque dizque era agente extranjera».

El Mata Amigos
Marzo, 1999

La única vez que vi al Chava Gómez tenía una bala dentro de la cabeza. Otro compa y yo fuimos avisados de un cuerpo tirado por el rumbo del Mezquital; nadie investigó su muerte porque en aquel entonces había tantas muertes que nadie hubiera podido averiguar un carajo. Yo no sabía entonces qué tan importante era Osiel Cárdenas Guillén, y tampoco que Guzmán Decena ya trabajaba bajo sus órdenes.

Mientras Osiel andaba de viaje, en Tamaulipas el Chava perdió el piso, o al menos eso fue lo que Arturo reportó a su nuevo jefe: que andaba igual de ostentoso, como antes de que los agarraran. No había entendido nada. Si la DEA ya lo había puesto una vez, no tardaría en ponerlo de nuevo, y en la siguiente ocasión no habría ni cómo rescatarlo. Entonces Cárdenas decidió tomar cartas en el asunto. Decena nos presumió tiempo después que la decisión de eliminarlo la habían tomado juntos. Para ese momento el patrón ya tenía en la mano los pelos de la burra: el contacto con Cali y amigos en el gobierno. La compañía no podía perder un rumbo que apenas se había compuesto.

Fue a principios de marzo de 1999 cuando el patrón llamó a Gómez Herrera y lo invitó a comer a un restorán que los dos conocían en la playa. Pasó a buscarlo en una troca discreta junto con Arturo, quien iba sentado en el asiento trasero; el conductor sugirió que viajaran sin escolta para no llamar la atención, al fin que con Decena bastaba para estar protegidos.

Les dio mucho gusto verse, contó Arturo, y que iban a broma y broma: Osiel Cárdenas era bueno para hacer reír a la gente y por eso el Chava no se enteró de la trampa. A la altura del Mezquital, entre pendejada y pendejada, Arturo metió un plomazo dentro de la cabeza del copiloto. Osiel giró el volante y llevó la troca hacia un terreno con hartos matorrales. Cuando se aseguraron de estar solos, Decena bajó al muerto y lo puso de rodillas, con la cabeza contra el suelo ardiente.

Volvió después a subirse al asiento trasero y concluyeron juntos el viaje en el restorán preferido del Chava, ubicado al sur de Playa Bagdad. Mientras comían, dejaron lavando la troca en un estacionamiento cercano. Fue ese día cuando Decena comentó que buscaría al resto de los militares que nos habíamos formado en el Fuerte Hood. Urgía, porque según Osiel Cárdenas, los familiares del Chava buscarían revancha.

Nueva comisión
Abril, 1999

Heriberto Lazcano llegó a la oficina de la Procuraduría acompañado por mi jefe, el delegado en Tamaulipas; a leguas se veía que se habían tomado confianza. El Lazca siempre caía bien parado. A diferencia de Decena, Heriberto tenía mano izquierda. De buena gana le hubiera dado un abrazo, pero Heriberto me frenó con un apretón de mano. Por la manera en que me miró, entendí que estaba encabronado.

Se había dejado crecer la melena y llegó vestido de civil; traía pantalón de mezclilla, playera blanca y una chamarra negra de la policía. El delegado, un coronel bien conectado en México, citó al personal de la oficina para una reunión de rutina donde los agentes debíamos reportar lo relevante que estuviera sucediendo en el municipio. Salió obviamente a cuento lo del cadáver del Chava, que hallamos en el Mezquital, y ordenó que nos preparáramos para la represalia: los familiares de Gómez Herrera habían amenazado con romper madres para vengar su muerte.

Mientras el jefe hablaba, Heriberto tomaba notas; le sabía bien al cuento del secretario particular. Al final de la reunión mi coronel dijo que necesitaba hablar a solas conmigo. No me sorprendió cuando el jefe puso sobre la mesa el tema de la patrona del Jelly's: ambos éramos clientes del lugar y él sabía que yo me la vivía ahí dentro.

Pero el Lazca no permitió que divagáramos:

—¿Sabías tú que ahí se espiaba a los clientes?

La pregunta me puso fuera de la cancha y tuve que detenerme para no responder una pendejada. Con calma expliqué que, cuando acompañé a Hania para que recogiera sus chingaderas —después de que nos enteramos de la muerte de la patrona Yaneth—, husmeando por el Jelly's di con una habitación donde había monitores rotos y cables arrancados.

—Esa vieja era oreja de la DEA —escupió con desprecio Lazcano.

—No chingues —dije, y fui sincero.

Por las conversaciones que tuve con la patrona creí que trabajaba para el cártel de Juárez, pero me guardé esa información.

—¿Estás seguro de lo que dices? —intervino impaciente el delegado.

—Hania jamás me dijo nada y dudo que ella lo supiera.

—¿Dónde está ahora tu vieja? —quiso saber el Lazca.

—El día que mataron a la patrona agarró sus cosas y se largó de Reynosa.

—¿No estarás protegiéndola, cabrón? —insistió Heriberto.

Respondí que no.

—Ta bien —cerró la charla el delegado.

Me habían dejado como hielo dentro de un congelador: ¡pero qué pendejo! ¿Quién más que los gringos para invertir en tanta tecnología en una casa de putas de la ciudad más pinche de la frontera? Temí que mi pendejada pudiera salirme jodidamente cara.

—Aquí el cabo Lazcano tiene otras cosas que hablar con usted —mencionó el delegado y nos despedimos con un saludo militar. Ya solos, Lazcano propuso que fuéramos a tomar una cerveza. Respiré hondo, recogí la pistola del cajón de mi escritorio y salimos de la delegación. Subimos a la camioneta, y como solía hacer con Rejón cuando recién llegamos a Reynosa, nos pusimos a dar vueltas por la ciudad con el aire acondicionado a toda potencia.

—Te juro que no sabía lo de Yaneth. No tenía ni puta idea de que era espía de los gringos —precisé.

—Cometiste un error cuando nos llevaste a ese burdel —cortó Heriberto, tajante.

—Yo solo quería que la pasáramos bien.

El aire enfriado salió por las rejillas.

—A otra cosa, mariposa —propuso finalmente Lazcano.

Se relajaron los músculos detrás de mi cuello.

—Nos mandaron a la boca del lobo —dije, refiriéndome a Tamaulipas.

—Por eso no debemos dividirnos —reviró Lazcano.

—¿Qué has sabido del resto? —interrogué.

—Hay una misión que nos juntará de nuevo.

—¿Me van a sacar de Reynosa? —pregunté con la esperanza de escuchar una respuesta afirmativa.

—Solo sé que el delegado quiere que apoyemos a un comandante, uno que se encargará de tranquilizar las cosas por aquí.

—¿Un principal?

—Algo así.

—Algo así —repetí.

—Una cosa más, cabrón —concluyó el Lazca.

—¿Qué?

—Con los gringos nada.

—No mames. Innecesario aclararlo, carnal.

—Pues solo para que no vuelvas a equivocarte.

—No dudes, contigo donde digas.

—Vale, pues.

Nos despedimos en la puerta de la Procuraduría y no volvimos a vernos hasta quince días más tarde, cuando el delegado nos asignó la nueva comisión.

El M
Mayo, 1999

Tal como Lazcano anunció, el coronel llamó para decirme que, por tiempo indefinido, prestaría servicio de escolta para un Oro. Debía entregar mi escritorio y la unidad que me habían asignado a otro sargento que estaba por llegar a Reynosa; cada vez éramos más los militares que trabajábamos como policías judiciales. Mi sucesor también había recibido entrenamiento en Estados Unidos, pero no fue al Fuerte Hood.

En Matamoros, me citaron en una residencia impresionante. Pensé que trabajaría para el gobernador: era un búnker enorme e impenetrable, tenía un zaguán blindado, muros y malla ciclónica de más de tres metros de alto que rodeaban los límites de la propiedad. Adentro, el jardín era inmenso, parecía un parque público, la alberca era larga y la casa principal tenía tres niveles; debía hacer falta un ejército de empleados para mantenerla limpia, pero no vi a ninguno. En cambio, detecté a nueve hombres armados con rifles AK-47, cada uno acompañado por un perro de ataque. Los guardias llevaban pechera para guardar cargadores, granadas y pistolas nueve milímetros. Todo estaba en silencio, porque fui uno de los primeros en llegar.

Me dio un gran gusto el reencuentro. No sabía que la convocatoria era para los integrantes del Grupo Zeta: por cuanto me había dicho Lazcano, supuse que además de él estarían Arturo Guzmán Decena, el Hummer, Óscar Guerrero, Rejón y acaso Betancourt, pero en total respondimos veintiuno al llamado. A la mayoría nos había sentado bien el sueldo de la Procuraduría, habíamos ganado peso y pelo; clarito se veía que debíamos volver a hacer ejercicio.

Efraín Teodoro Torres había sido enviado a Veracruz; otros estuvieron en Sonora, Baja California, Chihuahua, Nuevo León y Tamaulipas. Allí me enteré de que ya contábamos bajas entre los cuarenta y cinco originales, con muertos, desaparecidos y algunos desertores: por ejemplo, de Juan José Salas no volvió a saberse nada, tampoco de Norberto Buenrostro y dicen que José Pablo Pineda dejó el Ejército. De algunos podía pensarse que se habían pasado del lado del crimen organizado, pero esos nombres no se dijeron en voz alta.

Seguro que el Oro estuvo observando mientras nos saludábamos. Tardamos en verlo bajar unas largas escaleras que lo llevaron al patio donde nos habían reunido: lo acompañaba una mujer hermosa que guardó silencio mientras saludaba. Ese hombre, calvo y de complexión robusta, aunque no era alto sabía dirigirse de manera amable a la gente. A través de unos anteojos finos, miraba con firmeza y también hablaba con seguridad. Tenía gusto por lo bueno. Detrás de él se pararon dos hombres que no formaban parte de su cuerpo de escoltas; supuse que eran asistentes, *madrinas* o algo así.

—Buenas tardes, muchachos —comenzó diciendo—. Gracias por haber venido tan puntuales. Su misión desde hoy será importante: en sus manos estará mi seguridad y la de mi familia, van a resguardarme para que yo pueda hacer mi trabajo. Viajo por la república, así que no estarán quietos, en todo momento andarán conmigo. Donde coma, ustedes comerán, donde me hospede ustedes se hospedarán, y donde me empede —hizo una pausa—, pues ustedes igual.

La mayoría reímos con la broma.

—Detrás de la casa se encuentran estacionadas las unidades que utilizaremos para desplazarnos, todas son modelo del año y están blindadas. Deben saber que, por cuestión de seguridad, las vamos a estar cambiando, pero ustedes se encargarán de que siempre lleven las mismas placas. Así que apenas llegue una camioneta, deberán sacar la matrícula de la vieja unidad y colocarla en la nueva.

Siguió dando instrucciones durante unos diez minutos más, hasta que nos informó que esa misma noche lo acompañaríamos a una reunión de trabajo que tendría fuera de la residencia; contábamos con un par de horas para dejar nuestras cosas y asearnos en las habitaciones localizadas detrás de la mansión, junto a los estacionamientos.

Esa vez el Oro no dijo su nombre, pero aclaró que había una clave para referirnos a él.

—Soy el M. El M y nada más, ¿de acuerdo?

Una hora y media más tarde estábamos listos para recibir sus órdenes. Arturo Guzmán Decena se aproximó para decirme que yo sería el chofer del principal; al parecer habían informado al M que en eso yo era el más chingón. En el estacionamiento había cinco camionetas nuevecitas, una Escalade, donde viajaría el patrón, y cuatro Suburban. Al volante de la Escalade me encontré con que el copiloto sería Heriberto Lazcano: en la primera hilera de asientos traseros irían el M y Arturo Guzmán Decena y detrás Rejón y Betancourt. El resto de los escoltas se habían organizado ya en los otros vehículos de la caravana.

El convoy lo abría una patrulla de caminos que en las puertas llevaba pintado el número 0751: tanto me llamó la atención que tomé nota para luego preguntar con mis compañeros de la delegación de Reynosa por el sector al que pertenecía ese carro oficial. Por ellos luego me enteré de que se trataba de una patrulla falsa.

Quienes habíamos tomado el curso de escolta, guardia y protección en el Fuerte Hood, sabíamos desenvolvernos como una máquina perfecta; Heriberto era el responsable de trazar la logística. En cuanto llegamos al lugar donde el M tenía su cita —un restorán ubicado en medio de un huerto grande de árboles frutales—, ordenó que el resto se desplegara para asegurar el perímetro.

Cuando por radio le comunicaron que todo estaba en orden, Arturo Guzmán Decena descendió de la Escalade; luego, Heriberto y Decena caminaron delante del principal mientras que Rejón y Betancourt lo siguieron a unos cuantos pasos de distancia.

Las personas con quienes el M debía reunirse contaban con su propio cuerpo de seguridad, pero esos escoltas eran en todo distintos. Mientras nosotros íbamos vestidos con uniforme de la Policía Judicial, los otros llevaban ropas de paisano: pantalón de mezclilla, camisa a cuadros, cinto piteado, botas de punta y sombrero ranchero. Fue evidente que se sintieron incómodos al vernos llegar, porque cada grupo armado se ubicó en un extremo distinto del restorán. Por supuesto que no había más clientes esa noche, el local había sido reservado para celebrar una reunión discreta. El M pasó varias horas conversando con sus invitados.

Casi al finalizar, por instrucciones del Lazca, me aproximé a su mesa para preguntarle al M si quería que fuéramos preparando la caravana: antes alcancé a ver que el patrón recorría unos álbumes con fotografías de casas, autos deportivos y sobre todo de perros, enormes perros de pelea premiados en distintas competencias. Después de responderme, nos movilizamos cada uno a su respectivo vehículo y volvimos al búnker.

Apuntes del periodista
Agosto, 2015

Osiel Cárdenas Guillén estaba por cumplir los treinta y un años cuando conoció a Andrea Posada: los presentaron en Monterrey y él la invitó a comer a La Gran Muralla, un restorán de comida oriental calificado con cuatro estrellas, para después seguir la fiesta en el bar La Tumba, que estaba en el barrio viejo de la ciudad. Así lo declaró ella cuando fue detenida por la autoridad. Una fotografía de prensa, que también es parte del expediente, la muestra rubia, guapa y de ojos grandes.

La señora Andrea Posada contó a la policía que era originaria de Medellín, Colombia, y que vino a México para trabajar en una empresa comercializadora. Según su testimonio, no se enamoró de Osiel Cárdenas Guillén sino de Ricardo Garza, un empresario que era dueño de varios ranchos en el norte y el occidente del país y solía vestirse con trajes de la marca Ermenegildo Zegna.

Al día siguiente del primer encuentro, Ricardo Garza le envió un ramo de flores y un perfume que hizo traer de San Antonio. Aunque era un hombre ocupado, continuó llamándola durante los días posteriores. Tenía negocios en Guadalajara y la Ciudad de México, también en la península de Yucatán y en Tampico; con esa vida disfrutaba de pocos minutos libres y sin embargo no perdió oportunidad de mostrar interés por ella.

Andrea se sorprendió por el número de personas dedicadas a cuidarlo. La segunda ocasión fueron a cenar a Guacamaya, un restorán exclusivo ubicado en San Pedro Garza García. Ahí, ella contó que buscaba trabajo. Entonces el empresario se entusiasmó al saber que tenía tiempo para dedicarlo a la relación. Su vida laboral lo obligaba a moverse de un lado a otro y deseaba que la joven lo acompañara a sus viajes.

—¿Me estás proponiendo que sea tu novia? —preguntó Andrea.

—Sí —dijo él.

—¿A dónde me quieres llevar? —apremió ella.

—¿Se te antojan unos días en el mar?

Andrea aceptó.

—Andrea, quiero ser muy sincero contigo...

Ella conocía el discurso de la sinceridad masculina porque ya antes lo había escuchado.

—¿Eres casado? —interrumpió.

—No, no. Es otra cosa lo que quiero decirte. No quiero tener secretos contigo. Como sabes, soy ganadero y pronto te llevaré a conocer mis ranchos. Pero antes de que pase algo más entre nosotros, debes saber que también me dedico a otro tipo de negocios.

Andrea Posadas confesó a la policía que ya le había pasado por la cabeza que Ricardo Garza anduviera en asuntos chuecos. No era la primera vez que salía con alguien cuyo modo de vida fuera así de suntuoso.

—Necesito ser honesto para que seas tú quien decida si seguimos con esto.

A partir de aquella tarde en el Guacamaya, Andrea pasó seis meses de su vida pegada a Ricardo Garza. Viajó para conocer el *penthouse* que tenía en el fraccionamiento Puerta de Hierro de Guadalajara; también lo acompañó a su rancho de Tomatlán, a unos cuantos kilómetros del mar. Durante una semana permanecieron en un yate de más de cien metros de largo, y ahí dentro tuvieron una intimidad que en tierra era difícil conseguir.

Ricardo solía ir resguardado por una veintena de hombres que parecían militares, y ella notó que todos los gastos de su novio se pagaban en efectivo; no usaba tarjetas de crédito y tampoco conservaba más de dos días el mismo celular. Todo el tiempo estaba cambiando de aparato y un asistente era responsable de ordeñar los contactos del dispositivo desechado para introducirlos en el nuevo.

Cuando los socios de Cali visitaron de nuevo el rancho de Tomatlán, Ricardo Garza descubrió que Andrea era una anfitriona magnífica, pues los recibió con grandes atenciones.

Nada en ese momento podía ser mejor para el mexicano: andaba enamorado, tenía poder, dinero y conexiones, contaba apenas treinta y un años, y estaba en paz con su pasado.

El bisonte
Agosto, 1999

Con el M conocí muchos lugares de México; tenía un yate grande cerca de Puerto Vallarta y un departamento lujoso en Guadalajara. Íbamos de aquí para allá, aunque a veces también nos dejaba salir francos. Viajaba en avión, y nosotros llevábamos las camionetas de una ciudad a otra. Su novia colombiana era muy amable y le gustaba lo bueno. Como yo sabía dónde comprar joyería fina, un día el Lazca me mandó a McAllen por una gargantilla de brillantes que pagué en efectivo con billete verde.

El patrón también tenía oficina en Monterrey, subiendo por la sierra hacia la zona donde hace menos calor. Trabajaba muchas horas, pero igual sabía divertirse. Cuando no estaba con la señorita se hacía acompañar por Jorge Costilla el Cos, y por su hermano, al que nos presentaron como Tony Garza, aunque después cambió su nombre artístico por el de Tony Tormenta. Cada vez que andábamos de comisión, el M nos daba harta lana para cubrir nuestros gastos; cumplió su promesa del primer día, porque dormíamos en los mismos hoteles que él y jamás se olvidó de nosotros cuando hacía negocios en un buen restorán.

De tanto convivir, algo comenzó a pegársenos de su modo de hablar y de vestir: el que mejor agarró la onda fue el Lazca, y es que tenía físico de actor. Le gustaba comprar revistas donde salía gente de las telenovelas, como Gonzalo Vega o Raymundo Capetillo. Con el dinero que nos pagaban podíamos traer los mejores trapos, pero no todos aprendimos a sobresalir.

Un día fuimos a un restorán donde vendían cortes de carne estilo americano; estábamos en Monterrey y a Betancourt le entró hambre. Invitamos al Lazca y también a Miguel Treviño, que entonces era un vato flaquillo. Ninguno de los cuatro sabía qué pedir, así que a la hora de ordenar nos fuimos por lo más caro:

—Tráenos bisonte —le dije al mesero, que abrió grandotes los ojos porque el pinche animal costaba buenos dólares—. ¿Crees que no vamos a pagar? —pregunté, rencilloso.

—Sí, señor, perdone, lo que pasa es que no es común que los clientes soliciten este plato, pero ahora mismo ordeno a la cocina para que se los preparen.

Betancourt se encabronó porque la comida tardó más de una hora en llegar; distrajimos el hambre con botana y tequilas. Nos sorprendimos cuando los meseros pusieron quince lugares más: Heriberto preguntó por qué lo hacían y el encargado del lugar respondió que el bisonte era un platillo para veinticinco personas. Justo explicaba esto cuando apareció un carrito que llevaba media vaca asada, acompañada de no sé cuánta chingadera. Y entre nosotros:

—Chale, ¿qué pedo? ¿Y ahora qué hacemos?

Entonces a Miguelito —en esa época, así llamábamos a Miguel Treviño— se le prendió el foco y les dijo a los meseros:

—Párenle, cabrones, no nos entendieron. El bisonte es para llevar.

Gracias al vato evitamos que nos vieran como pinches jodidos en ese restorán de gente panquezona. La verdad, todos tardamos en aprender el comportamiento que exigía nuestra nueva situación. Pagamos y metimos veinte kilos de carne a la camioneta; luego, en la primera barranca que encontramos, arrojamos el bisonte sin haberlo probado.

10

DIARIO DE UN HIJO DE LA GUERRA
Mayo, 2009

Desde que ingresé al Ejército destaqué por meticuloso y disciplinado, pero la heroína me convirtió en otra persona; después de aquella primera vez con la prostituta, era difícil encontrarme despierto antes de las dos de la tarde y en cuanto abría los ojos volvía a inyectarme. A diferencia de otros, yo no necesitaba ir lejos para conseguir mi dosis: la compañía podía proveerme cuanto quisiera.

Sobre las paredes de mi habitación había nidos de tarántulas y también hileras de hormigas gigantes. Luego vinieron el delirio de persecución y las conversaciones con los muertos, sobre todo con quienes yo había eliminado. Perdí la capacidad para distinguir entre la realidad y la locura. La prostituta me visitaba cada dos o tres días y yo aprovechaba para hablar durante horas; mientras estaba con ella, la angustia y las alucinaciones me dejaban descansar.

La mujer cobraba una tarifa fija por aguantar el monólogo y también exigía su propia dosis, pero aquello no duró mucho porque el Lazca se enteró de la situación. Le contaron que una puta era la responsable de que yo pasara días extraviado, y también que ella había escuchado cosas sobre la compañía que no debían saberse.

Un día Heriberto Lazcano cayó por sorpresa al hotel donde estaba escondido, y me encontró en un estado muy jodido: casi tan delgado como cuando llegué al balneario, pero esta vez no era capaz de concentrarme por más de dos minutos en una conversación. En silencio se sentó a observarme, y creí que esa presencia era otra fabricación de mi cabeza.

—La voy a matar —amenazó antes de partir, y cumplió.

La fueron a tirar al río Santa Catarina; los policías encontraron el cuerpo desnudo, abierto en canal desde la vulva hasta el cuello. El Lazca se encargó personalmente de acuchillarla, y no lamenté la pérdida porque para ese momento ya era poco lo que podía lamentar; la chiva se había encargado de desaparecer cualquier emoción en mí. Pero algo cambió desde ese momento: tomé la decisión de ordenar mi consumo, solo dos unidades diarias. Solicité también que la compañía me enviara a la Ciudad de México porque, según esto, quería recuperar la relación con mi madre. Cuando volvimos a vernos, Heriberto Lazcano me explicó que la prostituta merecía morir por el daño que me causó. En otra circunstancia yo habría comprendido que la mujer fue asesinada con saña por escuchar mis interminables confesiones sobre los Zetas en aquel hotel de Monterrey.

Los documentos
Julio, 2015

Galdino me miró directo a los ojos, y aunque repetí que en nuestro intercambio no cabía el dinero, el insistió:

—Discúlpeme, señor periodista, pero yo ahorita... Mi situación en este momento, pues... depende de usted. Favores allá afuera me deben muchos y todo se lo voy a pagar, se lo juro... Voy a proponerle un negocio.

—No estoy interesado.

—Solo escuche lo que quiero parlamentar. Si no le conviene, ahí la dejamos.

El Pifas interrumpió la conversación para preguntar si se nos ofrecía algo más de la tienda. Yo le dije que me trajera otro café y Galdino, como de costumbre, pidió dos cigarros.

—Allá en Tamaulipas dejé escondidos unos documentos, calculando que algún día me servirían. Tuve una novia que se llamó Lluvia. Una mujer a la que quise mucho; todavía su familia sigue tratándome como pariente porque el ranchito donde viven se los regalé yo. Me deben muchos favores y por eso cuidan lo que es mío. Entre otras cosas, guardan unos papeles que pueden servirle para su investigación.

—¿Qué papeles?

—Fotos de cuando regresamos del Fuerte Hood y también de cuando trabajé para la Procuraduría, igual tengo recibos de pago del Ejército. Y nombres, muchos nombres, de la gente del gobierno que sabía de nuestro trabajo con Osiel Cárdenas.

—¿Hasta qué fecha cobraste en el Ejército?

—Hasta 2001.

Volvió el Pifas con el café y los cigarros.

—Según la Secretaría de la Defensa, Galdino Mellado Cruz desertó de las fuerzas armadas en 1999.

—Eso no es cierto: tengo pruebas de que seguí cobrando, cada quincena, hasta finales de 2001.

—¿Mantuviste los dos sueldos todo ese tiempo?

—Tres —presumió Galdino—. Como militares nos pagaban unos treinta mil pesos al mes, la Procuraduría nos daba otros treinta y tantos mensuales, y Osiel los ciento veinte mil que nos prometió.

—¡No te iba mal!

—Nada mal, porque además la empresa entregaba viáticos cada vez que teníamos una misión, y tan solo con eso, alcanzaba sobradamente para vivir.

—¿En el archivo están las pruebas de lo que me estás diciendo?

—Ese es el bisne que quiero proponerle. El fin de semana pasado llamé a mi cuñado para pedirle que me trajera los papeles. Mencionó que está dispuesto, pero necesito darle para los gastos del viaje; ya sabe, para gasolina, peajes y algo para el hotel. Unos quince mil. Présteme y le prometo que apenas salga de aquí, se los pago.

—¿Cómo sé que me estás diciendo la verdad?

—Le aseguro que puede confiar en mí.

—¿Te recuerdo la cita de Jeremías? —interrogué— , «Maldito aquel que confía en otro hombre».

—Ese día estaba drogado. No haga caso de mis pendejadas. Usted decide, pero le aseguro que esas fotos serán muy útiles cuando publique el reportaje sobre mi vida.

—¿Traerá tu cuñado los documentos aquí a Chiconautla?

—No, de ninguna manera. La idea es que él se los entregue a usted allá afuera.

Galdino logró tentarme con su bisne. Sabía que mi interés podía ser mucho, pero había un riesgo difícil de calcular: ¿quién me aseguraba que él y sus socios no planeaban otra cosa?

—Te ofrezco pensarlo —dije para concluir la conversación.

—Apúrese, porque ese carnal solo tiene libre esta semana para hacerme el favor.

—Llámame mañana al celular y te daré una respuesta.

—Como usted quiera, mi señor.

Apuntes del periodista
Septiembre, 2015

Los testimonios de Joseph DuBois y Daniel Fuentes sirvieron para que la DEA ubicara a Osiel Cárdenas Guillén. Ambos contaron a sus superiores que hacían una ronda por Matamoros acompañados por un reportero local, quien les mostró por fuera la casa donde vivía el narcotraficante. Ninguno de los tres sospechó que su presencia sería detectada por el cuerpo de seguridad que protegía al líder del cártel del Golfo, y menos que sería Osiel Cárdenas en persona quien los enfrentaría.

DuBois, Fuentes y el periodista viajaban en una camioneta Ford color blanco que fue arrinconada contra el muro de un terreno baldío. Ahí vieron aparecer a un hombre bajo de estatura y casi calvo que traía en la mano una pistola Colt y colgando del hombro derecho un AK-47.

Joseph DuBois afirma que, sin bajarse de la camioneta, se identificó como agente del gobierno estadounidense:

—Soy del FBI.

Habló en español y sin acento:

—Viene también conmigo Daniel Fuentes. Él trabaja para la DEA.

Mientras con la mano derecha Fuentes seguía apuntando, con la izquierda mostró su identificación.

—¿Quién es el pendejo del asiento de atrás? —quiso saber Osiel Cárdenas.

Uno de sus escoltas respondió:

—Ese puto es periodista y lleva chingando la marrana desde hace rato. Él trajo a los gringos para mostrarles su casa, patrón.

—Bájenlo —relinchó el jefe—. Que los gringos se vayan a la verga, pero ese hijo de su rechingada me entrega su última confesión.

Los agentes DuBois y Fuentes creyeron que sus horas estaban contadas, pero se abrió una oportunidad para sobrevivir. A pesar de la oferta, Fuentes no bajó el cañón de su arma:

—Nos deja ir a todos, o nada —dijo el agente de la DEA.

—Vale madre quiénes sean ustedes —bufó Osiel mientras caminaba de un extremo al otro frente a la Ford blanca. DuBois decidió intervenir de nuevo para jugarse su última carta:

—Hoy puede hacer con nosotros lo que le venga en gana, pero piénselo: se arrepentirá la semana próxima, cuando se convierta en el principal enemigo de la agencia antidrogas de Estados Unidos y también del FBI. El gobierno de mi país no descansará hasta verlo crucificado.

Osiel logró domesticar a tiempo la adrenalina, y sin meditarlo mucho dio la orden para que la camioneta se marchara. Más para que lo escucharan sus subordinados que para ser oído por esos tres pobres diablos, Osiel gritó:

—Este es mi pueblo, así que lárguense antes de que se los lleve la mierda. Gringos hijos de puta, no se atrevan a regresar.

Este evento marcaría el principio del fin, pero todavía faltaba mucho por suceder antes de que Osiel Cárdenas Guillén cayera preso.

Una crónica periodística del *Miami Herald Tribune* cuenta que el procurador mexicano se encontraba ese mismo día en Washington visitando a Michael Vigil, el director internacional de la DEA. Fue una mala coincidencia cuando llegó el reporte de lo sucedido en la ciudad fronteriza de Matamoros. Según la evidencia, un narcotraficante de nombre Osiel Cárdenas Guillén había amenazado de muerte a dos funcionarios estadounidenses. Vigil precisó que ambos hacían un recorrido cuando fueron agredidos por un comando.

El procurador mexicano pidió con urgencia a su oficina de México el expediente del tal Cárdenas Guillén, pero el archivo del delincuente estaba vacío. La dependencia solo tenía consignada una acusación por robo de autopartes, cometido por dicho sujeto a la edad de diecisiete años. Nada decían aquellos papeles sobre su antiguo empleo en el Instituto Nacional de Ciencias Penales como cuidador de perros, ni tampoco sobre los cargos que ocupó dentro de la Policía Judicial Federal. Cuando compartió esa ficha con Vigil, el directivo de la DEA reventó en improperios contra las autoridades mexicanas.

Tamaña omisión necesitaba de inmediato un culpable, así que antes de abandonar Washington, el procurador ordenó que se investigara al delegado de su dependencia en Tamaulipas. De vuelta al país se comunicó con el secretario de la Defensa, porque ese funcionario era coronel del Ejército, y hubo que negociar la entrega del traidor a través de los mandos castrenses. Ese mismo día la Defensa Nacional envió a un general de cinco estrellas para arrestar al delegado de la Procuraduría: fue un escándalo porque la noticia probaba que la manzana se pudría por varios lados. El responsable de luchar contra el narcotráfico en los estados de Sonora y Tamaulipas, un militar condecorado, era cómplice de la organización criminal que operaba en el Golfo de México. El cargo principal en su contra era la protección que daba al capo de la región: Osiel Cárdenas Guillén.

Al mismo tiempo que esto ocurría, el procurador general de la República anunció un operativo espectacular con el propósito de atrapar al narcotraficante; en un despliegue nunca antes visto, cientos de policías y militares recorrieron Tamaulipas. Varios helicópteros donados por el gobierno de Estados Unidos sobrevolaron las ciudades de Reynosa, Matamoros y Nuevo Laredo.

Pesadilla en el hotel Providencia
Diciembre, 1999

Recuerdo bien la noche en que todos estábamos jugando conquián en un mismo cuarto de hotel porque el M había organizado una reunión con las cabezas operativas de la compañía. En la última planta del hotel estaban Miguelito Treviño, Jorge Costilla, el M y su hermano Tony, mientras en la planta inferior nosotros esperábamos a que llegara el sueño. En vez de poner música alguien encendió la televisión: una chava idéntica a todas las morras que anuncian noticias hablaba de no sé qué cuando, de repente, apareció en la pantalla la cara de Treviño y luego fotografías del Cos, Tony, y por último del M.

—Súbanle —aullé para que todo mundo me escuchara.

Betancourt se acercó al aparato y logró que la voz de la presentadora superara las exclamaciones de tanto cabrón alebrestado. Nos quedamos congelados: aquello debía de ser una broma, alguien había fabricado un video falso o algo así para burlarse de nosotros. Según esto, el comandante Osiel Cárdenas Guillén, el empresario Ricardo Garza y el M eran la misma persona: la cabeza de una poderosa organización de narcotraficantes.

Busqué la mirada del Lazca y en ese momento descarté lo de la broma. Mientras los demás estábamos sacados de onda, Heriberto, el Hummer y Decena continuaron jugando en un rincón del salón. Nadie se movió porque aguardamos instrucciones. La siguiente noticia también me impresionó: en la pantalla vi el rostro de mi jefe, el delegado de la Procuraduría. Unas horas antes había sido detenido por vínculos con el narcotráfico. Razoné que, si el coronel había caído, no tardarían en dar con los demás pendejos que trabajábamos bajo sus órdenes.

Cuando yo mismo estaba a punto de subir a la última planta del hotel para informar al M sobre lo que decían en televisión, el Lazca apagó el aparato con el control remoto y dijo en tono calmado:

—Señores, lo que acaban de ver es puro cine, no hay nada de qué preocuparse. Váyanse a dormir, que mañana tenemos una jornada pesada.

Quise hablar a solas con Heriberto, pero no me lo permitió:

—En el desayuno lo arreglamos, carnal. Descansa, no hay de qué preocuparse.

¿Descansar? ¡Qué orden podía ser esa! ¿Quién sería capaz de hacerlo después de enterarse de una noticia así? Era como para agarrar los vehículos esa misma noche, cruzar la frontera y esconderse del otro lado.

Antes de decidir cómo proceder, revisé que la AK-47 estuviera lista para disparar. Luego saqué de entre la ropa el tablero de Ifá, y los opeles respondieron que debía quedarme junto a mis compañeros. Esa señal me tranquilizó y aun así no me quité las botas en toda la noche.

Mientras trataba de dormir, sonó mi teléfono; como reconocí el número, respondí de inmediato. Era mi tío, el sargento, que llamaba preocupado desde Tampico el Alto porque acababa de escuchar la noticia de la detención del coronel. Ahora me tocó el turno de simular, tal como había hecho el Lazca con nosotros: le dije que no se preocupara, que llevaba varios meses sin ver al delegado porque estaba comisionado en tareas de esas que por teléfono no se pueden comentar. Más alivianado, pidió que me cuidara y no echara a perder mi brillante carrera militar; la palabra *brillante* sonó extraña en esa conversación. Mencionó que todavía estaba a tiempo de ingresar al Colegio Militar para ascender a subteniente, y solo para que me dejara dormir prometí que lo consideraría.

Aquella fue una noche cargada de preguntas que no me dejaron dormir: ¿Por qué nadie vino a buscar al M al hotel donde nos hospedábamos? ¿Por qué el Lazca y Decena estaban tan tranquilos? ¿Cómo era eso de que no debíamos preocuparnos? Antes de que amaneciera tomé un baño largo y bajé a desayunar temprano; fui de los primeros en entrar al restorán. Poco a poco llegó la raza nuestra. Los jefes notaron la circunstancia del silencio. Entonces el Cos se animó a preguntar:

—¿Ustedes qué tienen, cabrones? ¿Están mal cogidos o se les apareció el diablo?

Esperamos a ver quién hablaba primero. Entonces el M se levantó y volvió a interrogar:

—A ver, tú, Galdino —a mí ya me hablaba así porque yo era su chofer personal—. ¿Qué carajos sucede?

—Nada, mi señor.

—¿Nada?

—Es que no sé cómo decirlo...

—¿Hay alguna molestia? ¿Les falta dinero? ¿Vieron maltratos?

—No, no —respondí, sin querer hablar de más.

—Suéltenlo, para que podamos platicar —insistió el M, dirigiéndose a la bola de culeros que me estaban dejando solo.

—Disculpe, mi señor —me atreví, pues, a abrir la boca, aunque la voz me salía chiquita—. Perdone que le haga mención, pero ayer, estando todos presentes aquí en el hotel, vimos que usted y otras de las personas salieron en la televisión, acusadas de... Dijeron en las noticias que lo andan buscando, jefe... por narcotráfico.

Luego vino lo de las camionetas y la droga que transportábamos escondida en los asientos, y la pregunta de si queríamos seguir trabajando para la compañía. En ese hotel fue donde decidí que iba a ser parte del narcotráfico, bajo las órdenes del patrón Osiel. Lo hice porque tenía ambiciones, pero también por miedo de lo que pudiera suceder si me negaba. Lo más culero fue cuando rajamos a Ciro Justo, el que era hermano de mi carnal, Óscar Guerrero. No quedó nada humano en aquella persona y por

193

eso nos sentimos tan poderosos. Recuerdo ese momento como si hubiera sucedido ayer, porque en aquella casa de seguridad se fundaron los Zetas.

SEGUNDA
PARTE

11

DIARIO DE UN HIJO DE LA GUERRA
Agosto, 1982

Desde muy niño supe que yo era diferente. Mientras mis dos hermanos se ocultaban, meados de miedo, yo subía a la cama y brincaba lo más alto: desde ahí miraba a mi padre madrear a todo el mundo y mis carnales lloraban. Una madrugada mi mamá se largó llevándose a mi hermano Abraham, el mayor. Fue por esa época que ellos se separaron, cuando yo tenía unos siete años, y desde entonces viví más con mi papá que con mi mamá. José Ricardo y yo nos quedamos con el Marino. Jugábamos en la azotea de la cantina donde trabajaba y de vez en cuando bajábamos para acompañarlo. Con tal de divertir a sus clientes él nos daba ron y presumía orgulloso que, de todos sus hijos, yo era su consentido.

Una vez mi mamá nos encontró jugando en la calle y se llevó a José Ricardo. Sentí harta tristeza de perder a mi carnal. Luego mi papá tuvo un problema y dejamos por primera vez Tepito para irnos a vivir a Ecatepec. Cada vez que había bronca con la ley, acostumbraba a mudarse de casa.

Los lunes dejaba en la cocina de la casa dos kilos de huevo, chicharrón y verdura, y durante la semana con eso yo me preparaba un revoltijo que sabía a madres. El Marino se percató de que estaba muy chamaco para arreglármelas solo y por eso se hizo de una nueva novia. A ella también la sacaba a pasear en el Marquis, se llamaba Violeta y trabajaba en un salón de belleza.

No tenía mucho viviendo con nosotros cuando, por puro ocioso, fui a husmear dentro de sus cajones. Entonces descubrí una can-

tidad grande de dinero. Metí el fajo de billetes dentro de la chamarra y pasé la tarde en la feria de San Cristóbal. Tiré el dinero a lo idiota, pero el bulto era tan grande que ni se notaba mi derroche. Entre otras pendejadas, recuerdo que compré un Walkman de casete para oír música.

Al regresar a casa la luz del zaguán estaba encendida. Encontré a mi papá con un cinto grueso en la mano y las piernas me pesaron. El Marino gritó que entre nosotros no nos robábamos y me agarró de las greñas. Fue la peor madriza y el Walkman salió volando. Mostré a como pude el dinero que quedaba; era la evidencia de que todavía había harta lana. Con eso lo distraje y eché a correr. Para eso tenía pocos años, para que mi papá no pudiera alcanzarme.

Había todavía maíz sembrado en la colonia Guadalupe Victoria y el viento movía las plantas. Logré esconderme hasta bien noche. Cuando por fin asomé la cabeza, apareció una mujer con uniforme de policía. Ella le quiso hacer al amigo y yo nada más me quedé mirándola. Luego preguntó si estaba perdido o si tenía dónde pasar la noche, y yo bien calladito. Me ayudó a que me pusiera de pie y fuimos a un módulo de vigilancia que estaba cercas.

—Es que me estoy escondiendo —por fin le hice.

Observó mis golpes y preguntó que quién me los había causado. Conté mentiras y me pareció bien: decidí echarle la culpa a mi mamá. No podía dar la dirección de la casa porque el Marino se escondía de la policía. A la media hora llegó otra señora mayor, que dizque sabía hablar con niños como yo. Fue más amable, pero repetí lo mismo:

—No quiero regresar con mi mamá porque me pega.

Dije que mi papá vivía en Estados Unidos y que no sabía cómo llegar a mi domicilio. Yo bien duro, bien machín en mi posición de «no aflojes», y pues ella detectó la falsedad. Al final la mujer más vieja propuso llevarme a un lugar donde, dijo, iba a estar mejor.

El regalo
Diciembre, 1999

Después de rajar a Ciro Justo, de vuelta al hotel hallamos dos camionetas Suburban, una roja y una azul, en el estacionamiento; también un Tsuru viejo con dos gentes armadas.

—En cuarenta y cinco —ordenó Arturo y los que estábamos más cerca quitamos el seguro de nuestras armas. Nos aproximamos para averiguar quiénes eran las visitas, y un muchacho que trabajaba en el hotel informó que en esas unidades habían traído un regalo para nosotros.

—Es un presente que enviaron los señores de la última planta —aclaró.

Lo primero que pasó por mi mente fue que esos güeyes nos habían dejado una caja de granadas para volarnos a todos. De cinco en cinco subimos al elevador del hotel. Al abrirse la puerta en nuestro piso fue una sorpresa encontrarnos con un regalo de carne y hueso: unas mujeres que parecían modelos de calendario. Hermosas todas a excepción de la que le tocó al Hummer, porque Jaime las prefería gordas y culonas. Cada una llevaba en la mano una botella de coñac Hennessy, y pues disfrutamos el regalo.

Desperté como a las doce de la mañana del día siguiente. Esa morra que tenía al lado era una hermosura, no podía creer mi suerte; la dejé dormir y me metí a bañar pensando en el Hummer. Me vino a la mente la gorda que le tocó a mi amigo: seguro que a esa hora estaría almorzando carnitas.

Antes de cerrar la regadera, la princesa que había dejado en la cama vino a enjabonarse conmigo, dijo que se sentía solita, y nos quedamos un rato abrazados bajo el chorro de agua.

Cuando regresé a la habitación encontré en mi celular un mensaje del Lazca, indicándome que ese día estaríamos francos para hacer lo que se nos viniera en gana. Me comuniqué con él de todos modos, para agradecerle:

—¡A huevo, cabrón! Ya nos hacía falta un descansito —le dije.

—¿Te gustó el regalo? —preguntó.

—Me tocó la mejor —contesté sonriéndole a la morrita.

—¿Y el dinero? —quiso saber.

—¿Cuál?

—El sobre amarillo que te dejaron junto al televisor. No vaya a ser que tu otro regalo se lo lleve a su casa.

Al lado de la tele había un sobre cerrado, lo abrí y me encontré con cien mil pesos en efectivo y una nota firmada por el M con una sola palabra: «Disfrútalo».

El regalo se llamaba Lluvia, y de día era todavía más bonita que de noche; cuando le informé que pasaríamos juntos las siguientes horas, me dijo que ya lo sabía. Al salir encontramos vacío el estacionamiento del hotel, mi unidad era la única que ocupaba un lugar. Fuimos a comer a un restorán italiano que ella conocía dentro del centro comercial más grande de la ciudad; no pedimos vino porque yo quería pasar la tarde tranquilo. Durante nuestra fiesta privada de la noche anterior le dimos baje a media botella de coñac, y como estábamos un poco crudos, renunciamos a seguir bebiendo. Me acompañó de tiendas. Con el dinero del patrón compré unos zapatos de piel de cocodrilo y unas botas vaqueras, un par de trajes, camisas y unos pantalones de mezclilla; me gustó una chamarra, le propuse a Lluvia que se probara otra idéntica y continuamos el paseo uniformados. Le tocó el turno a ella y cumplí sus deseos: su ropita interior y unos lentes oscuros, también dos conjuntos que la hacían ver como cajera guapa de banco.

Como no podíamos cargar más, regresamos al estacionamiento y guardamos las bolsas en la camioneta. Queríamos seguir juntos, así que entramos a un café y pedimos un pedazo grande de pastel; a Lluvia también le gustaba el chocolate. Al verla devorar ese postre me pareció una mocosa de secundaria. Entonces yo tendría casi veintisiete años y pregunté por su edad: respondió que un par de semanas atrás había cumplido dieciocho. De la manera menos grosera que pude, la interrogué sobre el tiempo llevaba trabajando como dama de compañía.

—Ah, ¿de puta? —sonrió—. Pues como unos dos años.

—¿No estudias?

Era difícil aceptar que una hermosura como esa tuviera problemas para encontrar otro trabajo.

—Me gustaría, pero no he podido porque mi madre y mis hermanos dependen de mí.

No era la primera vez que una prostituta me tiraba un choro mareador para sacarme lana, y sin embargo le pedí que no se callara, que contara más de su situación.

—Mi papá se fue de la casa cuando yo tenía como diez, y hace unos tres años mi mamá sufrió un accidente; ahora tiene problemas para caminar. Luego vino lo de mi hermano Rubencito, que solo tiene siete: le diagnosticaron leucemia, el tratamiento es caro y para pagarlo mi mamá tuvo que vender la máquina donde me enseñó a coser. Durante un tiempo el hermano de mi papá nos prestó dinero y también los vecinos, pero un día empezó a faltar la comida.

Con mi brazo en su espalda, la animé para que siguiera hablando. Contó entonces de un cuchillo tan pequeño que podía esconderse en la manga de un suéter:

—Una noche estaba yo decidida a utilizarlo para asaltar una tienda y por eso vine a la ciudad. Mientras iba por la calle me siguieron los faros de un carro elegante: sentí que la sangre se me ponía como raspado de horchata. Ya casi me echaba a correr cuando el conductor bajó la ventana y me preguntó que cuánto cobraba por mis servicios; al principio no entendí, pero insistió y dijo que me pagaría seis mil por la noche entera. Subí al coche, fuimos a un hotel y me emborraché antes de meterme a la cama. Como a las tres de la mañana, cuando se quedó dormido, le saqué todo el dinero que traía dentro de la cartera y regresé a la casa. Con esa feria me alcanzó para pagar las medicinas de Rubencito.

No pude resistir la curiosidad y pregunté si con ese cliente había perdido la virginidad.

—No. El primero fue un hermano de mi papá, el que nos ayudó a sobrevivir cuando nos quedamos solos.

—¿Abusó de ti?

—La primera vez tenía yo doce años.

La situación de Lluvia era cruel, pero casi parecía alegre mientras terminábamos el postre. Explicó que después de ese primer cliente encontró una casa de citas donde trabajar.

—Con el dinero que gano me alcanza para mantener a mis dos hermanos y a mi mamá, y todavía sobra para darme algunos lujitos.

—¿Cuánto te pagaron para estar conmigo? —pregunté.

—Nada, porque a veces tenemos que hacer cortesías para la madrota. Hay reglas si quieres trabajar, y ustedes son amigos de la casa.

Aunque el dramón aquel podía ser una mentira, pensé que no tenía con quién gastar esa Navidad, así que le propuse que regresáramos al centro comercial para que le comprara regalos a su familia y luego la acompañaría a su casa.

La bordadora
Diciembre, 1999

La casa de Lluvia estaba lejos, en un poblado rural, y al llegar salieron a recibirnos dos puercos, dos perros y dos gallinas, luego sus dos hermanos y al final su mamá. La morra no había mentido: a la señora le costaba trabajo caminar y por eso se apoyaba en un bastón desgastado. Me pareció más la abuela que la madre.

—¿Quién es este señor? —preguntó el chamaco que se llamaba Eduardo.

—¿Es tu novio? —interrogó el otro, que por su aspecto asumí que era Rubencito.

—Buenas noches, soy Galdino Mellado Cruz —me presenté con educación.

—Se me hizo raro ver llegar una troca como esta a la casa —dijo la mamá de Lluvia dirigiéndose a su hija.

—¿Es tu novio? —repitió el niño enfermo de leucemia.

La pobre Lluvia no supo cómo reaccionar y decidí ayudarla. Confirmé que era su novio y estreché la mano de los dos chiquillos; estaban bien emocionados y la señora comentó que tenía atole y tamales para la cena. Debíamos apurarnos a entrar, porque de lo contrario la leche se derramaría. Uno de los perros, bastante feo, se puso a ladrar y no me atreví a dar un paso más.

—Ya cállate, Bonito —gritó Lluvia para regañar al animal.

—¿Bonito? ¿De dónde, si está bien pinche horrible? —le dije, y a los dos nos dio un ataque de risa.

La vivienda era espaciosa pero muy humilde; se notaba que seguía en construcción y afuera observé tabique apilado y varios bultos de cemento. Luces de Navidad decoraban las paredes y todos los muebles, excepto la televisión, podían tirarse a la basura. Doña Dolores —así se llamaba la mamá— se ocupaba frente a la estufa y los niños daban vueltas alrededor de una pequeña mesa, colocando platos y tazas. Mientras tanto, para no estorbar, Lluvia y yo nos sentamos en un sillón muy incómodo, pero apartado del resto.

—Muchas gracias por decir que eres mi novio.

—¿Por qué aceptaste que viniera?

—Porque me trataste diferente —respondió.

—¿Qué quieres decir con diferente?

—Pues así... tú sabes —intentó explicar y me divertí con los hoyuelos de sus mejillas.

—Aquí tienes, cuñado —dijo Eduardo cuando nos trajo dos tazas con atole de fresa.

Di las gracias y le pregunté a Lluvia por la construcción.

—Antes todos vivíamos en un cuarto de tres por tres, pero desde el año pasado me propuse ampliar la casa. Además de esta estancia ahora tenemos dos recámaras, una para los chamacos y otra para mi mamá y para mí.

—Órale —dije con admiración.

—Por venir hasta acá los albañiles cobran más caro, pero poco a poco vamos avanzando. El problema es que no puedo estar al pendiente todos los días, porque el taxi cobra quinientos pesos para traerme, y a veces me quedo a dormir en Matamoros.

—Ya están listos los tamales —informó doña Dolores, pero Lluvia la interrumpió para proponer que antes de cenar repartiéramos los regalos que habíamos traído.

—¿Qué regalos? —preguntó Rubencito.

—Ya verás —contestó su hermana mayor.

El perro volvió a ladrarme cuando salimos por las bolsas. Una vez que entregamos los juguetes me convertí en el ídolo del momento. Sentí pena por la mentira que Lluvia y yo habíamos contado, pero era mejor dejar las cosas así; esa noche sería su novio. Mientras los chamacos se divertían, Lluvia, su mamá y yo nos sentamos a la mesa. La señora había preparado con sus propias manos los tamales y estaban buenos. Según entendí, tiempo atrás tuvo una embolia que le paralizó la mitad del cuerpo; a pesar de que caminaba lento y siempre necesitaba del bastón, la señora se las arreglaba para hacer sola el quehacer.

Cuando iba por mi segundo tamal preguntó dónde había conocido a su hija. Lluvia se adelantó a responder:

—En el trabajo, mamá.

—Entonces, ¿trabaja con ella? —volvió a interrogar. No supe qué decir—. Yo sé que Lluvia es bien trabajadora —abundó la mujer.

—Sí, muy chambeadora, pero no tenemos el mismo patrón. Soy escolta, guardia de seguridad —expliqué.

La madre dudó:

—¿A poco en la bordadora se necesitan escoltas?

Con esa pregunta entendí la confusión de doña Dolores. No sabía a qué se dedicaba su hija.

—Es que yo trabajo muy cerca de la bordadora, con el dueño de otra fábrica. A Lluvia la conocí una noche, cuando ella caminaba para tomar el bus; eché las luces de mi vehículo y ella se asustó. Quise darle un aventón, pero no aceptó; le hice la corte durante varias semanas hasta que por fin logré que saliera a comer conmigo.

Doña Dolores y sus dos hijos varones estaban muy atentos a mi relato.

—¿Y cuándo se hicieron novios? —cuestionó Eduardo.

Lluvia me tomó de la mano.

—Hoy. Apenas hoy —intervino ella.

—Me están mintiendo, hija —afirmó la señora—. A mí no me engañas, porque ya me olía lo del novio desde hace tiempo. A ver, Galdino, ¿va a negarme que mi hija se queda a dormir con usted?

—Ay, mamá, no ande haciendo esas preguntas —reclamó, y la ñora se rio.

—¿Por qué no, mija? Ya está grandecita para saber lo que hace.

Eduardo ayudó a darle un giro a la plática y preguntó si en mi trabajo yo usaba pistola; le respondí que sí y pidió que se la enseñara. Salimos de la casa y por tercera vez me ladró el perro: rápido de reflejos, el chiquillo, que entonces tendría unos trece años, tomó al animal del lomo y lo arrastró detrás de la puerta de la casa para encerrarlo. Saqué de la guantera la escuadra nueve milímetros y la puse en manos del niño, quien dejó de jugar con sus juguetes para parecerse a mí cuando el Marino me prestaba sus cuetes. Fue a buscar unas latas viejas de refresco y las puso a cierta distancia para dispararles. Di siete tiros y no fallé ninguno; detrás de nosotros Rubencito también observaba. No me atreví a prestar el arma porque temí que la señora pudiera enojarse, y ellos tampoco insistieron. Habrán creído que tendríamos otras ocasiones para que su cuñado les enseñara a tirar.

Decidí que era tiempo de regresar a Matamoros, porque el día siguiente no sería franco y eran más de las diez de la noche, pero antes de despedirme tomé el sobre amarillo que había dejado debajo del asiento del conductor y saqué treinta mil pesos.

—¿Por qué te quieres ir, amor? —me dijo Lluvia cuando avisé que partiría.

Respondí con tono de Pedro Infante:

—Me gusta cuando dices «amor».

Los cuñados se pusieron a hacer burla y la suegra andaba contenta. Al despedirme de doña Dolores le entregué el dinero, y le dije que lo usara para terminar la construcción de la casa. Respondió que no podía aceptarlo:

—Es mucho, mijo, y usted acaba de comenzar de novio con Lluvia. No puedo...

—No es pregunta —reclamé con seriedad.

—Pero...

—Dile a tu mamá cómo me pongo cuando alguien me rechaza —le ordené a la morra.

Entre ellas se miraron sin intercambiar una sola palabra.

—Está bien. Lo voy a tomar. A cuenta del ahorro, para cuando se casen —rezongó la suegra medio en serio y medio en broma.

Lluvia y yo salimos para despedirnos. Gracias a que el Bonito se había esfumado, pudimos darnos un beso largo.

—Gracias, amor.

—Gracias a ti —dije.

—¿No te molesta que te diga «amor»?

—No.

—¿Nos volveremos a ver?

—No lo creo —respondí.

—Gracias de todas maneras. Fue un día muy feliz para mi familia.

Tomé camino de vuelta a Matamoros. Fue hasta ese momento que volví a pensar en Ciro Justo, el hermano de Óscar Guerrero. La había pasado tan bien con Lluvia que no tenía ningún ánimo de regresar al trabajo.

El viaje del cuñado
Julio, 2015

El aparato azul comenzó a sonar la misma tarde del miércoles que el interno de Chiconautla me propuso su bisne.

—¿Qué pasó, mi señor?

—¿Cómo está, Galdino?

Durante esa llamada volví a poner distancia con el lenguaje.

—¿Ya decidió?

—Le dije que me diera hasta mañana para responder.

—Necesitamos que ya tenga los papeles en sus manos. Son muchas las cosas que escondí y han estado guardadas todo este tiempo. Además, mi cuñado únicamente tiene de aquí al sábado para venir.

—No me da confianza la situación —me vi obligado a aclarar.

—Esa gente no está metida en nada malo. Son como de mi familia, se lo juro.

—¿Cómo sé que no me vas a salir con una chingadera?

—Ponga usted las condiciones —concedió.

Esos documentos justificaban el riesgo si, en efecto, demostraban que Galdino Mellado Cruz trabajó para el cártel del Golfo al mismo tiempo que seguía cobrando en el Ejército Mexicano:

—Ese archivo lo pensé como un seguro de vida, o algo así, para negociar con el gobierno en caso de que me agarraran —me había explicado antes.

Calculé que el encuentro con el emisario de Galdino podía ocurrir en la Plaza de la República, donde está el Monumento a la Revolución; al haber siempre policía en ese sitio, era menor la posibilidad de una sorpresa desagradable.

—Está bien, pero no voy a depositar dinero hasta tener los papeles en mis manos.

—No, mi señor, no puedo hacer ese trato. Deje le explico: mi cuñado Eduardo no tiene medios. Si usted no deposita todo, no podrá venir.

—Pues entonces no hay negocio —dije en tono firme.

Galdino respiró fuerte contra la bocina y respondió:

—Deje llamarle y vuelvo a comunicarme con usted.

La libertad con que el interno de Chiconautla podía hacer uso del teléfono celular era evidente. Cinco minutos, y vibró otra vez el aparato azul:

—Doce mil antes de que salga de su casa y tres mil cuando tenga usted los papeles en su poder.

—Mitad y mitad —reviré.

—No salen los gastos, mi señor. Reflexione, él viene desde la frontera.

Decidí arriesgarme:

—Está bien, pero yo pongo los términos del encuentro: el sábado a mediodía en el Monumento a la Revolución.

—Yo le digo a mi cuñado.

—Dame el teléfono de Eduardo para que pueda comunicarme directamente con él.

—Mejor le paso yo el recado —me respondió.

—Como quieras —dije sin estar convencido.

—¿Seguro que deposita, mi señor?

—Lo haré mañana.

—¿Puede mandarme una foto con la ficha del banco?

—Está bien.

—Pasa que Eduardo me la pidió, ¿comprende?

—¿Desconfías?

—¡No me diga eso! —se defendió.

—Dile que se esté tranquilo, el dinero estará en su cuenta antes de que él salga para la Ciudad de México.

—Me da gusto que vaya a conocerlo.

—Me comunicaré contigo en cuanto tenga el paquete.

Colgamos y sentí intranquilidad. Llamé a un vecino, dedicado a los servicios de protección, y le dije que quería contratar un par de guaruras para el sábado siguiente. También necesitaba un vehículo que me protegiera. Él no preguntó más, así que me ahorré las explicaciones.

No solo la bala, mi señor
Diciembre, 1999

A partir de ese día dejaríamos de ser escoltas del patrón a fin de desempeñar otras actividades para la compañía. Nos citó el M a las once de la mañana para darnos instrucciones. Mis compañeros y yo llegamos a la reunión estrenando ropa; no fui el único que había ido de compras la tarde anterior. Mientras la autoridad buscaba a Osiel Cárdenas Guillén, nosotros la pasábamos en grande. Decena se presentó con un saco *sport* y pantalones ajustados de mezclilla, yo me puse aquel día las botas vaqueras y por primera vez vi a Heriberto vestido con traje completo.

—Parecen muy felices —dijo el M. Todos asentimos—. Deben ser discretos, no quiero verlos de estrellitas en la televisión.

Escuchamos con respeto lo que tenía que decirnos esa mañana:

—Por la autoridad no se preocupen, estamos apalabrados con la mayoría de los comandantes de la policía y los jefes militares. Hay mucha gente en el gobierno que nos respalda, pero tampoco se confíen porque igual tenemos enemigos.

Interrumpió al patrón un mesero que le dijo algo al oído, y se me quedó viendo; luego ordenó:

—Hummer y Decena, acompañen a Galdino a la recepción del hotel, hay una persona que lo está buscando.

Salí escoltado del salón por los dos compas. Temí que se tratara de algo grave, pero frente al escritorio de la recepción encontramos a Lluvia, que traía un vestido amarillo muy ligero. Mis compañeros se burlaron al verla:

—¿La conoces? —preguntó Decena.

La morra me pareció pequeña junto a esos dos cabrones que le doblaban la estatura.

—Sí —respondí aliviado.

—No tardes en regresar o el patrón va a encabronarse.

Cuando nos quedamos solos llevé a Lluvia a un rincón:

—¿Qué haces aquí?

—¿Ya almorzaste? —preguntó mientras me mostraba un *tupper* con comida.

—¿Qué es esto?

—Mi mamá se levantó temprano para prepararte unos chilitos rellenos de atún. Como vio que te gustaron los tamales, pues quiso que te trajera esto.

—Gracias, Lluvia, pero llegas en mal momento. Estoy en una junta de trabajo y voy a tener problemas si me distraigo.

Ella hizo un puchero de niña y metió el *tupper* dentro de una bolsa de plástico.

—Si estás ocupado puedo regresar más tarde.

—Te propongo otra cosa: sube a mi habitación y ahí espérame a que termine con mis asuntos.

Los ojos de la morra se pusieron más redondos y le di la llave. Volví entonces al salón.

—A partir de hoy estarán viajando por todo el país: Hummer saldrá para Nuevo León, el Lazca para Quintana Roo, Decena para Yucatán, Óscar para Guadalajara... —y así siguió el M nombrando a uno por uno, pero no a mí.

—¿Y yo, mi señor? —pregunté.

—¿Ya volviste, Galdino?

—Sí, patrón.

—¿Y quién te buscaba con tanta urgencia?

—Una amiga, mi señor.

Todos rieron.

—Donde pones el ojo pones la bala, pinche Mellado.

—No solo puse la bala, mi señor —comenté en tono serio y los demás soltaron una carcajada.

—Tú vas más cerca. Sales ahora mismo para Ciudad Victoria.

Casi me sentí decepcionado por la misión que me había tocado. Tenía ganas de dejar Tamaulipas, llevaba poco más de cuatro años trabajando casi siempre dentro del estado.

—Dentro de sus unidades encontrarán una carpeta azul. Ahí están las instrucciones: el lugar donde deben ir y los datos de sus contactos en cada plaza. También encontrarán dinero para viáticos y su paga de este mes.

Cuando el M dio por terminada la reunión, me acerqué para pedirle un favor.

—¿Qué pasa, Mellado? —interrogó divertido.

—Mi señor, quiero llevar conmigo a la morra que vino a buscarme.

—¡Válgame con el perro que me tocó entrenar!

—Le prometo que no habrá problema.

—Anda pues, llévatela a Victoria; una parejilla viajando por carretera no levantará sospechas.

—Gracias, patrón.

—No me falles, Galdino.

—Le juro que no.

Antes de la una de la tarde debíamos abandonar el hotel, así que solo nos quedaban quince minutos para cerrar la maleta y salir de ahí. Encontré a Lluvia sentada en la esquina de la cama mientras veía la televisión; en las manos tenía el almuerzo que preparó su mamá aquella mañana. Nos dimos un beso y ella intentó desabrocharme el pantalón. Le pedí que mejor me ayudara a revisar el cuarto para no dejar nada.

—¿Adónde vas? —preguntó decepcionada.

—A Victoria.

Lluvia podía ir y regresar de la infancia en pocos segundos.

—¿Por eso dijiste ayer que no nos veríamos otra vez?

Entré al baño para recoger un peine y una rasuradora.

—Lluvia, por mi trabajo debo viajar todo el tiempo.

—¿Podría acompañarte?

—Lo veo difícil.

—¿Por?

—Porque mi trabajo es peligroso.

Se limpió la nariz con la muñeca desnuda y luego se talló los ojos.

—¿Pues a qué te dedicas?

—Ya te dije: soy escolta. —Se quedó mirando en dirección a la ventana y entonces le solté—: Pedí permiso para que me acompañes a Victoria.

—¿Qué dijo tu jefe? —quiso saber.

—Puedes venir, pero solo por esta vez.

Se me echó encima y su vestido era tan ligero que habría sido fácil desnudarla en ese instante.

—Avísale a tu mamá que vienes conmigo.

—No es necesario. Mientras estemos juntos, tengo permiso para ir a cualquier lado.

—¿Y tu trabajo?

—Sigo dando cortesías —respondió con un guiño de ojo.

Siempre quise andar con un narco
Diciembre, 1999

Al salir del hotel, de nuevo mi camioneta era la única en el estacionamiento. Me había tocado calcomanía verde, así que esa vez transportaría dólares. Puse en el asiento trasero el AR-15 y una maleta con cartuchos; cuando guardé mi ropa en la cajuela constaté que el resto de las armas estuvieran en su lugar. Sobre el asiento del copiloto encontré la carpeta azul que el M mencionó durante la junta: revisé y en efecto, había una hoja escrita a máquina con los datos de contacto del Lince al que debía llamar apenas estuviera cerca de Victoria y dos sobres con dinero en efectivo, uno con mi paga del mes y el otro con viáticos para ese viaje. En total debía haber ahí dentro unos ciento cincuenta mil pesos. Tomamos camino para salir de la ciudad.

No llevaríamos más de tres cuadras cuando Lluvia volvió a preguntarme sobre mi trabajo; al parecer la respuesta del escolta no le pareció suficiente. Eludí el tema tratando de averiguar sobre la impresión que había yo causado en su casa. Entrando a la carretera, por el espejo retrovisor detecté que dos vehículos nos venían siguiendo: un Jetta blanco y una camioneta Blazer de color arena. Desaceleré y los dos hicieron lo mismo. La hoja de instrucciones dentro de la carpeta ordenaba llamar a Arturo Guzmán Decena en caso de contratiempo. Traía conmigo un Nokia 918 con su número de teléfono en la memoria, así que me tomó un par de segundos comunicarme con él.

—¿Qué pasa, Galdino? —preguntó Decena.

—Yo pedí permiso para traerme a la morra —respondí.

Lluvia me miró sorprendida cuando me escuchó hablar.

—¿Y?

—¿Por qué me pusieron cola?

—¿Te están siguiendo? —interrogó Arturo.

—Sí, güey. Un Jetta blanco y una Blazer.

—¿Estás seguro?

—¿Por qué te estaría llamando si no?

—Piérdelos, Mellado, porque esos no son de los nuestros. Reporto y te busco de vuelta.

En cuanto colgué, pedí a Lluvia que me pasara el AR-15.

—El arma, mija, el rifle que está en el asiento de atrás.

Lo coloqué bajo mi pierna izquierda y aceleré la Escalade, que por tener un motor más potente dejó atrás a esos pendejos. El Nokia volvió a sonar y Decena me aseguró que el patrón no había ordenado nada; también dijo que debía defender el cargamento con mi vida si era necesario.

Apenas colgamos alcancé a ver que, trescientos metros adelante, había dos vehículos detenidos a un lado de la carretera, uno con el cofre levantado y el otro bloqueando medio carril; seis hombres rodeaban ambas unidades. Disminuí la velocidad convencido de que se trataba de una trampa, orillé la Escalade y por el retrovisor miré al Jetta y a la Blazer aproximarse hacia nosotros. Giré entonces el volante hacia la izquierda, como si quisiera regresar en «U», y atravesé el vehículo a mitad de la autopista, abrí la puerta del conductor y le ordené a Lluvia que se tirara al suelo.

Corté cartucho y apunté contra el carrito blanco; tronaría a sus tripulantes si seguían avanzando. Mientras tanto, me mantuve alerta de lo que ocurría con los vehículos estacionados al otro lado de la carretera. Por aquellos días no usaba pechera, así que tuve que utilizar la puerta de mi unidad como escudo de protección: la ventaja de nuestros vehículos es que estaban blindados. Cuando tuve al Jetta a una distancia de doscientos cincuenta metros detoné el arma contra el parabrisas, y como tenía prisa vacié en segundos toda la carga.

—¿Qué haces? —gritó Lluvia desde el suelo de la camioneta.

—Mira hacia el otro lado —ordené—. Avísame si aquellos dos vehículos parados a un lado de la carretera hacen cualquier movimiento.

Para esto, el carrito blanco hizo zigzag y fue a dar a la cuneta. Aproveché y coloqué un segundo cargador en el AR-15; mi pulso disminuyó cuando la Blazer dio media vuelta y regresó por donde venía. Miré entonces en dirección del vehículo que tenía el cofre alzado y vi a los culeros marcharse también. Dentro del Jetta baleado hallé a cuatro personas, el chofer tenía el rostro destrozado y un tiro atravesó el pecho del copiloto; pero los dos pasajeros que viajaban en la parte trasera habían sobrevivido. Antes de que reaccionaran les solté una ráfaga y luego busqué mi botín de guerra: esos miserables me heredaron una cadena de oro y una pistola Glock, calibre especial, que traía el copiloto. Volví a la Escalade y moví la unidad. Dentro de la maleta traía una chamarra y una gorra con las siglas de la policía, me vestí con ellas y saqué la identificación federal. Durante unos diez minutos hice señas a los automóviles que iban pasando por ahí para que no se detuvieran.

—Todo en orden. Ya pasó el peligro —decía yo.

A pesar de la escena del carrito baleado, las personas se tranquilizaban al verme a cargo de la situación; hasta que llegó al lugar una patrulla, Lluvia se mantuvo escondida en el suelo de la Escalade. Los oficiales preguntaron por lo sucedido y yo respondí que no había visto nada, conté que ese día estaba franco e iba con mi novia a Ciudad Victoria. Me creyeron.

Cuando los agentes se hicieron cargo, Lluvia y yo retomamos el camino. Por precaución encendí los estrobos de mi unidad, pero no usé la sirena; conduje a toda velocidad, preocupado por los cabrones que nos habían bloqueado la carretera, pero en la ruta topamos solo con una ambulancia. Las luces azules y rojas de la Escalade hicieron que nadie nos molestara.

—¿Quién eres? —preguntó de nuevo mi acompañante.

—No es momento para hablar de eso —corté, y tomé el Nokia para comunicarme de nuevo con Decena. Le conté sobre lo ocurrido.

—Estoy más adelante, te espero para que hablemos —me dijo.

—¿Andas solo? —interrogué, desconfiado.

—Betancourt y el hermano del patrón vienen conmigo —respondió.

Como ya tenía tiempo trabajando en Tamaulipas, conocía bien la zona. Propuse como punto de reunión una gasolinera a unos cinco minutos de distancia.

—Síguete mejor, a quince kilómetros de donde estás hay un restorán de carnes asadas. Ahí te esperamos.

Cuando alcanzamos la coordenada convenida me encontré a esos compas muy quitados de la pena; en cambio, yo traía todavía la adrenalina a tope. Para evitar problemas, le pedí a Lluvia que me esperara dentro de la camioneta.

—¿Todo bien? —dijo Betancourt.

—La verdad, no. Nada estuvo bien. Estuvo de la chingada.

—¿Qué pasó, Mellado? —quiso saber Decena.

—Pues que alguien me puso cola, carnal.

—¿Viene todavía la chava contigo? —interrogó Arturo.

—Si ese es el problema, sepan que le pedí permiso al M.

—¿Cómo sabes que ella no es el problema? —soltó Decena.

—No me vengas con esas —reclamé.

—¿Estás seguro de que iban tras de ti? —volvió a preguntar Betancourt.

Reaccioné con rabia:

—No, pendejo, venían tras la lana que llevo dentro de la unidad. ¿Quién más sabía del cargamento?

Por fin intervino Tony:

—Cálmate, Mellado, necesitamos que nos cuentes los hechos, solo así podremos averiguar contra quién estamos peleando. Explícate despacio, que mi hermano está interesado en los detalles.

Conté de corrido todo lo que pasó desde que Lluvia y yo salimos de Matamoros; describí el Jetta y la Blazer, lo mismo que los dos vehículos detenidos en la carretera.

—¿Entonces las otras unidades se marcharon cuando disparaste contra el carrito blanco? —preguntó Tony.

—Sí.

—¿Y por qué estás tan seguro de que iban contra ti? —indagó Decena.

—Ya te dije que los putos del Jetta llevaban armas.

—¿Por qué no dispararon? —quiso saber Arturo.

—Pinche Decena, eso es lo que a ti te habría gustado, ¿no? Que nos hubieran partido la madre.

—No te pongas así, carnal —intervino Betancourt.

—¿Que no me ponga cómo, putos?

—Leve —insistió Alejandro.

—Nada de leve, seguro fue este maricón —señalé a Decena— el que dio la orden para que me pusieran cola.

—Pa mí que solo te estabas luciendo con la vieja —dijo Decena y sonrió desafiante.

—Yo te avisé a tiempo para que fueras a auxiliarme.

—El pedo no es con nosotros, Mellado. Hay que averiguar quién quería chingarte —explicó Tony Tormenta.

—Mira, Tony, ahí te dejo la carpeta azul sin haber agarrado un solo centavo y sin mamadas. Échenle huevos y nos rompemos la madre, no será la primera vez; pero antes dejen que la morra se vaya. Ella no tiene la culpa.

—Ya párale, Galdino, te estás subiendo solito al cerro del crucificado —intervino Betancourt.

—Solito me la rifé en la pinche carretera. Iren, voy a pedirle a Lluvia que se vaya y luego me rompen la madre.

—Párale, Mellado —insistió Tony—, desde tu primera llamada estuvimos al alba. Solo preguntamos porque Osiel quiere saber qué pasó.

—Ponte en mi lugar, Tony, acabo de bajar a cuatro cabrones y ustedes bien acá, echando refresco y preguntando como si fueran del FBI.

A tiempo me di cuenta de que estaba jalando la cuerda de más, así que fui a ver cómo estaba Lluvia.

—Mija, mejor agarre sus chivas y váyase de aquí porque las cosas se están poniendo feas.

—No me voy a ningún lado —dijo, bien machina.

—Déjate de pendejadas, bájate de la puta camioneta y a la verga —le ordené. Ella no se movió.

—Mira, Lluvia, me vas a comprometer —le dije en tono menos grosero; a la morra se le llenaron los ojos de agua y me arrepentí de estar tratándola mal—. Ándale, hija, este desmadre no es para ti. ¿Qué cuentas le voy a entregar a tu mamá?

Hasta ese momento vi que había tomado de la guantera la pistola nueve milímetros.

—Si te llevan, me los llevo —dijo apuntando hacia esos cabrones.

—Déjate de juegos.

Sentí ternura por los ovarios de la chiquilla. No tenía idea de con quiénes se estaba metiendo.

—Si esto no es un juego para ti, para mí tampoco lo es.

—Hija...

—Arregla tus rollos y aquí te espero —insistió.

—Ta bien, pero guarda esa arma —volví a ordenarle.

Riéndome, regresé a donde estaban Tony, Betancourt y Decena.

—¿Cómo está el pedo entonces? —interrogué.

—Eres de huevos y no oyes: solo queremos saber lo que sucedió —comentó Alejandro Lucio Betancourt.

—¡Ni madres! Aquí Decena ya decidió que todo es culpa de la morra.

No había terminado esa frase cuando sonó el teléfono de Tony Tormenta y el hermano del patrón se apartó varios minutos. Los demás aguardamos.

—Contesta —instruyó Tony y me dio el aparato para que hablara con Osiel Cárdenas.

—Sí...

—No sé qué piense usted, o por qué lo piense, pero de nuestra parte no ha habido traición; si me da la gana, le doy piso a una voz. No necesito ponerle gente para que se lo chingue a media carretera.

Me sacó de onda que el M volviera a hablarme de usted.

—Patrón —lo interrumpí—, ¿no se suponía que solo nosotros teníamos información sobre los movimientos?

—Afirmativo, Mellado, pero hay enemigos. Justo por eso necesito saber lo que pasó.

—Ta bien.

—Ora que, si usted ya se arrepintió y quiere agarrar camino, ya sabe que la puerta está abierta.

—No, no es eso, mi señor, es que... aquí alguno de mis compas actúa con maneras muy raras.

—¡Ya párale al pedo con Decena!

—Es que la situación agüita, mi señor, pero le voy a seguir echando huevos, y si me quieren bajar, pues más huevos.

Colgué y Betancourt propuso que comiéramos todos juntos.

—Órale, Mellado, tráete a la morra y nos echamos un taco para olvidar.

—Gracias, pero no va a querer, está muy desconfiada. Mejor le sigo con mi comisión, y cualquier cosa, pues nos llamamos luego.

—Yo también voy a pasar la noche en Victoria —informó Betancourt.

Nos despedimos y cada uno hizo como quería hacer. Cuando Lluvia y yo volvimos a tomar la autopista, me di cuenta de que ya no podía seguir evitando sus preguntas.

—¿Quiénes eran esos ojetes? —quiso saber.

—Gente con la que trabajo —respondí.

—Los dos más altos parecen policías —mencionó, refiriéndose a Decena y a Betancourt.

—Es que trabajamos para la policía —le aclaré.

—Ya te vi, vestido con el uniforme y todo —añadió.

No hallé razón para seguir guardando el secreto:

—Pero la neta... no solo trabajamos para la policía.

—¿Cómo?

—¿De veras quieres saber?

—Amorcito, llevo todo el día preguntándote.

—También le hacemos al narco.

La morra cruzó las piernas sobre el asiento, como si estuviera jugando matatena en el patio de la escuela.

—¿En serio?

—Con estos temas no se bromea.

—¿Te digo algo?

Asentí con la cabeza.

—Que ya me lo imaginaba.

—¿Y?

—Pus me hace muy feliz. ¡Siempre quise andar con un narco! Me sorprendió la princesita.

—Pero es peligroso —le advertí.

—No si estamos juntos —fantaseó.

—¿Y tu mamá? ¿Qué va a decir tu mamá?

—¿Tú le vas a decir? —me preguntó.

—No.

—Pues yo tampoco.

Ay, mamita
Diciembre, 1999

Cuando Lluvia y yo entramos a Victoria, llamé al contacto de la carpeta; se trataba de un comandante municipal y por eso, de acuerdo con nuestras claves, era un Lince. El hombre propuso que nos encontráramos en una glorieta localizada a diez minutos de distancia. Antes de llegar se nos emparejó una camioneta Expedition Max, edición especial, con placas de Texas; dentro había cuatro tripulantes y el copiloto se identificó como el mandamás. Descendió del vehículo y preguntó si traía la mercancía para el restorán.

—Sí, aquí está.

—Espere a recibir instrucciones —dijo—. En breve sabré a dónde llevaremos la unidad.

Para hacer tiempo, puse mis dedos a jugar sobre la rodilla desnuda de Lluvia, ella correspondió separando los muslos y lamenté que tuviéramos público.

—Ay, mamita, estás bien sabrosa —comentó un pendejo que apareció de la nada junto a mi ventana; me puso tal susto que salí de la camioneta y lo amenacé con la Glock que le había tomado prestada a los ojetes del carrito blanco.

—¿Quién es este güey? —le pregunté al Lince.

—Viene conmigo, es de mi escolta —respondió.

—¿Una pinche *hormiga*? —interrogué de nuevo.

—Tranquilo, carnal —se defendió el mismo imbécil—; no puedes traer una vieja rica al trabajo y creer que te la vas a comer tú solito.

Todavía me latía la adrenalina a tope porque antes me habían encabronado los comentarios de Decena sobre Lluvia. Sin pensarlo, le pegué un puto tiro en la cabeza y el tipo azotó contra el pavimento.

La morra se puso histérica: según esto, conocía al muertito y por eso comenzó a gritarme.

—¿No ves que te faltó al respeto? —reclamé mientras las otras *hormigas* me apuntaban con sus armas—. ¿Quién sigue? —pregunté sin bajar la Glock.

—¡Leve, soldado! —ordenó el Lince.

—Tu pinche guarura se metió con quien no debía —justifiqué.

Nos medimos durante varios segundos.

—Mejor vámonos todos de aquí —propuso otro de los güeyes.

—¿De quién es la pistola? —indagó el comandante.

—De unos vatos que ya murieron —respondí.

—Préstamela.

—¡Ni madres!

—Quítale las balas y dámela —ordenó de nuevo.

Contra mi voluntad, vacié el arma y le pedí a Lluvia que me pasara la nueve milímetros que tenía guardada en la guantera. Le entregué la Glock al Lince y este mandó a sus hombres que dejaran de apuntarme.

—Súbase al vehículo y síganos —exigió con voz neutra.

Por el espejo alcancé a ver cómo limpiaban del arma las huellas, y luego la colocaron junto al cuerpo tirado a un metro de la banqueta. Ahí quedó esa pinche *hormiga* por no entender las jerarquías.

Durante quince minutos recorrimos las calles de Victoria; aproveché entonces para reportar el incidente. A pesar de que las órdenes eran claras, por supuesto que no llamé a Decena sino a Heriberto Lazcano: me limité a contar que por error le disparé a un pendejo y que junto con el Lince maquillamos la cosa para que pareciera un ajusticiamiento. El Lazca tomó nota y no dijo más.

12

DIARIO DE UN HIJO DE LA GUERRA
Mayo, 1983

Ingresé al orfanato de la Vía López Portillo. El edificio era blanco, como un hospital, pero las paredes de los pasillos y de los cuartos estaban pintadas con personajes de películas infantiles. Había niños y niñas y dormíamos separados; cada recámara tenía tres literas, así que nos tocaba de a seis por habitación. Una pared delgada y larga nos separaba de la calle. Todos éramos chamacos, nadie mayor de diecisiete. Me sentí protegido en ese lugar, pero también incómodo en el aspecto de que no conocía a nadie y tampoco hice amigos. Había una muchachilla que me gustaba, más alta y más grande; nadie más. La verdad es que a esa edad mayormente tenía conflictos y muchas peleas. A pesar de que me daba con los más grandes, sus golpes no me dolían. Por nada del mundo permití que me derrotaran. Apenas comenzaba alguien a agredirme, yo me les iba a los madrazos.

Durante ese tiempo terminé de aprender a leer y escribir. Antes, en Tepito, iba a la escuela, pero solo una o dos veces a la semana; en cambio, en el internado había horarios para todo. Nadie me creyó cuando conté que tenía mamá, papá y dos hermanos. ¿Por qué iban a hacerlo, si los fines de semana yo era el niño más solo? Bien podía ser un huérfano que inventaba historias, conocí a muchos así en ese lugar. Veía que llegaban matrimonios que querían adoptar: era triste presenciar cómo actuaban algunos, parecían perritos en una tienda de animales, haciendo todo tipo de suertes para llamar la atención. Yo también quería que jugaran conmigo o que me

225

preguntaran algo; daba maromas, y hasta movía la colita y bailaba para que se fijaran en mí, pero no tuve éxito. Después de varios meses de intentarlo, renuncié a salir de ahí con una nueva familia.

Entonces se hizo más frecuente la necesidad de esconderme. Me ocultaba donde nadie pudiera molestarme y algunas veces lloraba. En ese albergue me di cuenta de que a nadie le gustaba estar conmigo, o tal vez a mí no me gustaba estar con nadie. De aquella época tengo la imagen de mí mismo como si fuera un pájaro, uno que no volaba. Cerraba los brazos sobre el resto de mi cuerpo y escondía la cara contra las rodillas. Me refugiaba en el último sanitario para que nadie me viera y ahí dormía, como los pollitos, con las piernas recogidas hasta que me despertaban con gritos y es que me andaban buscando.

Por fin, un día se presentó mi papá en el internado; recién había cumplido yo los doce años. Cuando lo vi, mi estómago dio un brinco. Corrí para contar a los demás que mi padre había venido a visitarme. Otra vez no me creyeron.

—Papá, papá —le grité.

La trabajadora social rompió aquel momento de telenovela.

—Quiero irme con él —le dije, primero serio, luego rogando y al final con llanto. No deseaba quedarme un día más en ese lugar. Prefería vivir con la señora Violeta, la estilista, que continuar encerrado ahí, donde no había nada para mí.

—Va a ser difícil —me dijo la trabajadora social—. Primero es necesario valorar tu situación y la de tu padre; luego decidiremos.

Pasaron tres meses antes de que aquella puerta se abriera de nuevo para mí. Al parecer mi papá no le inspiraba confianza a la autoridad del orfanato. Tenía unos cuatro años de no ver a mi madre cuando se presentó en el internado: sonó la chicharra y la vi entrar solita. Se portó cariñosa. Recuerdo que me llevó dulces, unos carritos de plástico y comida. Me dijo que todo iba a estar bien, que no me preocupara. Yo solo quería besarle el rostro. Regresó una segunda vez acompañada de un licenciado, y me sacaron para llevarme a una oficina. Ahí me preguntó ese señor que con quién quería irme, si con papá o con mamá. Y yo le hice:

—No, pues con mi mamá.

—¿Estás seguro?

—Sí —insistí.

Entonces sacó una grabadora y me dijo:

—Aquí vas a dejar tu voz, en este pequeño cuadrito. Te voy a hacer algunas preguntas y tú las vas a responder con sinceridad.

Yo solo pensaba en salir de ahí.

—¿Estás consciente de lo que has vivido, de todo lo que te ha pasado?

Respondí que sí.

—¿Tu papá te hizo alguna vez maltratos?

Me armé de valor y conté que mi papá me pegó.

—Entonces, ¿te gustaría irte con tu mamá?

—Pues claro que sí.

—¿Y por qué?

—Porque la quiero, porque deseo estar con ella, porque me trata bien.

—Pero no vas a vivir solo con ella, va a estar tu abuelita contigo.

Para esto, yo no conocía a ninguna abuela.

—¿Pues cuál abuelita?

Y me respondió:

—La mamá de tu mamá.

Volvió a preguntar si aceptaba, y yo le dije bien solemne:

—Sí, acepto.

Cuando cruzamos la puerta del orfanato fue una sorpresa encontrar al Marino parado sobre la banqueta. No estaba solo; como de costumbre, andaba con sus amigos y se nos quedaron viendo, entre ellos Alfredo Ríos Galeana. Supe, como si lo viera, el camino que yo iba a tomar. A ese amigo de mi papá le tuve lealtad: fue a rescatarme de mi primera reclusión, como tantas veces lo hizo con otros que igual estuvieron encerrados.

Apuntes del periodista
Julio, 2015

A las once de la mañana del sábado siguiente dos hombres gigantescos pasaron a buscarme a mi domicilio en una camioneta blindada. Cuando nos dirigíamos al Monumento a la Revolución pedí que nos estacionáramos a unas cuadras de distancia; esos dos señores me siguieron de manera discreta, y es que no quería espantar al tal Eduardo. Pero tanta logística me hizo sentir ridículo.

Aquella mañana, en la Plaza de la República, había un mundo de gente; si Galdino Mellado tenía planeado algo distinto a lo convenido, esa multitud me protegería. Al llegar al punto de reunión, uno de los escoltas se detuvo a observar a un grupo de adolescentes que hacía suertes con las patinetas, mientras el otro fue tras un carrito que vendía helados y compró una paleta fría. Hacía calor y por eso la plaza estaba tan llena, nadie quería quedarse dentro de casa con esa temperatura.

Mientras esperaba, pensé en Lluvia: podía imaginármela paseando por ahí con pantalones cortos, zapatos altos y mostrando el ombligo. Calculé que habían transcurrido más de quince años desde que Galdino la conoció en un hotel de Matamoros. Esperaba ver aparecer a un muchacho de unos veintiocho años, que supuestamente me reconocería porque me había visto antes en la televisión. Transcurrieron veinte minutos y por primera vez calculé que Eduardo podía no acudir. Había llevado conmigo el teléfono azul y a las 12:45 intenté contactar al interno de Chiconautla, pero no respondió. A las 13:15 lo hice de nuevo, y nada.

Sin dejar recado, esperé hasta las 13:30 para marcharme. El servicio de seguridad que había contratado concluiría pronto.

Más extraña que mi llegada al lugar de la cita fue la vuelta a casa con las manos vacías. Dentro del vehículo probé sin suerte varias veces con el teléfono; para conseguir una explicación tendría que esperar a que Galdino llamara de nuevo, o quizá habría de aguardar hasta mi siguiente visita a la cárcel. Me fastidió la idea de perder el dinero de mi depósito.

La casa del Lince
Diciembre 1999

Lluvia y yo llegamos a una casa grande protegida por un inmenso portón de lámina que se abrió cuando el Lince oprimió un control remoto. Adentro había otras dos unidades Expedition Max, también con placas de Estados Unidos; por aquella época esos vehículos costaban una fortuna. Estacioné la Escalade dentro de la casa y bajé las armas conmigo. Le pregunté al Lince si íbamos a intercambiar unidades, pero el comandante aclaró que esas camionetas eran suyas.

—¡Qué lástima, porque están bien chidas! ¿Aquí vamos a dormir? —quise saber.

—No, joven, esta es mi casa y ustedes se van a guardar un rato mientras mi gente descarga la mercancía.

Cuando entramos a la residencia vimos a dos niños varones, de unos ocho y diez años, jugando con una PlayStation junto a un inmenso árbol artificial de Navidad.

—Muchachos, saluden a sus tíos —instruyó el jefe de la familia.

Los morritos alzaron la mano y no dijeron más. Mientras tanto, en la cocina estaba la ñora de la casa, vestida con un delantal porque andaba preparando la cena. Yo tenía hambre y pensé que nos invitarían a la mesa, pero el Lince nos llevó al segundo piso del domicilio; entramos a una habitación tapizada con dibujos infantiles.

—Aquí esperen hasta que terminemos de trabajar.

La colcha que cubría la cama tenía un estampado de aviones.

—¿Como cuánto tardarán, comandante? —interrogué.

—Hora y media para retirar los asientos y volverlos a poner.

—Nos echaremos entonces una siesta —dije.

—Nada más no hagan ruido, por favor, que abajo hay niños —nos pidió.

Despedimos al Lince y yo coloqué el AR-15 sobre las piernas de un enorme oso blanco de peluche. Antes de retirarme las botas nuevas, que desde la mañana me habían estado torturando los pies, Lluvia se abalanzó sobre mí:

—Gracias, amorcito. Gracias por defenderme así.

—¿Conocías al joto ese? —Ella asintió—. ¿De dónde?

—Pues del trabajo, y no era buena persona.

Preferí no averiguar más, porque estaba emputado conmigo mismo, y es que al bajar a ese pendejo había puesto en peligro la misión. Pero Lluvia se encargó de cambiarme el humor. La morra se desvistió y se puso a besar mi cuello. Las aventuras de aquella tarde la habían puesto caliente. En cuanto la tuve dura se montó sobre mis caderas y mirándome con sus pezones desnudos, hizo que la penetrara por la puerta de atrás. Mientras se movía en círculo. Yo me esmeré acariciando un clítoris enorme; el más grande que haya conocido. Ella tuvo su orgasmo y conmigo perdió su última virginidad —dijo—, y yo le creí. Más tarde me prometió que pasara lo que pasara, con esa parte de su cuerpo me sería fiel. Todavía faltaba para que yo también me viniera cuando el Lince aporreó la puerta de la recámara y exigió hablar conmigo. Lo dejé entrar y el comandante de policía nos conoció desnudos.

—¿Qué quiere? —pregunté sin cubrirme.

—Son ustedes un desmadre, ya me causaron problemas allá afuera y ahora mi vieja está furiosa porque los traje aquí. Esta es una casa decente, así que se largan ahora mismo.

Nos vestimos y salimos de aquella recámara risa y risa.

Con olor a naranja

El comandante devolvió mi unidad más ligera; sus pinches *hormigas* habían retirado los paquetes de dinero del interior de los asientos, pero no podía dejar aún Ciudad Victoria. Sería necesario que aguardara un par de días, porque la nueva camioneta no estaba lista. Era más de medianoche cuando el Lince nos corrió de su casa, y me dio una dirección a donde debía dirigirme para esperar a que llegara el otro vehículo; Lluvia dijo que conocía el lugar al que nos enviaron porque era un putero, así que dejé que ella me guiara. Llegamos a una zona residencial tranquila. Afuera de la propiedad había varios carros y camionetas: si bien el barrio era calmado, la calle tenía harto movimiento.

Lluvia habló con uno de los hombres parados en la entrada, un cabrón que vigilaba. Cuando explicamos quién nos enviaba, abrieron el portón para que estacionara la camioneta adentro. Mientras bajaba mis cosas vino a recibirnos la madrota del lugar, una vieja operada de los pies a la cabeza; era alta y tenía senos grandes. Su nombre era Rosa y se pintaba el pelo de color mamey. No era discreta con la ropa y tampoco con su forma de hablar. Al saludarla pensé en Yaneth y lamenté que aquella mulata estuviera muerta. No recuerdo si esa madrugada era miércoles o jueves, porque en ese antro todos los días había fiesta.

La tal Rosa nos condujo a través de un jardín con olor a jugo de naranja. Aquella construcción no era nueva, pero estaba bien mantenida; ingresamos por la puerta lateral debido a que llevaba conmigo el AR-15, y los clientes tenían prohibido portar armas.

Aunque era la una de la mañana, el lugar estaba a reventar: calculé que serían más de cincuenta putas y un número superior de cabrones.

En el centro del salón había una mesa grande de billar y otra donde se jugaba a la ruleta. Ese burdel era diferente al Jelly's porque tenía más lujo; igual que Lluvia, la mayoría de las viejas podían haber sido modelos o actrices de cine. Me habría gustado pasearme un poco por la casa, pero estaba agotado. La tal Rosa nos ofreció una habitación en el segundo piso, grande y bien amueblada; según dijo, era la *suite* principal. Cuando nos quedamos solos busqué las cámaras que, como en el Jelly's, espiaban a los clientes. Lluvia sabía de su existencia y fue ella quien me las mostró.

—Por suerte nosotros ya venimos cogidos —bromeó la morra.

—¿A poco no das para más? —le devolví.

Nos desnudamos y debajo de las sábanas continuamos lo que el Lince interrumpió una hora antes en su casa; esta ocasión sí logré desconectarme y terminé dentro de Lluvia con una venida de la que todavía me acuerdo.

Quedamos agotados y no pudimos levantarnos hasta después del mediodía; nos sirvió para descansar que las ventanas de aquella recámara estuvieran cubiertas por cortinas gruesas. Cuando abrí los ojos, el olor de Lluvia me hizo abrazarla; ella se dejó querer, pero el hambre que teníamos nos empujó a comenzar el día. El trajín de la jornada previa cobraba su cuota.

La morra se ofreció para buscar alimento, lo que aproveché para darme un baño. Ya con ropa limpia, llamé al Lazca para informar que permanecería en Victoria hasta que la nueva unidad estuviera lista. Heriberto andaba por Villahermosa, de camino hacia Quintana Roo; había hablado con el M y se enteró de la gente del carrito blanco que yo bajé la tarde anterior. Me dijo que eran raza del Chava Gómez, que en paz descanse; una bola de pendejos que querían disputarle el poder al patrón. Me contó que al principio el M dudó de mi historia: el hijueputa de Decena le dijo que yo exageraba porque andaba de presumido con la morra, pero la ventaja volvió de mi lado cuando el jefe averiguó que la banda contraria fue la que me había querido partir la madre. El problema vino cuando el Lazca me comentó que tenía un mensaje del M:

—No quiere que sigas viajando con la prostituta.

—¿Por?

—Al parecer la *hormiga* que te chingaste anoche no era tan *hormiga*. El Lince fue a quejarse de ti con el patrón.

—Ya.

—La orden es que la dejes trabajando con doña Rosa.

—¿Y si ella quiere regresar a Matamoros?

—Ese no es tu pedo.

—Órale —dije, y no se me ocurrió nada más.

—No la cagues, puto.

—No veo por qué la cagaría.

—¡Cuídate!

—Que igual te vaya bien.

Lo de Lluvia me dio para abajo, pero no fue una sorpresa; ya lo había pensado. El M tenía razón: era peligroso que siguiéramos camino juntos.

Apenas colgué con el Lazca, sonó el teléfono de la habitación. Tengo por costumbre no hablar cuando levanto la bocina, así que permanecí callado; del otro lado de la línea se escuchaba una canción de Juan Gabriel y a unas viejas que estaban echando desmadre. Por fin Lluvia agarró y dijo:

—¿Galdino?

—¿Qué pasó, mija?

—¿Por qué te callas, menso? Pensé que me había equivocado de cuarto.

—Ya ves.

—¿Quieres unos sándwiches?

—Todos los que puedas.

—¿Algo más?

—Si encuentras un chocolate macizo estaría poca madre.

—Ay, amorcito, no me vas a gustar cuando te pongas gordo.

—Ya bajaré la panza haciendo ejercicio contigo —respondí.

—Tons te llevo harto chocolate.

Puta torre de sándwiches la que subió la Lluvia, unos quince triangulitos de varios pisos que me supieron a toda madre; los empujé con una taza grande de café y una Coca-Cola. Al mal paso hay que darle rápido, así que cuando pasé a atacar un pedazo rancio de chocolate, decidí que ese era buen momento para hablar con la morra:

—Ira, Lluvia, la he pasado bien estos días contigo, pero será mejor que te quedes aquí, con doña Rosa, para que yo pueda seguir mi camino. En este lugar te conocen, y pues si no te gusta, pide volver a tu base, allá en Matamoros.

El rostro de la morrita se puso blanco al oírme, pero contrario a lo que había imaginado, ¡ni madres que lloró!, solo se me quedó mirando.

—Hija, tú tienes la vida por delante, y ya ves que es peligroso lo que yo hago; lo de ayer estuvo cabrón y así seguirá pasando. Cuando venga por acá, te prometo que te busco y cotorreamos. Si puedo ayudarte lo haré, pero sin compromisos.

Me interrumpió con la clásica:

—Pero, amorcito, yo ya no quiero andar en este negocio; ya me cansé, y pensé que contigo…

—Usté me gusta mucho, pero yo no tengo nada que ofrecerle. Apenas estoy comenzando y debo seguir palante.

—A mí no me importa que seas narco. Así te quiero más.

Miré preocupado hacia las cámaras, suponiendo que en algún lugar estarían también escondidos los micrófonos.

—¿Nada podría hacerte cambiar de opinión? —interrogó.

Me le quedé viendo sin decir nada. Temía acercarme, porque su olor era capaz de hacer que me desdijera.

—¿Nada? —insistió.

Negué con la cabeza. Ella se levantó, dirigiéndose hacia la puerta.

—No seas así, Lluvia; todavía podemos pasarla bien, hasta que me traigan la nueva unidad.

—Ven conmigo —ordenó.

Niñas levantadas

La obedecí y bajamos a la planta principal, entramos a la cocina y por una puerta de lámina salimos a un patio con techo de acrílico donde se había acumulado una cantidad grande de bolsas de basura; sin decir palabra, con el mismo dedo índice que le sirvió para indicarme que debía permanecer en silencio, señaló hacia un bóiler grande en el extremo opuesto.

Lo que vi me puso un chilazo en la boca del estómago: en el suelo había cuatro chamacas desnudas, sucias y bien puteadas. A una le habían tumbado los dientes y otra tenía medio cráneo rapado. Apestaban a madres; la suciedad que corría en medio de sus piernas era tal que no podía saber si estaban en sus días o llevaban siglos sentadas sobre su propia mierda. Me nació buscar una cubeta para echarles agua, pero de un tirón en mi muñeca Lluvia hizo que abandonáramos el lugar. La morra había hecho de tal manera las cosas que nadie nos vio entrar ni salir de ahí.

—¿De qué edad son esas viejas? —fue lo primero que pregunté apenas nos encerramos dentro de la camioneta para que nadie pudiera oírnos.

—Pus… entre trece y dieciséis.

—No mames, ¿por qué la señora Rosa las tiene así?

—Mayormente porque no quieren trabajar.

—¿Y por qué no las deja ir?

—Esas niñas no llegaron aquí por su propia voluntad, las levantaron y dudo que recuperen su libertad, si es que sobreviven.

—¿Están secuestradas?

—Algo así, y hay varias más castigadas.

—¿Castigadas cómo?

—Las madrean porque se andan drogando, o porque no le echan ganas para cubrir la cuota semanal. También les toca a las que no siguen las órdenes de la señora Rosa.

—¿A ti te ha pasado?

—A todas.

—¡No chingues!

—Aquí las cosas están bien siempre y cuando vayas por la derecha; no importa si te trajeron a la fuerza o llegaste por tu propio pie, la cuestión es respetar a la madrota.

—¿Y si no?

—Pues te vuelan y ya está.

—¿Y si alguien quiere salirse?

—Entre las levantadas, ninguna puede irse. Mi caso es distinto porque yo le echo ganas.

—Con razón quieres un novio narco.

—No me dejes aquí, Galdino. Sácame y luego hacemos como quieras.

No sabía bien qué hacer. Dejar ahí a Lluvia era mala idea, pero no podía darle la espalda a la instrucción del patrón; la ventaja era que todavía faltaba un día, quizá un poco más, para que yo tuviera que largarme. Regresamos al cuarto y en el camino nos encontramos a la señora Rosa. Lluvia siguió de largo mientras yo me quedé platicando con ella:

—¿Cómo va la vida, Galdino?

—Estoy bien, muy bien, gracias.

—Si ya se aburrió con esa vieja, le traigo otra que le guste más. Puede escoger a la que usted quiera, recuerde que es huésped consentido.

—Gracias, doña, estoy bien con ella. Pero sí traigo una molestia.

—¿Cómo puedo ayudarle?

—Fíjese que voy a arremeter contra la persona que se atreva a hacerle daño a Lluvia: si le pegan, si la tocan, si se pasan —con

237

todo respeto, porque no quiero ofenderla—, me va usted a conocer.

Agarra la vieja y, como divertida, me pregunta:

—¿Por qué me dice eso?

—Porque vengo de ver el desmadre que tiene en el patio de la basura: las niñitas bien jodidas, todas dadas a la verga. Por eso se lo digo: si le pasa algo así a Lluvia, usted será una de esas viejas rapadas y sin dientes.

—Esa morrita le está contando puras mentiras para que la saque de trabajar.

—Lo vi todo con mis propios ojos —alegué.

—No le haga ahora también usted al melindroso.

—No me falte al respeto que no le quedarán ganas de respirar cuando termine, pinche vieja.

—Mire, Galdino —endureció el tono—, aquí no puedo tener excepciones: Lluvia es igual a cualquier otra. Si se porta bien, estupendo, pero nadie puede pasar por encima de mi autoridad. No importa si está muy recomendada, así funcionan aquí las cosas.

—¿Y por qué las castiga de esa manera?

—Solo les rompo el hocico cuando quieren pasar por encima.

—Allá usted si el M la deja hacer y deshacer, pero a Lluvia me la llevo ahora mismo de aquí.

—No puede llevársela.

—¡Ah, chingá!

—Tengo instrucciones del señor Osiel para que esa vieja permanezca.

—¿Y si yo me opongo?

—Pues arrégleselas con el patrón, él es el dueño del burdel.

Los otros negocios del M

Me quedé solo, temblando por el coraje; había sido yo quien metió a Lluvia en esa trampa y debía encontrar la manera de deshacer mi desmadre. Llamé de nuevo a Heriberto Lazcano. Según dijo, iba apenas llegando a Mérida:

—¿Y ahora qué traes, pinche Galdino?

—Necesito un favor, carnal.

—¿En qué pedo te volviste a meter?

—Aún no me meto en ninguno, pero estoy a punto de hacerlo.

—¿Por?

—Es que no voy a dejar a la morra en este pinche burdel.

—No mames, güey, esa orden me la dio el patrón directamente.

—Pues sí, pero el M está mal informado de lo que pasa en sus negocios.

—Y según tú, ¿qué chingados pasa?

Le conté lo de las menores de edad madreadas en el patio, y le pedí que usara su palanca con el patrón para convencerlo de que me dejara sacar a mi morra de ahí.

—Entiende, carnal, soy responsable de que esa vieja vuelva a su casa. Lo de aquí es un infierno, me cae. Es que no viste lo que yo...

—Ta bien, dame un rato. Voy a llamar al jefe pa ver qué dice. Mientras tanto, no hagas nada; no te muevas y, sobre todo, no vayas a sacar a esa vieja sin autorización.

Lluvia se puso a ver caricaturas y yo traté de bajarle a mi encabronamiento. Pasó un rato y por fin sonó mi teléfono: era el mismísimo patrón Osiel. Me entró el nervio porque no quería tener problemas, pero estaba decidido a hacer lo que fuera con tal de que la señora Rosa pagara por sus fregaderas. En cuanto le oí la voz, pedí a Lluvia que se saliera de la recámara.

—¿Ahora qué sucede, Galdino? Con usted puros pinches problemas.

—No, pus, mi señor, no hay problemas; no hay pedo. Perdone que se lo diga así, pero no es conmigo la bronca. Yo sé que soy su empleado, y con usted, donde me diga, pero creo que merece saber lo sucedido aquí porque no es justo...

—Ya me llamó el Lazca y también la madrota. ¿Qué reproches trae con ese putero?

Las piernas me temblaban, y sin embargo le hice al machín:

—Mire, mi señor, la circunstancia es que hace un rato entré a un patio y encontré a varias putas torturadas, golpeadas y cuanta mamada; y pues después de ver eso no quisiera que la morra se quede a trabajar aquí. Le pido de favor que la libere para que se regrese: le prometo que después de eso cada uno seguirá su camino, pero por mi hombría, no está bien que la deje aquí.

—Anda exagerando de nuevo, Galdino.

—Le juro que no, patrón.

—Usted de mis negocios todavía no sabe mucho y por eso reacciona mal: anoche bajó a un empleado de la organización, y me dicen que le disparó solo porque le echó un piropo a su vieja.

—Patrón, de veras, créame: esas viejas ya no le van a servir, están para los leones y ningún cliente las querrá así. Yo sé cuidar su mercancía, pero aquí tiran a sus putas a la basura antes de tiempo.

El M guardó silencio y después repitió:

—Usted todavía no entiende, pero ya verá que con el tiempo...

Me puse entonces más necio que el señor:

—Usted es el que no me entiende a mí, no comprende la situación. A como están las cosas, no voy a dejar a Lluvia en este burdel.

Me arrepentí apenas escuché salir de mi boca el nombre de la morrita.

—¿Qué tanto le ha contado a la puta esa sobre nuestros negocios?

—Yo respondo por ella, se lo juro.

Otra vez el silencio.

—No dude de mí —insistí.

—¿Están de veras tan madreadas? —interrogó por fin el M.

—Sí, mi señor, así están las que vi, y me informan que la señora Rosa tiene castigadas a varias más.

—¿No se trata solo de dos o tres cachetadas?

—No chingue, patrón; parece que quisieron sacarles no sé qué confesión y las abrieron durante horas. Traen hasta las pinches cejas rasuradas y les apesta la cola a orín.

—Ta bien, voy a mandar a alguien para que verifique; mientras tanto, tú aguanta ahí. De la vieja luego hablamos, pero si sabe más de lo que debería, te aviso que la voy a eliminar.

—Yo obedezco, mi señor.

Quedé muy jodido con la llamada porque usé palabras que no debía, y también porque mi dicho le había valido madre al patrón. ¿A quién mandaría el M a verificar? ¿Al puto de Decena, que siempre me jodía? ¿A Tony Tormenta? Pensé que también podía tratarse de una chingadera para bajarme a mí; me acerqué el AR-15 y traté de distraerme con las caricaturas que Lluvia estaba viendo antes en la televisión.

A la media hora la morra entró a la recámara para avisarme que un señor Alejandro Morales Betancourt me esperaba en la planta baja de la casa; salí bastante contento porque con él sí me entendía. Lo llevé al patio donde encontré a las niñas madreadas, pero obvio, la señora Rosa las había sacado de ahí. Frente a ella le conté a Betancourt lo que vi, y la pinche vieja se dedicó a negarlo; Lluvia no estaba en ese momento conmigo, y era mejor así porque podía embarrarse peor. Betancourt explicó que tenía órdenes del M para revisar el estado de salud de las putas castigadas, así que quería verlas cuanto antes.

—Eso es un invento del señor Galdino. Aquí no maltratamos a las mujeres, ¡faltaba más! Al revés: las protegemos, les damos de comer, tienen sus tiempos libres. Me agüita que este señor diga que soy violenta con mis niñas.

—No sea usted argüendera, nadie me contó. Yo las vi, jodidas y todas sucias.

—Pues dígame dónde están —desafió doña Rosa.

—Ya verá que las encuentro —presumí.

Alejandro y yo nos pusimos a buscar cuarto por cuarto; serían como las cuatro de la tarde, así que aún era poca la clientela. Era consciente de lo que me estaba jugando: si Betancourt no verificaba mis dichos, me hundiría frente a los ojos del patrón.

—¿Qué hacías en Victoria? —interrogué a mi compa.

—Me mandaron a cobrar deudas, pero ya había terminado la misión. Fue una coincidencia que me llamara el M justo cuando venía para acá; es que tengo una noviecilla en este lugar y quería saludarla antes de seguirme para Monterrey.

Indagamos por todas partes y nada, seguro que la señora Rosa había aprovechado para sacar a esas putas del burdel mientras yo esperaba en la recámara. Creí que el asunto había valido madres, cuando Lluvia se acercó con discreción para decirme que buscara una puerta secreta tras el bóiler, en el patio de la basura; con esa información llevé de vuelta a Alejandro hacia el lugar indicado. Nos siguió preocupada doña Rosa, que para ese momento ya traía el rostro color verde perico. Peor se puso cuando le pregunté sobre la puerta falsa.

—Aquí no hay ninguna puerta —dijo, pero detecté que estaba mintiendo. Con los nudillos golpeé el muro detrás del bóiler y constaté lo que me había dicho Lluvia: sonaba hueco porque ahí había una habitación secreta o algo así.

—Necesitamos un marro para romper el muro —le dije a Betancourt.

—¿Y de dónde sacamos uno? —rezongó.

Con sus ovarios sorprendentes, mi morra nos alcanzó y encaró a la señora Rosa:

—Deme la llavecita.

—¿Estás loca tú también? ¿Cuál llavecita?

—Démela, doña Rosa, o le arranco los ojos con las uñas —insistió Lluvia, cada vez más envalentonada.

—No sé de qué me hablas —desafió la madrota.

—Agarra a la vieja para que le saque la llave —me ordenó Lluvia y obedecí; la tomé de las greñas e hice finta de que iba a reventarle su madre. Entonces mi vieja mete la mano en el brasier de doña Rosa y saca una argolla pequeña con dos llavecitas, se dirige al bóiler y que detrás del aparato encuentra la cerradura que abría la puerta falsa. Todavía hoy puedo sentir el olor hediondo que salió de ese agujero: fue como si todas las bolsas de basura aventadas a ese patio se hubieran roto al mismo tiempo.

Alejandro fue tras las putas que la madrota tenía encerradas ahí dentro, y aunque soy bien pinche asqueroso, lo seguí. Encontramos un cuarto de tres metros por cinco, sin baño ni sillas ni nada, todo pelón y con piso de tierra. Adentro había nueve viejas que gimieron asustadas al vernos: como animales de rastro se pegaron a la pared, convencidas de que íbamos a matarlas. Estaban desnudas, y las hicimos salir a empujones. Lo que vi la primera vez no era nada en comparación con lo que descubrimos en ese lugar; las otras viejas estaban deformes de la cara y traían infección por todas partes, sabe cuántos días llevaban ahí. En sus pelos anidaban colonias de piojos. El espectáculo era de infierno, y la principal responsable de esa situación enmudeció.

Cuando menos lo esperaba, Betancourt sacó la pistola y disparó tres tiros en la cara de doña Rosa, y en el piso le soltó tres detonaciones más. Nunca lo había visto así de emputado. Él, que era tan calmado, oyendo siempre su pinche música clásica, parecía en ese momento un lobo rabioso. Pero el alma se me fue al piso cuando se arrodilló junto a una de las chamacas y comenzó a hablar entre gemidos: esa era la chava que mi compa venía buscando.

—Perdóname, Miriam, perdóname por dejar que esto te pasara...

La vieja no lograba decir una sola palabra; solo balbuceaba, como si un infarto cerebral le hubiera quitado el habla. Esa fue la única vez que vi llorar a Alejandro.

—Ahora entiendo por qué la ruca me negó que estuvieras aquí; dizque andabas de servicio, trabajando en no sé dónde chingados. Con razón no me contestabas el teléfono. ¡Jija de su pinche madre!, le advertí que no te tocara...

Los huéspedes

Los disparos hicieron que algunas putas llegaran al patio a averiguar lo que sucedía; conforme iban haciendo montón, creció el enojo en contra de doña Rosa.

—Saca a tu morra de aquí —le dije a Betancourt—. Allá arriba hay una habitación para que la ayudes a bañarse.

No supe quién comenzó, pero en un descuido ya estaban varias viejas pateando y escupiendo el cuerpo de la madrota; con tijeras de cocina una se puso a trasquilarle la melena roja y otra le mutiló los senos falsos. Las dejé hacer por un rato, pero luego intervine:

—Órale, cabronas, ya tuvieron su desquite. Mejor ayuden a sus compañeras, porque están jodidas.

Los cuerpos desnudos de las castigadas, de tan débiles, no podían siquiera ponerse en pie. A pesar de que la mayoría salieron corriendo, varios clientes tenían una pelotera alrededor de la mesa de billar: en chinga subí para buscar la chamarra, una gorra y la identificación de policía judicial, además del sobre que contenía el dinero de los viáticos. Al volver me presenté y dije calmado:

—Tranquilos, tranquilos, aquí no ha pasado nada: solo un vato que bebió de más y se puso a probar su pistola nueva, ya le retiramos el arma y lo mandamos a su casa. Miren, señores, a nadie le conviene un escandalito: sus esposas no saben dónde se están divirtiendo, ¿o sí? Mejor todos calmados. Los que quieran irse, háganlo ordenadamente. Y los demás, pues a lo que vinieron.

Justo en ese momento, afuera de la casa de citas se oyó el sonido de sirenas de policía.

—¿Y ahora qué hacemos, carnal? —preguntó Betancourt.

—Aquí no pasó nada. Decimos que traes cuete nuevo, y que te pusiste a tirar a lo pendejo en el patio para probarlo.

Salí a la calle y la chamarra negra de judicial ayudó para apantallar a las visitas:

—Buena tarde, oficiales, ¿en qué puedo ayudar? —me presenté.

Había un chingo de personal uniformado y cuatro patrullas obstruyendo la circulación.

—Un vecino reportó haber escuchado disparos en este domicilio —informó un funcionario al que todavía no le salía voz de hombre.

—El oficial que está ahí parado —señalé a Betancourt— trae fusca nueva: perdone usted, se nos hizo fácil probarla con unas latas de refresco.

—¿Qué tal, compañeros? —interrumpió otro Lince, el único que traía corbata.

—¿Con quién tengo el gusto? —cuestioné.

—Soy el comandante Oropeza, a sus órdenes —me respondió.

—Yo soy Galdino Mellado Cruz, agente de la Policía Judicial Federal, y mi compañero, ahí parado, es el agente Alejandro Morales Betancourt.

—¿Puedo ver sus identificaciones?

Saqué la mía del bolsillo interior de la chamarra.

—Mucho gusto, agente Mellado. No es que tenga desconfianza, pero en casos como este acostumbramos inspeccionar el inmueble.

—Disculpe, comandante, pero no lo puedo permitir; esta es mi casa y para pasar necesitas presentarme una orden.

Que agarra y me dice:

—No se haga pendejo, Galdino, todos aquí sabemos que esta es una casa de citas.

Constaté que tuviera en mi poder el sobre con los viáticos y lo mostré discretamente para que solo Oropeza lo viera.

—Ta bien, comandante, pásale —dije—, y que conste que no obstruimos la justicia.

—Espérenme, muchachos, ahora vuelvo —ordenó. Era obvio que el oficial conocía bien la casa: entró solo y fue derecho al salón de la mesa de billar.

—Como puedes ver, todo está tranquilo. No hay ni un vaso roto —insistí.

—¿Y los clientes? ¿Dónde están los clientes?

—Pues, como dices, en esta casa todos tienen una cita.

Reímos.

—Tengo harta gente afuera —informó.

Le entregué el sobre con los viáticos y nos dimos la mano para despedirnos; en eso entró corriendo Lluvia para avisarme que doña Rosa estaba viva.

—¿Cómo que viva?

Espantada, nos llevó al patio con todo y el comandante Oropeza.

—¡Cálmate!

—Es que la vieja se echó un pedo y también se meó frente a nosotras.

Hay algo que pasa cuando matas a alguien a balazos: después de muerto caga y orina por última vez.

—Agentes Mellado y Betancourt, ustedes me deben algo más que una explicación —nos enfrentó el Lince Oropeza.

Ante nosotros estaba el cadáver de la ruca, y aunque los tres tiros no le reventaron el rostro sino la parte de atrás de la cabeza, la señora Rosa se veía bien culera con los escupitajos, la trasquilada y los pechos tasajeados; además, había un charco grande de sangre que le escurría desde la nuca y obligaba a alejar los zapatos para no mancharlos. Alejandro y yo nos hicimos a un lado con el Lince porque el hombre estaba mayormente encabronado.

—Mira, comandante, la verdad es que estamos aquí para limpiar el desmadre que otros provocaron: nos mandaron para evitar que se hiciera más grande. Ya sabes que aquí dentro la clientela es muy selecta, arriba hay funcionarios públicos y empresarios.

—¿Quién los mandó a limpiar?

No dudé en responder a la pregunta:

—Osiel Cárdenas Guillén.

El rostro del comandante Oropeza se puso pálido.

—¿Cómo sé que dicen la verdad?

—Espérame y verás.

Marqué un par de veces al celular del Lazca, pero no tuve suerte. Entonces Betancourt decidió buscar directamente al patrón; se apartó un poco para explicar lo sucedido, y luego regresó conmigo.

—Ahí te hablan.

—Bueno...

—¿Qué pasa contigo, Galdino? No contento con tus pendejadas, ya contagiaste a Betancourt —me reprendió el M.

—Mi señor, Alejandro puede dar testimonio de que todo era cierto, la pinche vieja torturaba culero a las prostitutas.

—Luego vemos eso, por ahora urge que se deshagan del cuerpo. ¿Entiendes?

—Sí, mi señor.

Silencio.

—¿Y qué hacemos con el comandante Oropeza?

—De ese me encargo yo —respondió; luego, sin más, cortó la llamada. No pasaron ni dos minutos cuando el teléfono del Lince comenzó a vibrar: ahora fue su turno de separarse para hablar en privado. Después volvió con nosotros:

—Con la novedad de que me paso a retirar. Para la próxima recuerden que dentro de la ciudad no pueden detonar sus armas, ¿comprenden?

—Desde luego —respondimos satisfechos por el repentino cambio de actitud.

—Me ordenaron devolver esto —dijo refiriéndose al dinero—, pero no puedo. Allá afuera hay mucha gente que hará preguntas.

—Quédeselo, comandante. Sin ningún problema —propuse con resignación, y nos despedimos.

Mujer entamalada

Esa fue la vez que aprendí a *entamalar*: Lluvia y sus amigas trajeron sábanas y las cortinas de una habitación. Antes de eso me daba
cosa andar tentando a un muerto; no tenía empacho en volarle los
sesos a alguien, pero sentía culero tocarlo luego, no fuera a ser que
la muerte se me contagiara. Envolvimos a la vieja con las sábanas
y la hicimos tamal con las cortinas: esa fue la parte más fácil. Luego la bronca fue cargarla, la madrota pesaba un chingo y tuvimos
que hacerlo entre los dos. Otro problema que se nos presentó fue
el del vehículo para transportar el cuerpo, no era lo mismo llevar
droga o dinero dentro de una unidad oficial que transportar ahí
un cadáver con el cráneo floreado. El asunto se resolvió cuando
alguna de las putas consiguió las llaves de un Cavalier que, por
jodido, no llamaría la atención; las tomó prestadas de un cliente
ebrio que se quedó dormido sin enterarse de nada. Alejandro y yo
metimos el bulto a la cajuela.

Veinte minutos después llegamos a un puente en la salida hacia
el puerto de Tampico: orillamos el Cavalier y vimos pasar varios
coches. Cruzaba uno cada tres o cuatro minutos, así que teníamos
poco tiempo para la operación; el pedo fue que habíamos embala-
do tan bien a doña Rosa que nos resultó imposible sacarla sin más
de la cajuela. Era un taco rígido y hubo que deshacer el envoltorio.

Dejamos las cortinas dentro del vehículo y cargué el cadáver cubierto solo con las sábanas manchadas de sangre tibia. El
puente cruzaba una barranca poco profunda, y nos habíamos detenido justo a la mitad. Varios carros pasaron junto a nosotros,

pero por fortuna ninguno se detuvo. Alejandro me ayudó a balancear los restos de doña Rosa y los lanzamos hacia la oscuridad: el bulto cayó ladera abajo y lo vimos rodar despacio. Las sábanas se engancharon con algún matorral, y cuando la madrota terminó de hacer maromas, dos nalgas desnudas se asomaron en el fondo de aquella profundidad. No había nada más que hacer. A pesar de que el M había dado instrucciones precisas, no era ya hora para acomodar de otra manera esos despojos. Además, hartos automovilistas habían visto la maniobra y lo que procedía era pelarse de ahí cuanto antes.

Mi ropa quedó asquerosa, traía sangre embarrada por todas partes; Alejandro me alcanzó un trapo para retirarme las manchas de la frente y las mejillas. Cuando volvimos al burdel, nos valió madre y dejamos en la cajuela del Cavalier las cortinas: pobre del dueño cuando las descubrió.

El antro estaba vacío, lo que quedaba de la clientela partió detrás de nosotros. No era para menos, la tal Rosa había convertido ese lugar en una casa del horror: supuse que no habría manera de que las torturadas se recuperaran.

Lluvia y yo pasamos la noche abrazados. No se nos ocurrió coger y por eso aquella noche nos hicimos más amigos, cómplices de una historia que jamás olvidaríamos. Todavía hoy, cuando pienso en ese episodio, se me viene a la cabeza la melena roja de doña Rosa y sus nalgas en el fondo de la barranca.

Muy temprano, al día siguiente, trajeron a la casa de citas la camioneta que estaba esperando. Según las instrucciones de la nueva carpeta azul, debía salir de Victoria cuanto antes; dejé a Betancourt encargado de resolver los pendientes en el burdel y me despedí de Lluvia. Ya sin doña Rosa, ese sitio sería seguro para ella. Los dos sabíamos que volveríamos a vernos, lo que nos permitió una despedida sin grandes choros. Un par de horas después, cuando ya iba yo en la carretera, recibí la sorpresa de que mi morra sería ascendida dentro de la organización: Alejandro llamó para contarme que, después de enterarse a detalle de todo lo sucedido, el M había decidido dejar a Lluvia como encargada principal de aquel burdel.

El clavo
Agosto, 2015

—¿Qué pasó? —preguntó Galdino.

—Pues que no llegó —respondí muy molesto.

—¿Cómo que no llegó?

—Así como lo oyes.

—¿Estuvo el sábado a las doce en el Monumento a la Revolución?

—Tal como quedamos.

—¿Y el depósito? ¿Seguro que hizo el depósito?

—Lo hice dos días antes.

—¡Pucha madre! Mire, mi señor, tengo que averiguar lo que sucedió; la verdad es que me desentendí de la circunstancia ya que tuve unos problemitas aquí.

—Me engañaste.

—No diga eso, patrón. Algo de fuerza mayor debió haber sucedido con mi cuñado Eduardo.

—No sé qué creer.

—El viernes por la noche estábamos los de mi celda en la movida y yo no iba a dejar sola a la banda. Esta vez estuvo grave: veinte contra cuarenta.

—Te estuve llamando el sábado.

—Perdone, pero me quitaron el celular y luego nos encerraron en el cubo.

—¿Se ha comunicado contigo el hermano de Lluvia?

Ladeó la cabeza indicando que no.

—¿Entonces no sabes nada?

—Nada.

—Quiero recuperar el dinero que deposité.

—Eso no se va a poder.

—¿Y el paquete con los documentos?

—Para ser sincero, a mí lo que me preocupa es la camioneta.

—¿Por qué?

—Porque esa unidad vale una pasta.

—¿Qué modelo es?

—Armada de Nissan, 2007.

—¿Cuánto puede costar hoy un vehículo de esos?

—Ese no es el tema, sino el clavo que trae escondido.

—¿Clavo?

—¿No sabe usted lo que es un clavo? —se burló.

Moví la cabeza en sentido negativo.

—Antes de regresarme a la Ciudad de México, oculté en esa camioneta harto dinero.

—¿Cuánto?

—Más de un millón.

—¿Tu cuñado lo sabe?

—Claro que no.

—Es decir, ¿que pagué la gasolina y las casetas para traer tu clavo hasta acá? —reventé irritado y Galdino se divirtió conmigo.

—Es bastante fácil rastrear ese vehículo.

—¿Y el paquete? —intenté regresar a mi tema.

—Deje que encuentre la camioneta y le prometo que daremos con los papeles. Podrá completar su historia cuando localice a esta persona.

—¿Estás seguro de que tu cuñado no sabe del clavo?

—Solo yo conozco dónde está escondido, pero antes debo resolver los problemas que tengo aquí, porque me quieren matar.

—¿Avisaste a los custodios? —pregunté por curiosidad.

—¿Para qué? En este lugar todo se desenvuelve con varo, no hay otra manera. La protección cuesta.

—¿Qué vas a hacer?

—Ayúdeme con un poco y le pago en cuanto recupere el clavo.

—¿Cómo te atreves después de lo que sucedió el sábado? —inquirí cargado de mal humor.

—Solo usted se entiende: resulta que para traer el paquete con los documentos está bien prestarme dinero, pero cuando se trata de salvarme la vida, entonces me rechaza.

Guardé silencio porque había perdido la capacidad de pensar.

—Écheme la mano, por favor. Le juro que solo esta vez lo voy a molestar.

—¿Cuánto necesitas?

—Dos mil pesos a la semana, de aquí a que salga.

—Primero localiza mi paquete y luego hablamos —mentí porque quería mis documentos.

—¿Vendrá a verme la próxima semana?

—No sé si tenga sentido hacerlo —opté ahora yo por el chantaje.

—Le aseguro que aquí tendré sus papeles. Necesito que venga —el hombre duro y arrogante desapareció por un momento.

—¿Por qué? —pregunté, sinceramente intrigado.

—De veras que usted no comprende —tomó aire—: pues porque su presencia me protege, porque los custodios saben que un periodista me visita todos los miércoles, porque el director del penal tiene esa misma información, por eso no se meten conmigo, porque usted es la prueba de que no soy una simple *hormiga*, ¿comprende? Por usted no me han bajado al pueblo, aunque no cumpla con mis pagos. Porque si me matan allá abajo, usted va a denunciarlo, ¿comprende?

Era obvio que el universo de Galdino Mellado Cruz rebasaba mi capacidad de entendimiento. Desconocía el lenguaje y eso me inhabilitaba para penetrar las verdaderas intenciones de ese sujeto. Cada vez necesitaba de su condescendencia para comprender. Sin embargo, el Zeta 9 sabía que yo regresaría el siguiente miércoles. Lo sabía, así como Sherezada tuvo fe en que el sultán seguiría escuchándola cada noche. Galdino me estaba manipulado con sus historias, porque yo no quería perderme lo que faltaba por escuchar.

13

DIARIO DE UN HIJO DE LA GUERRA
Abril, 1985

Después de sacarme del orfanato, mi mamá me llevó a casa de la abuela, una señora que no conocía o ya se me había olvidado quién era. Vivía por la Villa de Guadalupe, cerca de la calzada de los Misterios. Mi madre seguía trabajando como empleada en una panadería, salía de la casa a las cinco de la mañana y regresaba bien noche, así que era la abuela quien se encargaba de nosotros. Cuando volví a ver a mis hermanos sentí mucho gusto. Al principio fueron muy cariñosos: me trataban con cuidado, como si yo fuera un objeto frágil o algo así. Por parte de mi abuela, las primeras semanas fueron de cariño y atenciones, pero ya después vendrían las exigencias y los gritos, las prohibiciones, el «no agarres esto, no agarres lo otro», el «tienes que estar bañadito y arregla tu cuarto».

Luego mi hermano Abraham empezó a ser egoísta. El rechazo era obvio, y es que me detestaba porque yo sí era hijo del Marino. A él no podías tocarlo porque mi abuela salía siempre en su defensa. Eso me trajo resentimiento y lo hacía notar. Entonces mi papá comenzó a buscarme. Nos citábamos en la calle y llegaba como siempre, bien faramalloso, con su carro y sus armas. Llamaba la atención de los vecinos; algunos lo admiraban y otros se molestaban. Siempre venía el reclamo en contra de mi abuela, pero cada vez me daba dinero para ella.

Se puso a insistirme con que regresara a vivir a Tepito: había vendido la casa de Ecatepec, estaba de vuelta en la vecindad de Jesús Carranza y había mandado a volar a la estilista, la tal Violeta.

—¿Qué haces aquí? —me decía—. Vente conmigo que vas a estar muy bien, no te va a faltar nada, lo que quieras te lo voy a dar —o sea, el Marino siempre me daba por el lado económico.

Un día estábamos comiendo algo que había preparado mi abuela y ella agarra y a mis dos hermanos les sirvió un plato grande, pero a mí solo me dio dos tacos, casi sin carne y eso sí, con un chingo de frijoles. Me ofendí. «¿Por qué las pinches diferencias?», pensé, pero no dije nada. Y vino lo peor:

—¡Que no te pares de la mesa hasta que acabes!

Sentí odio, coraje y se hizo evidente en mi modo de comer. La vieja neurótica se me echó encima y me caí de la silla. Era una ñora cabrona, de esas aguerridas que se criaron «a la antigüita». Salí de la casa y me quedé chillando en la banqueta. Había cerca una tienda y el dueño me preguntó que qué tenía; hubo más llanto cuando le conté. Me regaló unos pastelillos, los famosos Submarinos, y también veinticinco pesos.

—Con esto vete a comer —me dijo.

Pensé en mi papá y pues me las arreglé para llegar en taxi hasta Tepito. ¡Pinche vieja ojeta, me habría gustado no volverla a ver! No era banda suya, eso lo entendí a la perfección. También, que mi mamá no tenía otro lugar donde vivir.

Era casi de noche cuando llegué al 69 de Jesús Carranza. El taxi cobró más de lo que yo llevaba; pedí que me aguantara mientras iba a buscar el resto. Como nadie me abría en casa de mi papá, subí a la azotea y allí esperé hasta que el carro se marchó.

A las once de la noche apareció el Marino, acompañado por otras cuatro personas: se sorprendió al encontrarme acurrucado contra la puerta de su casa y me pidió ayuda para descargar unas televisiones. Al terminar nos quedamos solos y le conté que su pinche suegra me había tratado mal. Me preguntó si mi mamá sabía que había escapado y le dije que no. Salimos a buscar una caseta de teléfono. Mi papá detestaba a la abuela y fue ella quien contestó. Los escuché pelear por un rato:

—Nada más para que sepas que mi hijo está conmigo, ya me dijo lo que le hiciste y te voy a reventar tu pinche madre en cuanto te vea.

Luego hubo varios silencios y también más gritos. Al colgar me pidió que esperara dentro de la casa mientras iba a buscar mis cosas.

—Si alguien toca, no abras, sea quien sea.

La puerta de la casa de Jesús Carranza tenía seis cerraduras y es que ese lugar era también la bodega donde mi papá guardaba dinero y aparatos nuevos: grabadoras, estéreos de auto, televisiones y... otras cosas. Antes de marcharse dijo que podía agarrar una consola de video; yo tomé la que me pareció más grande y la conecté a una televisión que había en la sala. Cuando regresó, ya estaba dormido. Esa noche volví a vivir con el Marino.

El elefante
Marzo, 2000

Cuenta que, después de lo sucedido en el burdel de Ciudad Victoria, como castigo lo trajeron viajando por todo el país: recogía mercancía en la frontera con Guatemala, llevaba dinero a Tampico, luego lo enviaban a Veracruz, a Cancún y de vuelta a Reynosa. Pasó por su cabeza mandar todo a volar, y es que, después de tanto esfuerzo, le parecía injusto haber terminado de fletero: «Fletero de lujo, pero fletero».

Había ocasiones en que conducía por más de diez horas. No recuerda quién le recomendó tomar bencedrina, un medicamento que sirve para quitar la gripa y que los choferes de tráiler consumen en cantidades grandes cuando quieren ahuyentar el sueño; el problema de ese remedio es que cuando se cometen abusos, la persona puede padecer alucinaciones.

Creyó que algo así le estaba sucediendo en un viaje a Veracruz; era de noche y se topó con un tremendo elefante a la vuelta de una curva muy cerrada. Juró que el animal era cosa de su imaginación y solo para probar que era capaz de vencer los efectos de la bencedrina estuvo a nada de embestirlo con su camioneta, pero un segundo de sensatez los salvó a los dos: en vez de arriesgarse, orilló la unidad y bajó a inspeccionar.

Era obvio que un animal como ese no podía andar suelto en aquellas cumbres frías, pero del otro lado de la cuesta resolvió el misterio: el personal de un circo corría de un lado para otro, tratando de recuperar a varios animales que habían escapado de sus jaulas debido a un accidente de carretera. «Con el estómago doblado de risa, ayudé cuanto pude para que esas bestias, incluido el elefante, regresaran al lugar de donde habían salido».

Al día siguiente debía encontrarse con el hermano de Osiel Cárdenas en el puerto de Veracruz. Pensó contarle su aventura, pero esa persona no andaba con ánimo de camarada: «Según esto, había yo tardado demasiado y por eso debió retrasar una cita con el M. Puro farol, porque no lo encontré solo sino acompañado de dos golfas que no estaban mal, y varias latas vacías de cerveza. Por más hermano del señor que fuera, no iba yo a permitir una humillación frente a esas viejas».

Dice que esa vez Tony Tormenta le ordenó tomar camino para que llevara a Reynosa cinco tambos con químico; allá estaban esperando el material y debía viajar lento porque corría el riesgo de que los líquidos se desparramaran. Al final tardó más de quince horas: únicamente detuvo el vehículo para cargar gasolina y también un par de veces para reportarse con los encargados de los retenes militares. Presume que se volvió experto en eludir la revisión de la unidad: «Las identificaciones del gobierno servían, pero también la labia para dirigirse al personal».

Tiene memoria de que el lugar donde debía llevar esos líquidos estaba a unos veinte kilómetros de Reynosa, al norte del libramiento que va al mar: era una granja conocida como La Candelaria. Afuera halló dos carros viejos ocupados por varios sujetos armados. En cuanto dio su nombre lo dejaron pasar unos campesinos ascendidos a guardias de seguridad, y una vez dentro le tomó más de diez minutos dar con la construcción principal. «Era peligroso que esos jodidos tuvieran cuetes tan sofisticados. Si no se les daba instrucción, esos pinches indios provocarían otra Revolución mexicana».

Cuando estacionó la camioneta, tres sujetos le ayudaron a bajar los químicos, usando diablitos para transportar los tambos a la nave principal de la granja. Hacía mucho calor, unos treinta y cinco grados. Adentro había aún más gente: por cada guardia contó unos diez empleados. Todos eran menores de edad. Unos manejaban goma de opio, otros cortaban o empaquetaban cocaína; atrás localizó un área dedicada a limpiar el polvo blanco con químicos como los que había transportado.

No tuvo oportunidad de hablar con los trabajadores de La Candelaria, pero se apreciaba que comían y dormían mal; también que muchos no eran mexicanos sino centroamericanos, a quienes les estaba prohibido salir de ahí. Después de asomarse por la instalación, los encargados le dieron de comer un plato de carne seca: «Me habrán visto bastante jodido luego de aquel ir y venir de días».

Hubiera querido recuperar el sueño con una siesta, pero la compañía tenía previsto otro viaje: el M dejó dicho que lo alcanzara cuanto antes en un rancho cerca de Tampico. De nuevo emprendió camino. Esta vez enganchó un remolque vacío, de los que normalmente se utilizan para trasladar caballos, pero el armatoste tenía un fondo doble con muchos dólares escondidos; le dijeron que corría prisa porque el patrón había comprado armamento y debía pagarlo pronto. En el camino desde Reynosa hasta Tampico no tuvo que detenerse porque estaba vacío el retén de «la i griega»: supuso que Osiel habría movido los hilos para evitarle contratiempos.

El rancho de Tampico era muy grande, se necesitaban más de treinta elementos para custodiarlo y casi todos los que vio aquella noche eran policías municipales; asegura que así funcionaba cuando el M visitaba sus territorios, la autoridad le daba trato de alto funcionario. Describe como impresionantes las luminarias que había alrededor de la casa principal, «tanta era la luz que el lugar parecía un estadio de beisbol».

Condujo hacia las caballerizas. Desenganchó el remolque y entonces apareció Osiel Cárdenas, acompañado por su hermano.

—¿Quihubo, Galdino?

—¿Cómo le va, mi señor?

—A mí muy bien, pero yo no ando de agente viajero —bromeó mientras Tony Tormenta se mantenía muy serio.

—No me quejo, gracias a usted estoy conociendo la República.

—¿Tienes algún reproche? —interrogó Osiel, pero Galdino ya no fue capaz de reaccionar.

Tiene memoria del horrible dolor que sintió en el muslo derecho. Al girarse descubrió que, bajo la nalga, traía colgado un escorpión; en segundos la pierna se le paralizó y perdió la sensibilidad de la cara. Seguro había traído al bicho desde La Candelaria. Después de las contracciones musculares sintió que el corazón se le quería salir de su cavidad y perdió el conocimiento. En hombros lo llevaron a una de las habitaciones de la casa principal y ahí lo atendió un doctor.

El escorpión

Cuando desperté tenía escalofríos y mucho asco. Era medianoche y a mi lado estaba Lluvia, porque el patrón la mandó traer de Ciudad Victoria para que me cuidara; la morra se metió a la cama y, aunque todavía me dolía la pierna, me hizo bien el contacto con su piel.

Al día siguiente nos despertamos tarde. Necesitaba recuperarme de la mordedura, pero también de la fatiga acumulada durante muchas horas de viaje.

—¿Todavía traes veneno dentro del cuerpo?

—Supongo que sí —respondí, sobre todo porque no quería que se apartara.

—Tengo una cura que nunca falla —informó.

—Todavía me duele mucho la pierna.

—Puedo dejar tu pierna en paz —aclaró.

Sin ningún trámite, Lluvia tomó mi verga y comenzó a besarla. Por el estado en que me encontraba dudé de que mi miembro reaccionara, pero estaba equivocado: me excitó su dedicación hasta que mi sexo no pudo crecer más, entonces ella retiró sus labios y pasó a masturbarme con la mano izquierda; era zurda, así que lo hizo con buen ritmo y suficiente fuerza. Luego, con la mano que le quedaba libre, se ocupó de sí misma. Me embrujó verla, primero pellizcando sus pezones y luego acariciando los pliegues mojados de su sexo; estaba hipnotizado con el espectáculo a tal punto que el dolor se incorporó al conjunto de las sensaciones. También el latido de mis venas, que volvieron a acelerarse cuando eyaculé contra el aire, mientras Lluvia observaba satisfecha su trabajo.

Le supliqué que no se detuviera porque quería verla venirse:

—Mejor guardo lo mío para cuando puedas entrar —respondió mientras se incorporaba, y retiró el esperma embarrado alrededor de mi ombligo.

Fue milagroso aquel tratamiento, para la hora de la comida solo permanecía una sensación desagradable en el lugar del aguijonazo, pero los demás síntomas habían desaparecido. Queríamos pasar el día juntos, así que no informamos de mi recuperación. Había transcurrido más de un mes de que el M nombrara a Lluvia madrota en el prostíbulo; ahora tenía mucho trabajo y no le sobraba tiempo para atender a sus propios clientes. Sin embargo, como le tocaba una comisión por cada servicio, ganaba más dinero que antes.

—A este ritmo pronto voy a terminar la casa de mi mamá.

—¿Has visto a tu familia?

—Solo he ido dos veces, pero me volví el mismo día.

—¿Preguntan por mí?

—No seas presumido.

—¡Órales! Solo es por saber…

—Pues vamos a verlos y lo averiguas.

Eso acordamos, aunque no le pusimos fecha porque los dos sabíamos que la compañía se estaba volviendo exigente con el personal. Después de la comida salimos a dar un paseo dentro del rancho; supuse que todo estaría tranquilo porque era sábado, pero había mucho movimiento por el rumbo de las caballerizas. Un chingo de gente bajaba cajas de un tráiler inmenso: de lejos distinguí a Tony Tormenta dirigiendo la operación. Cuando nos vio, hizo una seña para que Lluvia y yo nos acercáramos. Iba a presentarle a mi novia, pero ellos ya se conocían; sentí celos, aunque me hice pendejo porque me llamó la atención el contenido de las cajas.

En ese rancho se estaba almacenando armamento como para declarar una guerra mundial:

—Todo esto llegó al puerto ayer por la tarde —nos contó Tony.

—¿De dónde viene? —quise saber.

—De Israel, pero también de Francia y Alemania.

—No mames, ¿qué vamos a hacer con tanto cuete?

—¿Pues qué más, Galdino? ¡Romper madres! Así que mejórate pronto. Y tú, Lluvita, chitona, porque ya sabes lo que puede pasarte si la riegas.

—También trabajo para ustedes, así que sé guardar silencio —intervino incómoda la morra.

Podía contar por docenas los AK-47 y las cajas de municiones para perforar carros blindados; también había explosivos plásticos, AR-15, MP5 y M72, lanzacohetes y pistolas P7. Igual detecté fusiles MGL y G3 que servían para arrojar granadas, así como ametralladoras M249 5.56 con capacidad de setecientos tiros.

¡Qué ridículo me pareció el veneno del escorpión en comparación con todo aquello!

El tigre

Esa misma tarde Lluvia recibió una llamada urgente del burdel: un político muy importante iría de visita con otros colegas, y había pedido que se cerrara la casa para mayor discreción. Ella no podía poner en riesgo su puesto, así que nos despedimos aprisa. Recuerdo que tuve un mal presentimiento y decidí preguntar a mis santos por ella, porque ninguna mujer me había querido de esa manera.

Llevaba siempre conmigo los opeles y el tablero de Ifá dentro de la mochila militar. De regreso a la recámara donde me estaba quedando, encontré a Osiel y a su hermano tomando güisqui en la sala de la casa. Me habría gustado seguirme de largo porque necesitaba descansar, pero hubiera sido descortés con el patrón.

Antes de ese momento pensaba que ninguno de los dos sabía de mi religión; me equivoqué, porque en la compañía muchos estaban al corriente.

—¿Cómo sigues, Mellado? —preguntó Tony.

—Mejor.

—Nada que esa mujer no haya podido reparar —intervino el M.

—Gracias, mi señor, por haberla mandado traer.

—Lo hice por razones técnicas, alguien tenía que darte masaje y ni mi hermano ni yo estábamos de humor para hacerlo.

Los tres reímos.

—¿Qué traes ahí? —intervino Tony.

—Es un tablero de Ifá.

—Había olvidado que eras brujo —añadió el M—. Tómate algo con nosotros y dinos qué viene para el futuro de la organización.

—No soy adivino —les aclaré.

—¿Pero sabes leer la suerte? —afirmó Tony Tormenta.

—¿Qué les interesa conocer?

—Primero dinos algo de nuestro pasado —propuso Osiel, como jugando.

Coloqué el tablero sobre la mesita de la sala y luego golpeé tres veces el piso.

El rostro divertido de los hermanos no se modificó.

—El tablero es incapaz de responder a los que no creen —advertí.

Los dos se miraron y fue Tony quien propuso:

—¿Cuál era el nombre que usaba nuestro padre?

Tuve suerte: el Cos me había contado tiempo atrás sobre el odio que el señor Osiel le tuvo a su padrastro, un güey al que apodaban el Tigre, así que arrojé las molleras sobre el tablero y los santos respondieron:

—Aquí sale un señor, pero… ese no fue su padre biológico, ¿correcto? Ese hombre, al que apodaban el Tigre, se hizo cargo de su mamá cuando quedó sola.

Ambos asintieron sorprendidos.

—¿Qué más puedes decirnos de él? —demandó el M.

—¿Está usted seguro de querer escucharlo?

—Sí —ordenó el patrón—. ¡Habla, Galdino!

El resto también me lo había contado el Cos:

—Esa persona abusó… de uno de ustedes… y de una hermana de su mamá que era menor de edad. Los santos dicen que ese señor lleva años en un panteón; está enterrado con un nombre falso, así que ya no es necesario buscarlo.

El señor Osiel dio un respingo y miró de reojo a su hermano; luego cambió el tema de la conversación:

—¿Quién es Ifá?

—Alguien así como el Jesús de los cristianos.

—Yo no creo en Dios —escupió Tony Tormenta.

—Estás en tu derecho —le dije.

—¿Cómo vamos a morir? —interrogó el patrón con solemnidad.

Lancé de nuevo los opeles:

—Usted morirá de viejo.

—¿Y yo? —quiso saber Tony.

—Morirás antes —dije, y esa fue mi revancha por el trato que me había dado en Veracruz.

El M encendió un puro y me ofreció otro, pero lo rechacé.

—¿Cómo se viene el futuro para la organización?

Tomé su mano izquierda y revisé las líneas de la palma durante casi un minuto:

—Su destino se entrelaza con mucha gente que ha vivido hartas chingaderas y comparte con usted la obsesión por la grandeza. —Miré directo a los ojos del patrón y puse la voz más grave—. Ya conoce y seguirá conociendo personas importantes del gobierno; aprovéchese de ellas, pero nunca confíe. Usted no nació para tener amigos y tampoco socios, por eso prefiere traicionar a ser traicionado. Le digo que no hay paz sino guerra en el horizonte para todos nosotros. A usted lo reclama Oggún, el santo guerrero: si le reza y lo respeta, seguro que todo saldrá bien. Vendrán negocios que ni imagina, y entonces las deidades deberán ser recompensadas.

El patrón expulsó una nube densa de humo gris y demandó:

—¿Qué debo hacer?

—Oggún le pedirá cosas que usted habrá de concederle. Mientras tanto cuídese los pies, y también la úlcera. Tiene padecimientos porque fácil se pone usted de malas, patrón.

—No abuses, Galdino.

—Yo solo digo lo que sé por medio de los santos, y ellos le mandan decir que no se guíe por el resentimiento, porque continuará enfermándose.

—¡Tas cabrón! —dijo Tony Tormenta.

En agradecimiento Osiel Cárdenas tomó la Colt nueve milímetros que traía encima, y me la dio aquel sábado como regalo.

Manipulado

Agosto, 2015

—Le quiero ofrecer una disculpa.

—¿Existen realmente los documentos que prometiste?

—¡Déjeme explicarme! Los papeles llegaron, pero Eduardo no quiso dárselos.

—¿Para qué me hiciste entonces ir al Monumento a la Revolución?

—El paquete llegó a México el día en que quedamos.

—¿Y luego?

—No acordamos que usted iría acompañado.

Esa contestación me tomó desprevenido.

—No entiendo.

—¿De veras no entiende?

Negué con la cabeza y comprendí que no solo yo había tomado precauciones para asistir a la cita.

—Ofende su desconfianza —machacó Galdino.

Bien sabíamos ambos que mis reservas no iban a cambiar:

—Quedaste en ayudarme aportando pruebas —le reclamé.

El recluso bajó la mirada y dijo:

—No todo en la vida puede demostrarse.

Descolocado, volví a interrogar por los documentos.

—Voy a necesitar más dinero.

Sentí fluir jugo gástrico en mi estómago.

—Eres un cínico.

—A veces manipulo las cosas —presumió.

—Conmigo se acabaron los juegos —dije, no porque fuera cierto sino porque quería que lo fuera.

14

DIARIO DE UN HIJO DE LA GUERRA
Abril, 2000

Los balazos rebotaban contra el piso y los muros, al tiempo que crecía el sonido de los lamentos. Betancourt descubrió una escalera de servicio que conducía hacia un segundo piso: esa vía estaba libre y el Lazca dio autorización para que se utilizara. Rejón y yo seguimos a Alejandro y así fue como obtuvimos ventaja.

En la segunda planta hallamos seis cuerpos tirados. La estaca se reagrupó frente a una puerta metálica, detrás de la cual se habían escondido los últimos sobrevivientes; el Hummer voló las bisagras y todos ingresamos cuando el eco de la detonación dejó de escucharse. Aquel cuarto era más grande de lo que habíamos imaginado, había hartos paquetes con droga. En primera fila hallamos a tres fulanos que alzaban los brazos implorando perdón; a mí me tocó bajarlos. Junto con ellos estaban dos mujeres que igual suplicaban:

—Hay una chava embarazada —aseguró alguien.

Detrás de esa gente encontramos a otros trece o catorce jovencitos, hombres y mujeres, que al vernos se rindieron sin oponer resistencia. Sus empleadores los tenían encerrados en ese local; en efecto, una de las chamacas estaría en su último mes de embarazo. Fuera de ese local se encontraban estacionadas dos estaquitas Nissan con cabina hechiza: en esos vehículos llevamos a los sobrevivientes a nuestra casa de seguridad, y también cargamos con toda la mercancía que había en la bodega.

Yo traía la adrenalina a tope. En mi caso prefería la acción que ponerme a torturar, pero era el momento de abrir a esos cabrones; debíamos averiguar lo que sabían sobre los demás puntos de venta y las otras bodegas o centros de distribución de sus patrones.

El Lazca habló duro:

—Por la buena o por la culera, ustedes me van a decir todo lo que saben; las mentiras o las pendejadas solo los perjudicarán. No se hagan ilusiones, se van a morir, pero de ustedes depende que sea rápido y sin dolor. También puedo desmembrarlos vivos, ¿comprenden, putos? Soy el Verdugo y me gustan los resultados rápidos y favorables.

Tras decir esas palabras, Heriberto regresó con nosotros y se quitó el pasamontañas; los demás estábamos cagados de risa por el discurso que venía de recetarles a esas pobres hormigas.

—¿Qué onda, Verdugo? ¿Dónde dejaste tu guillotina? —se burló Decena.

En vez de emputarse, el Lazca mandó al Hummer para que trajera algo de comer, y es que cuando se trabaja así es normal tener hambre.

—Busca también vinagre, trapos y amoniaco —agregó.

Después de cuarenta minutos el Hummer volvió con el encargo. Mientras tanto Decena no perdió ocasión y se chingó a la vieja que estaba más buena. Esa noche bebimos harto y acabamos reventando a los rehenes, excepto a la chiquilla que estaba embarazada.

—¡No mames, Hummer, todos eran menores de edad! —dije cuando terminamos.

—Sin piedad, carnal. De haber tenido un AR-15, la edad de esa raza habría sido lo de menos.

Con una caja de huevos
Mayo, 2000

De nuevo Osiel Cárdenas había reunido a los veinte Zetas originales. Quería un reporte detallado sobre la última misión, pero igual deseaba discutir con nosotros los planes que venía imaginando para la compañía.

—¿Pueden o no pueden, cabrones? —embistió.

No reaccionamos con la velocidad que el M esperaba, y volvió a retarnos:

—¡Al que le falten huevitos, que se vaya a la verga!

—Nadie ha dicho que no podemos —intervino el Lazca.

—Entonces, ¿a qué le tienen miedo?

Betancourt respondió con tono pausado:

—A nada, pero quiero señalar lo sucedido en Matamoros.

—Si te hacen falta, aquí tengo hartos —insistió, manipulando sus propios testículos.

—No se trata de eso, patrón, sino de las consecuencias —repitió Betancourt.

Guzmán Decena entró al quite:

—Tranquilo, Alejandro, que no queremos otra baja.

Obvio que todos pensamos de inmediato en Ciro Justo, el hermano de Óscar Guerrero Silva.

—No se confundan, compas, yo no soy un traidor —aseguró.

—¿Qué eres, pues? —interrogó Osiel Cárdenas.

—Soy un militar y por eso me atrevo a preguntar, no a criticar.

—Que les quede claro: no nos vamos a detener hasta que Tamaulipas sea todo nuestro, hasta que el gobierno esté de rodillas, hasta que tengamos más armas y ustedes sean la unidad militar más chingona del país. El poder será grande cuando hayamos sometido a los secuestradores, a los ladrones, a los traficantes y a los pandilleros, cuando la puta gente acepte que la nuestra es la única ley que vale en este territorio.

Osiel tenía una voz que podía ser desagradable, por eso sus órdenes se escuchaban mejor si otra persona las transmitía:

—¿Algo más que necesites saber, Betancourt? —interrogó el Lazca.

—Así es —volvió el cabrón de Alejandro—: ¿por qué eliminar a tanto menor de edad?

Si continuaba por ese rumbo, se ganaría una bala en la cabeza.

—¿Cómo que por qué? —Se desesperó el M—. ¿Sabes que esas *hormigas* eran gente de los competidores?

—Sí, señor, pero podían haberse pasado de nuestro lado.

El semblante del M se relajó.

—En eso llevas razón, Betancourt, pronto vamos a hacer que todos esos hijos de la chingada se vengan a trabajar con nosotros. Pero antes —miró al resto de los presentes—, antes hay que sembrar miedo por todas partes. Si quieres que te obedezca la jauría, hay que chingarse a un perro frente a la manada. ¿Comprenden?

Asentimos porque eso ya lo sabíamos.

—¿Entiendes, Betancourt? Si quieres que la bola de cabrones dedicados a cogerse a tu puta madre se pasen de tu lado, antes necesitas demostrar que estás al mando. Y eso es lo que ustedes van a hacer en todos los rincones de este estado, en cada puto pueblo, en cada ciudad de Tamaulipas: quiero que los Zetas sean muy temidos. ¿Algo más?

—Nada más —concluyó Betancourt.

La segunda generación
Septiembre, 2000

Dice que, a partir de ese momento, no volvieron a vestirse con ropa de civil. Usaban uniformes de comando y Osiel Cárdenas Guillén le regaló a cada uno un reloj suizo con cronómetro y brújula; también hizo que les entregaran, envuelta para regalo, una caja con seis huevos de granja.

«Tal como instruyó el M, no sería el objetivo en esa etapa controlar el territorio sino sembrar terror entre los adversarios». Narra que contaban con mapas detallados de las poblaciones y también con información sobre los grupos que operaban en las distintas regiones de Tamaulipas. «Cada vez que entrábamos veinte a romper madres, los veinte salíamos ilesos; en cambio, era difícil que del lado contrario alguien sobreviviera».

Lo que por esos días habría comenzado como una broma terminó volviéndose cierto: Heriberto Lazcano Lazcano se convirtió en el Verdugo, y es que, según Galdino, cuando entraba en acción perdía la sensibilidad para distinguir entre un hombre y una mujer, entre un niño y un adulto, entre un animal y un ser humano. Asegura que genuinamente disfrutaba el sufrimiento. «Decena intentó ser el más sanguinario, más sin embargo la naturaleza de Heriberto era peor».

Según su testimonio, también al Hummer se le despertaron instintos excesivos: le dio por comer carne humana. «La primera vez nos dio risa porque pensamos que se trataba de una broma, pero después vimos que iba en serio. Con el cuchillo de sierra rebanaba pedazos de muslo y nalga, o trozos de cachete que luego freía en el sartén».

Por aquellos días reclutaron a la segunda generación de zetas: así llamaron a los quinientos efectivos entrenados por los fundadores. «En la calle había mucha gente inepta, faltaba profesionalismo en los cuerpos de policía y también en la tropa militar. Si queríamos darle la vuelta al desmadre que se vivía por todas partes, debíamos entrenar a un chingo de cabrones para que se nos parecieran».

Afirma que no fue complicado conseguir gente porque la paga era buena. Osiel Cárdenas propuso que cada uno de los zetas originales creara su propia estaca: es decir, que cada uno reclutara a otros veinte zetas, los formara y transmitiera «la ética» de la compañía. Narra Galdino que contaron para ello con una nómina grande. Nadie ganaba tanto dentro de la policía y tampoco entre la tropa.

«Le echamos ganas e imaginación para anunciar la oferta de trabajo». Presume por ejemplo que colgaron mensajes en los puentes peatonales con el siguiente texto:

> ¡Paren de sufrir, militares, policías federales y soldados! Únete a los zetas, aquí te pagamos en dólares, ofrecemos prestaciones, seguro de vida, casa para tu familia y colegio para tus hijos. Deja de vivir en vecindad y de subirte al camión, con nosotros escoges tu carro o camioneta del año. ¿Qué más quieres? Tamaulipas, México, EUA y todo el mundo.

Galdino Mellado afirma que también utilizaron los periódicos locales para reclutar al nuevo personal. Investigando en la prensa de la época es posible localizar, en efecto, anuncios como este:

> Se solicitan exmilitares para formar grupo armado, buen sueldo, quinientos dólares a la semana.

Para que los interesados pudieran contactarlo, Galdino dice que compartió un número telefónico. Por aquel entonces vendían un aparato de la marca Nextel que se le conocía como el Batman; recuerda que no paró de sonar durante los siguientes días. Mucha gente llamó diciendo que estaba interesada.

«Pensé en bautizar a mi estaca con el nombre de Alfredo Ríos Galeana, pero los más jóvenes no tenían idea de quién era ese señor, así que la terminé llamando los Escorpiones».

Al final seleccionó veinticinco individuos con potencial para ser parte de su estaca. Dice que, cuando obtuvieron su primera paga, los nuevos reclutas bromeaban con que ahora sí dejarían de comer sopa de fideos y sus hijos tendrían por fin vacaciones. Osiel Cárdenas puso a su disposición varios de sus ranchos para que ahí adiestraran a la gente; a Rejón y a él los enviaron a una propiedad por el municipio de Camargo. Las estacas de Lazcano y de Óscar Guerrero se formaron en el municipio de Bustamante, y a Decena y Betancourt les asignaron un predio en la frontera con Coahuila.

Alardea Galdino que el arsenal del que disponían era impresionante; a cada efectivo le entregaron un chaleco antibalas, equipos de comunicación, vestimenta como de SWAT estadounidense, granadas de mano, escopetas calibre .40, fusiles AR-15 y pistolas nueve milímetros. Resulta evidente que, para ese momento, Osiel Cárdenas Guillén no estaba pensando solo en Tamaulipas.

La traes cuadrada
Noviembre, 2001

Se cumplieron las profecías que don Alfredo Ríos Galeana y los santeros de la calle Camarones me hicieron cuando era chamaco. No había cumplido aún los treinta años y andaba ya muy lejos de mi vida en Tepito; tenía poder económico, una estaca con hombres capaces y todas las armas.

Pero en este negocio nada es para siempre: un día caímos presos tres de los zetas fundadores, Betancourt, Guerrero Silva y yo. Andábamos en un asunto delicado y para no llamar la atención viajábamos sin armas en un carrito jodido; nos detuvieron en un retén militar y un sargento nos informó que la unidad que traíamos era robada. También a esos coches les cambiábamos la matrícula, pero alguien había cometido un error.

—¿Puede demostrar la propiedad de este vehículo? —interrogó la autoridad.

—Este carrito es de mi mamá.

—Enséñeme por favor su licencia de conducir.

Siempre cargaba conmigo la identificación de la Procuraduría, así que en vez de la licencia mostré ese otro documento; al verlo, el sargento abrió mucho los ojos y pidió que permaneciéramos dentro del auto mientras hablaba con sus superiores. No tenía ninguna duda de que continuaríamos nuestro camino, pero cuando menos lo esperábamos, un pelotón de soldados apuntó en nuestra dirección, rodeando el vehículo por todas las esquinas:

—Salgan con las manos levantadas —gritó uno que era capitán.

—Tranquilos —dijo Betancourt—. No la hagamos de pedo, porque tenemos todas las de perder.

Tenía razón, estábamos en desventaja.

—Ponte de rodillas —me amenazó el capitán al descender de la unidad.

—¡Cálmate! A mí no me tratas así.

—¡Tranquilo! —volví a escuchar a mi espalda la voz de Betancourt; cuando giré la cabeza, divisé a Óscar y Alejandro, que ya estaban esposados y en el suelo—. ¡No mames, güey! ¿Qué están haciendo? Trabajamos para la Policía Judicial —le informé.

Y ¡*pum*!, que el capitán me da un culatazo en la mandíbula; perdí el equilibrio y fui a dar donde mis compañeros.

—La traes cuadrada con un chingo de cargos, y tus compañeros lo mismo —sentenció el responsable del retén.

Subimos a un camión militar y nos condujeron a la oficina que la Procuraduría tenía en Matamoros; ahí permanecimos incomunicados durante más de ocho horas, así que no pudimos avisar a nadie de nuestra situación. En todo momento pensamos que se abriría la puerta y un abogado enviado por el M vendría a sacarnos de ahí, pero no fue hasta la mañana siguiente que tomamos conciencia de nuestra verdadera circunstancia. Un juez nos informó de los cargos y los tres escuchamos la lista interminable de pendejadas: se nos acusaba de robo de vehículo, portación de arma prohibida, asociación delictuosa, comercio de estupefacientes y no sé cuánto más. Solo faltó una denuncia por haber viajado a la Luna sin permiso de la NASA.

Bien mansitos, porque no nos quedaba de otra, a media mañana fuimos conducidos a la prisión estatal, ahí dentro nos ficharon y también dejamos nuestras pertenencias, incluido el rosario que me había regalado Alfredo Ríos Galeana más de veinte años atrás. Yo sabía que podíamos hacer una llamada, así que empecé a joder para que me dejaran hablar con mi mamá.

—Tú no tienes madre —se rio Alejandro cuando nos dejaron solos.

—¡Claro que tengo y está bien buena, puto!

Todavía traía buen humor porque confiaba que, en breve, alguien vendría a ofrecernos una disculpa y luego nos permitirían salir de ahí; en cambio, Óscar Guerrero se miraba jodido. Quisimos que le echara huevos, pero cargaba sobre su espalda algo distinto a lo que nos sucedía; desde hacía tiempo había yo notado que la culpa le iba creciendo como un tumor dentro del cuerpo. Durante los últimos dos años engordó unos veinte kilos, los muchachos de su estaca comenzaron a llamarlo Winnie Pooh, y es que cada día se parecía más a ese personaje de las películas: era un oso triste y melancólico.

Por fin recibí autorización de los custodios para hablar con mi mamá; me sabía de memoria uno de los números del Hummer, y por eso lo llamé primero:

—¿Bueno? ¡Bueno! Bueno... —tuve que repetir varias veces, porque del otro lado de la pinche línea Jaime se quedó callado. Hacía igual que yo, guardaba silencio hasta no saber con quién hablaba—. ¿Jaime?

—¿Galdino?

—¡Hola, mamá!

—¿De dónde llamas, mijito?

—De la cárcel, amá.

—¡Ah, chingados! ¿Y qué estás haciendo ahí?

—Vine a visitar a tu puto amante.

—Ya, en serio: ¿qué estás haciendo en ese lugar?

—Lo mismo me pregunto yo, y no estoy solo: también entambaron a Betancourt y al Guerrero.

—¡No mames!

—Avísale al M, por favor.

—Hablaré con la abuela para que los saque de ese lugar. Mientras tanto cuídense, porque dicen que ahí dentro violan niños chiquitos.

—Síguele, pinche maricón, mañoso.

—Tú tranquilo, carnal.

—Apúrate que aquí la comida sabe a pies —le hice saber.

El Hummer colgó.

Entrega, muerte y escape
Septiembre, 2015

—¿Cuánto tiempo estuviste encerrado?

—Varios meses, mi señor.

—¿Cómo fuiste a dar ahí?

—Está escrito en los papeles que le di: andábamos Betancourt, Óscar Guerrero y yo en una misión, cuando nos hicieron la seña de detenernos en un retén; como íbamos vestidos de paisano y llevábamos un carrito chafa, los soldados se pusieron roñosos, y luego de ver nuestras identificaciones la cosa empeoró.

—¿No que estaban arreglados?

—Era a Betancourt a quien buscaban.

—¿Por qué?

— Yo creo que por su carácter se le metió en la cabeza eso de entregarse.

—¿Betancourt se entregó?

—Era una persona muy formalista, parecía ruco: se encabronaba cuando alguien subía los pies a los sillones. Recuerde que él fue quien me ayudó en el asuntito aquel de doña Rosa, la madrota que maltrataba chamaquitas en el burdel de Ciudad Victoria. Desde ese día no dejó de repetir que andaba descontento con las acciones del patrón. Un día, Betancourt se esfumó de la cárcel y luego supimos que soltó no sé cuánta sopa a la policía. Por eso el patrón mandó a Rejón para que eliminara a toda su parentela.

—¿Cómo?

—Como lo oye, el M ordenó al Mamito que levantara a toda su raza: pareja, papás, hermanos, en fin, a quien encontrara. Mayormente quiso enviarnos un mensaje al resto: no se tocaría el corazón a la hora de perseguir al que traicionara a la compañía.

Los periódicos narran que el subteniente Alejandro Lucio Morales Betancourt fue aprehendido en Reynosa, el sábado 17 de noviembre de 2001 y, también, que ingresó al programa de testigos protegidos de la Procuraduría General. Una averiguación previa del año 2003 menciona a un sujeto que, bajo el pseudónimo de Yeraldín, habría declarado contra Osiel Cárdenas Guillén. Es una curiosidad que la autoridad de la época tuviera por costumbre asignar nombres de quinceañera para ocultar la identidad de antiguos y peligrosos integrantes del crimen organizado: Yeraldín era Alejandro Morales Betancourt.

Tiempo después, Jesús Enrique Rejón Aguilar, alias el Mamito o el Zeta 7, confesó ante un juez texano que, en efecto, recibió instrucciones para asesinar a la familia de Betancourt. Sin embargo, aseguró que no se atrevió a cumplir la orden porque consideró que los parientes de aquel colega no debían pagar por lo ocurrido.

—La verdad es que en Matamoros me trataron a toda madre, la pasé de vacaciones. Lo mejor fue que Lluvia me hacía visita conyugal cada vez que dejaba su trabajo en Victoria. Tuve habitación de lujo y podía hacer con mi tiempo lo que me diera la gana; dejaban entrar mujeres, teníamos comida, cigarros, televisión, bebida, y hubo días en que incluso pudimos darnos una vuelta fuera de la prisión.

—¿Cómo escapaste?

—Fue Rejón quien me dijo que nos mantuviéramos tranquilos; había que ponerse vergas porque la banda utilizaría medios de distracción para sacarnos de ahí. Éramos buenos para ese tipo de estrategia: fingir que vas por una cosa, y sacas otra. Las explosiones comenzaron como a las once de la noche. Todos los reclusos estaban dormidos menos nosotros. Desde mi celda se podía oír que algo pasaba por la zona de los zaguanes.

—¿Abrieron las puertas del penal?

—Insisto, lo principal en esos operativos son los medios de distracción. Los compas habían fabricado unas bombas caseras para hacer ruido: se necesitan unos treinta encendedores, les quitas la cabeza y se unen con cinta aislante.

Galdino se esmeró en demostrar que no era ningún improvisado. Frente a mí descabezó el encendedor que había utilizado minutos atrás, y golpeó fuerte la mesa de metal con su parte plana.

—Haces varios pisos con ellos, unas cinco capas, y luego untas una mezcla de detergente y pólvora; para terminar, colocas una mecha, no muy larga. Esta granada no avienta fuego, pero produce una detonación sonora y seca.

Suponiendo, quizá, que algún día yo necesitaría un artefacto como ese, el interno de Chiconautla olvidó por varios minutos la fuga de la cárcel de Matamoros.

—El bulto acaba midiendo unos quince o veinte centímetros por lado, ¿me entiende?

Mientras con las manos esculpía en el aire el explosivo, asentí con tedio porque ya me había acostumbrado a las exageraciones de mi interlocutor. Entonces Galdino volvió al tema que nos ocupaba.

—Desde luego que el Lazca y los demás ya estaban dentro de la cárcel cuando esas bombas estallaron; llevaban uniformes de la Agencia Federal de Investigación y habían traído ropa reglamentaria para que el Winnie y yo saliéramos. Rejón y el Hummer fueron los primeros en llegar al piso donde estaban nuestras celdas: «¡Galdino! ¡Galdino!», entraron gritando, y los otros reclusos se sobresaltaron. Ahí pocos sabían de mi importancia en el medio; veían que tenía una buena vida, pero eso es fácil de obtener en el reclusorio si tienes luz. En cambio, les asombró que una estaca de güeyes vestidos de negro viniera a rescatarnos, y comenzaron a decirme que los llevara conmigo. El Hummer me entregó una pechera, una chamarra y una gorra, lo mismo que a Guerrero: dejamos de ser prisioneros y pasamos a convertirnos en la policía que contendría el motín.

—¿Y los custodios?

—Unos sometidos y otros, la mayoría, salieron francos esa noche.

—¿Todos arreglados?

Asintió y siguió contando.

—Las detonaciones sirvieron para hacer cine. Hasta salimos en televisión, pero la verdad es que todo estaba arreglado desde antes. Nada más no previmos que otros internos se escaparían también: cuando nos empezaron a sacar, vinieron detrás de nosotros y los custodios no sabían cómo reaccionar. Esa parte no estaba pactada, y faltaban uniformes para todos. Al llegar a la calle, le exigí al Hummer que no me subiera en el mismo vehículo con esas *hormigas*; si algo malo pasaba, que a ellos se los llevara la chingada.

La fuga a la que Galdino hace referencia había sucedido la madrugada del viernes 27 de diciembre de 2002. Veintidós empleados del penal de Santa Adelaida fueron consignados después por un juez como responsables del incidente. El periódico *La Jornada* reportó el hecho con este texto:

LIBERA GRUPO ARMADO A PRESUNTOS *NARCOS* DE LA CÁRCEL DE MATAMOROS
El comando irrumpió de madrugada, sometió a 46 custodios y se llevó también a una reclusa. Según testimonio de un guardia los sujetos se ostentaron como miembros de la Unidad Especializada contra la Delincuencia Organizada.

15

Muerte de Arturo Guzmán Decena
Noviembre, 2002

Arturo Guzmán Decena fue abatido por elementos del Ejército la madrugada del jueves 21 de noviembre de 2002. Aproveché que estábamos hablando de Betancourt para que Galdino me contara su versión sobre la muerte del hombre que reclutó a los primeros Zetas:

Sus ojos saltones se extraviaron un par de segundos y dijo:

—No creo que ese tema deba salir en su reportaje.

—¿Por qué?

—Porque no fue el gobierno quien eliminó a Decena.

—¿Entonces quién fue? —inquirí en voz más baja.

Galdino movió la cabeza para negar y luego ajustó, casi susurrando:

—Lo bajamos nosotros.

—Pero la prensa... —reaccioné señalando una nota de un periódico local, un material que también había llevado a la entrevista:

A GUZMÁN DECENA «EL ZETA 1» LO AGARRARON EN ROPA INTERIOR

«El que a hierro mata a hierro muere». Su hora le llegó el 21 de noviembre. Estaba en Matamoros. Le dio por entrarle a los tragos con dos que tres rayitas de cocaína. Ya mareado, le entró lo enamorado. Buscó y encontró a su manceba, Ana Bertha González Lagunes. Fue hasta donde vivía en la calle Herrera. Envalentonado, ordenó a los achichincles taponear la cuadra. Obedientes, atravesaron vehículos en las esquinas y desviaron el tráfico. Así ni el ruido del tráfico interrumpiría o distraería al mafioso en sus placeres.

Los vecinos de Ana Bertha ya estaban hartos. Sufrían cada vez que Guzmán llegaba en busca de amor. Varias veces lo denunciaron, pero la policía se hacía desentendida. Entonces reportaron a la UEDO (Unidad Especializada contra la Delincuencia Organizada). Cosa rara, solicitaron apoyo del Ejército.

Se lanzaron contra la pandilla de malosos a punta de balazos. Y también así los recibieron. Dicen que a Guzmán Decena lo agarraron con los pantalones abajo, pero cuando quiso no pudo defenderse. Disparó a lo tonto y sin tino porque andaba muy drogado. Recibió cuatro plomazos. Tres eran de muerte, otro destrozó su brazo izquierdo. Y le pasó como a Ramón Arellano en Mazatlán: lo abandonaron. Quedó tirado en el suelo. La vida le hizo bueno aquello de «como te ves me vi, como me veo te verás».

Después de ojear aquella pieza de información el interno de Chiconautla encendió un cigarro y me preguntó:

—¿Sabe usted qué es un cortafuegos?

—Sí.

—Un incendio que sirve para frenar otro incendio —explicó por si me quedaban dudas—. Pues eso fue lo que provocó Osiel Cárdenas cuando los gringos le estaban pisando los talones. Con la muerte de Decena distrajo la presión, lo usó como cortafuegos para ganar tiempo.

—Habiendo muchos a quienes sacrificar, ¿por qué a él?

—Ese cabrón andaba desbocado, se le subió el orgullo y también la droga; en cualquier momento lo agarrarían y entonces soltaría la sopa.

—Pero era el Zeta1.

—Ya le dije que esos números no definían el orden de importancia entre nosotros. Además, peor de grave habría sido que se lo llevaran preso y se pusiera a hablar de más, como hizo Betancourt.

—Todavía estabas en la cárcel de Matamoros cuando murió —afirmé.

—De haber andado libre, habría participado con gusto en el operativo.

—Nunca te cayó bien.

Asintió con un gesto breve.

—¿Quién fue responsable de la operación?

—El Hummer.

—¿Por qué dejaron flores afuera de la casa de su novia?

—No debía saberse que estábamos involucrados. Sobre todo, no debían enterarse los compañeros de la segunda generación, porque no habrían entendido.

Faltaba tiempo de la visita cuando un custodio se aproximó para informar al interno que debía presentarse de inmediato ante el juez de ejecución.

—Luego le seguimos, mi señor.

Desconcertado, pregunté a qué se debía el llamado; no fue hasta ese momento que me enteré de que Galdino había lesionado a otro interno.

—¿Qué hiciste?

—Me defendí y ahora la familia de ese pendejo quiere levantarme cargos.

—¿Qué pasará contigo?

—Lo de siempre —el custodio insistió en que debían marcharse—. A la próxima seguimos platicando.

Con la prisa, dejó olvidada sobre la mesa de las palapas la libreta donde solía escribir sus notas. Una vez que quedé solo la revisé de la primera a la última página y ahí dentro hallé la dirección y los teléfonos de Carolina de la Sancha, la madre de Juan Luis Vallejos de la Sancha.

La venganza
Diciembre, 2002

Una vez fuera de la cárcel decidí que debía consolidar mi posición dentro de la compañía. Nadie conocía mejor que yo el movimiento en Reynosa y esa ciudad no tenía un verdadero jefe; fui entonces a hablar con el Lazca y con el Cos. Había un obstáculo para lo que estaba pidiendo y es que los Zetas éramos brazo armado, no dirigíamos las operaciones de narcotráfico. Pero luego de haberme consultado como *babalawo*, el M había retomado aprecio por mí y dijo que me brindarían la oportunidad. Heriberto también ayudó con el patrón: el Lazca calculó que yo podía abrir camino para el resto de los compas. Si tenía éxito, luego otros podrían hacerse cargo de plazas importantes. El Hummer, por ejemplo, le traía echado el ojo a Ciudad Juárez y Óscar Guerrero quería moverse a Monterrey.

Como jefe de plaza, el trabajo depende de dos personas clave: el contador y quien se hace cargo de la línea, es decir, de imponer la ley de la compañía. No encontraba a un contador de confianza, así que llamé a Lluvia para que me prestara a Yolanda, la mujer que le llevaba los números en el burdel de Victoria. En el otro puesto propuse a Óscar Guerrero: el güey era zeta y andaba deprimido. Le prometí al Lazca que, si lo comisionaba conmigo, me encargaría de subirle los ánimos.

Con Yolanda y Óscar el bisne en Reynosa remontó rápido, y es que por ahí transita harta mercancía; los ingresos eran tan buenos que no fue necesario dedicarse a otra cosa. Además, sabía que, si nos metíamos al secuestro o al robo de autos levantaríamos polvo, y no necesitábamos eso. Como decimos en Tepito: «El mejor trabajo es el que se hace debajo de las coladeras».

Un día Yolanda trajo la noticia de que Lluvia había desaparecido. Recuerdo que yo andaba negociando con un gringo cuando ella pidió hablarme a solas; como traía los ojos llorosos pensé que se le había muerto un pariente, y tardé en comprender que el asunto tenía que ver conmigo: Lluvia había dejado el burdel acompañando a un cliente, y setenta y dos horas después seguía sin saberse nada de ella.

Encargué a Óscar Guerrero los pendientes en Reynosa y fui con Yolanda a Ciudad Victoria; soy bueno conduciendo y tenía prisa, así que llegamos al antro que regenteaba mi morra en menos de tres horas. Para entonces ya había noticias de ella: su cuerpo estaba en el Semefo y los forenses esperaban a que llegara un familiar antes de practicar la autopsia.

La encontré toda golpeada y sin las joyas que le había regalado. Se parecía y no se parecía. Era tan joven y estaba tan muerta: los policías la encontraron desnuda en un parque público. Cuando le dije al forense que yo era su familiar, me informó que la habían violado y que murió por estrangulamiento. Quise matar allí mismo a ese pendejo por su falta de tacto, pero decidí que mejor guardaría energía para encontrar al verdadero responsable. A todo esto, Yolanda no se me despegaba, estaba al tanto de la relación que tenía con la difunta y además yo era su jefe.

—Localiza al que hizo esto, porque le voy a rajar toda su madre.

La información sobre lo sucedido corrió rápido. El Hummer, Rejón, el Winnie Pooh y el Lazca me llamaron, cada uno por su lado, cuando aún estaba en la morgue y decidieron alcanzarme. Pensé en llamar a mi suegra, pero cambié de opinión: mejor volvería a Matamoros para darle personalmente la noticia a doña Dolores y llevaría conmigo a Lluvia. Exigí entonces al encargado del Semefo que envolviera el cadáver en unas mantas para poder subirlo a la parte trasera de mi camioneta, y mediante una lana también logré que destruyera el expediente, porque yo ya estaba maquinando mi venganza.

Luego, con Yolanda me dirigí al burdel y pedí que me mostraran las últimas imágenes donde aparecía la morra. Dimos con un cliente güero, gordo y chaparro que dos noches antes le había estado haciendo la corte junto a la mesa de billar del salón principal; la ley de la compañía dice que, aun si eres madrota, cuando el cliente quiere un servicio hay que brindárselo, pero ese señor no acostumbraba a cogerse a las putas en la casa de citas porque, según esto, tenía un departamento de soltero en las afueras de la ciudad.

La última imagen que encontramos fue la de ese güey saliendo del burdel, acompañado por Lluvia; ella iba caminando chueco, como si se hubiera puesto los zapatos de otra persona. El tipo era alto funcionario de un banco, un pendejo que estaba casado y tenía una hija de la misma edad que mi morra. Era frecuente verlo en el lugar. Una de las viejas le contó a Yolanda que solo le gustaba meterles la verga por detrás, y se ponía violento con quienes se negaban a satisfacerlo.

Cuando escuché esta parte de la historia me acordé del juramento que Lluvia me hizo y enfurecí peor, porque su fidelidad la había matado. ¿Dónde vivía ese culero, cómo podía localizarlo, quién conocía su rutina? Con toda la compañía trabajando para mi venganza, obtuve información en unas cuantas horas. Otra trabajadora del burdel y su hermana le habían brindado servicio y sabían que todos los viernes ese cabrón comía en una cantina del centro. Como ese día era viernes, ordené a las dos que se vistieran con sus mejores trapos y fueran a buscarlo, haciéndose las encontradizas: la instrucción era sacarlo lo más pedo posible de ahí y llevarlo a unas cabañas en la parte alta de la ciudad, un hotel donde las ñoras ricas se escondían con sus amantes. Por ningún motivo debían ir al departamento del banquero. Como en los viejos tiempos, el Lazca, el Hummer, Guerrero, Rejón y yo pusimos manos a la obra; llegamos antes y tomamos control del hotel. Los encargados nos dejaron hacer como si el negocio fuera nuestro, lo más importante eran las cámaras de vigilancia. A las siete de la tarde arribaron los tres, pero solo la hermana más joven bajó del auto para rentar una de las cabañas; Rejón le entregó la llave y le dio instrucciones precisas sobre lo que debían hacer.

A través de la pantalla vimos a un tipo que no medía más de un metro setenta y pesaría arriba de ochenta y cinco kilos; era pálido como la leche y pretendía ocultar su calvicie con los pocos pelos que le nacían arriba de la oreja derecha. Siguiendo las órdenes de Rejón, las hermanas se apuraron a desvestirse y desvestirlo, y luego comenzaron a simular que se besaban para calentarse. Mientras yo observaba al banquero, odié el poder que le permitía hacer tanta mamada. La fiesta continuó en el baño, donde no había cámara para espiarlos: Óscar y el Hummer aprovecharon para meter bajo las cobijas el cuerpo de Lluvia, y abandonaron la cabaña sin que el güey se enterara de nada. Después las viejas salieron del baño, recogieron su ropa y abandonaron el lugar sin vestirse siquiera.

Hubiera querido tener una grabación de lo que vino luego: el gordo corrió hacia la cama con la verga bien parada, abrió las cobijas y se abalanzó sobre el cuerpo de Lluvia, que llevaba dos días pudriéndose. Al instante, como molusco retorcido, se puso en pie sobre la cama dando de gritos: justo en ese momento entraron mis amigos. De un solo madrazo el Lazca centró al puto ese, y después Rejón se encargó de amarrarle las manos y los pies contra una silla de bejuco. Al verlo así, indefenso y ya con el pito de un niño, entendí que la venganza se alimenta de adrenalina.

El Hummer y el Winnie dejaron el hotel para traer a la esposa y a la hija del banquero, quienes también iban a participar en nuestra pequeña reunión familiar. El tipo lloraba al vernos con los uniformes de comando, y peor se puso la cosa cuando el Lazca vació ácido clorhídrico sobre sus patas lampiñas.

—¿La reconoces, puto? —pregunté señalando el cadáver de la morra.

—No. No, jamás he visto a esa persona.

—¿Seguro, puto?

—Se lo juro. Nunca.

—Si mientes te voy a arrancar un brazo —amenacé.

Entonces Rejón encendió la televisión frente a la cama y echó a andar el video que llevábamos preparado.

—¿No sabes quién es, puto?

Heriberto volvió a vaciar ácido, pero esta vez sobre los muslos del infeliz. Las imágenes del burdel eran claras: tomadas frente a la mesa de billar, donde había suficiente luz, ahí se miraba al banquero y también a Lluvia, que, a pesar de estar ocupada en otros asuntos, no descuidaba los deseos del cliente.

—¿Lo vas a negar otra vez?

El gordo con pito de niño lloró y entonces el Lazca le cercenó de un tajo cuatro dedos del pie izquierdo, para luego vaciar vinagre y quemar la herida. Con el objeto de que no se escucharan los alaridos puse un calcetín dentro de su boca, no sin antes rociarlo también con ácido. Una y otra vez Rejón pasó el video del banquero pavoneándose dentro del burdel; la secuencia terminaba con Lluvia saliendo del antro sobre unos zapatos que, de seguro, alguien más le había prestado.

No sé cuánto tiempo tardaron en volver el Hummer y Guerrero, pero habían dado con la esposa y la hija. El puto banquero dio un berrido horrendo cuando las vio entrar: también ellas aullaron al mirarlo todo jodido. Desnudamos a las mujeres y las obligamos a besarse frente a los ojos de ese pervertido. ¡Maricón de mierda! ¡Hipócrita! Las viejas lloraban sin entender nada y por eso igual las silenciamos con esparadrapo.

A Heriberto se le ocurrió utilizar un taladro para perforar el ano de la hija. Luego el Hummer montó a la ñora, le puso medio cuerpo sobre la cama y le metió la verga, también por detrás: al mismo tiempo, con un cinto, la estranguló. Quisiera decir que aquello me pareció demasiado pero no sería cierto, en ese momento creí que el castigo era justo. Cuando el banquero vio eso que tanto le gustaba hacer a mujeres que no eran de su familia, le vino un paro cardiaco.

Al final vaciamos sobre los cuerpos el resto del ácido y también dos galones de dísel; fui yo quien prendió el fuego para que la cabaña se incendiara. Pronto las llamas se elevaron y salimos de ahí cargando de nuevo el cuerpo de Lluvia, que regresamos a la parte trasera de mi unidad.

El vestido amarillo
Enero, 2003

Yo era el responsable de brindarle protección: ese fue el primer pacto que hicimos. No importaba si éramos novios, si ella tenía que atender a sus clientes o si yo me rompía la madre trabajando para los Zetas: todo cabía siempre y cuando pudiera protegerla.

—Porque si me cuidas, antes tendrás que cuidarte a ti mismo —decía Lluvia muy convencida.

Nunca hicimos planes juntos pero cada uno se imaginó los propios. En algún punto supuse que podía tener algo más con ella: no sé si me habría casado, pero tal vez una familia. No iba a superar su muerte, así lo entendí cuando la encontré sobre la plancha del forense. Daba igual si aquel ojete ardía en el infierno de esa cabaña, nada cambiaría la realidad.

No había vuelto a ver a la mamá de mi morra desde la vez que la conocí, pero hablamos por teléfono en varias ocasiones. Todos los domingos Lluvia le marcaba por la tarde, y cuando estábamos juntos, yo tomaba el aparato para preguntar cómo iba la construcción de la casa y qué desmadre se traían en ese momento Eduardo y Rubencito.

Mi suegra también vivió equivocada pensando que su hija estaba en buenas manos. Doña Dolores nunca supo a qué se dedicaba y ahora me tocaba mantener el secreto; en el camino hacia Matamoros tuve tiempo para cavilar la historia que contaría. También ordené los pasos que daría antes de ver a la familia. Conocía a un ministerio público que era dueño de una casa funeraria, y en cuanto salió el sol llamé para pedirle que me recibiera en su negocio, porque llevaba un cuerpo que necesitaba de atenciones grandes.

Cuando el licenciado vio los restos de Lluvia puso cara de agobio, debido a los gusanitos que ya le andaban caminando por todas partes y por la dificultad que implicaría maquillarla para que quedara presentable; además, estaba el problema del olor. Pero no iba yo a permitir que doña Dolores y sus hijos se despidieran de Lluvia en esas condiciones.

—Le doy una buena luz y usted busca la manera, por favor —le dije y él se puso a trabajar duro. Primero limpió la piel infectada y luego inyectó unos líquidos que sirvieron para desinflamar; esas madres reacomodaron lo que estaba fuera de lugar y disminuyeron el tamaño de los moretones. Cuando surgió la cuestión de la ropa que se le pondría, me acordé de aquel vestido amarillo con el que fue a visitarme al hotel donde nos conocimos.

Los compas seguían a mi lado y por eso fuimos juntos a ver a la suegra. Tardé en dar con la dirección, esa vez que fui era de noche; supe que estábamos en el lugar correcto cuando el perro feo acudió a recibirnos con sus ladridos igual de feos. Solo yo bajé de la unidad para no alarmar de entrada a nadie: no llevaba la ropa de comando, pero seguía vestido de color negro. Doña Dolores salió a recibirme con un trapo en las manos.

—¿Qué lo trae tan temprano por acá, Galdino? Lluvia no está, no ha venido en días.

—Con todo respeto —dije—, es a usted a la que vengo buscando.

—Pásele, joven, estoy preparando el café para desayunar. Si quiere, pongo más agua para sus amigos.

No tengo problemas cuando necesito ser directo, pero en ese momento no supe cómo reaccionar. Entonces ella se dio cuenta:

—¿Qué pasa, Galdino?

Cuando le di mi razón, ella pegó tremendo grito y tiró el trapo al suelo; tuve que aproximarme para sostenerla porque de otra manera se habría escurrido. Con el llanto, la señora llamó la atención de sus hijos, que la alcanzaron afuera de la casa. No recuerdo qué tanto habré dicho, pero estoy seguro de que no escucharon nada:

—Ustedes son mi familia. Los voy a proteger, porque eso es lo que Lluvia hubiera querido. Desde ahora no les faltará nada. Se lo debo…

—Quiero ver a mi hija —ordenó doña Dolores.

—Yo la llevo, señora, está en la funeraria.

—¿Cómo fue, Galdino? ¡Dígame cómo fue!

—Le contaré, pero no aquí —respondí haciendo con la mirada una seña hacia a los hijos más pequeños.

—Que ellos se vayan con los otros señores y yo viajo en su troca. Pero, Galdino, prométame que no me ocultará nada.

—Se lo prometo.

Le tomó media hora alistarse y los muchachos también se apresuraron. Por suerte, el vestido amarillo estaba ahí, en la casa; la suegra lo trajo, y tal como propuso, se subió al asiento delantero conmigo. Apenas eché a andar el motor, volvió a exigirme una explicación:

—¡Dígame cómo sucedió!

—Lo de siempre, señora, lo de siempre: un fulano quiso abusar de Lluvia, y como ella no se dejó, terminó estrangulándola en un lugar oscuro cerca de su trabajo.

—¿Quería violarla?

—Es lo que me dijeron.

—¿Pero ella se defendió?

—Así es, señora.

—Eso está bien. Porque el honor de una mujer va primero.

Guardamos silencio.

La *hormiga*
Octubre, 2015

—Estuve reflexionando y creo que debo darle las gracias —dijo el interno de Chiconautla.

—¿A mí por qué?

—Duermo mejor desde que comenzó a visitarme —respondió.

En mi caso había ocurrido exactamente lo contrario: cada miércoles acumulaba imágenes de horror que por las noches me quitaban el sueño y me obligaban a preguntarme si realmente valía la pena continuar con la investigación.

—¿No dormías antes? —pregunté.

—Si usted pudiera mirar las cosas que pasan por mi cabeza —comentó y sus párpados se entristecieron más—. ¿Ha visto alguna de esas películas sobre soldados que regresan de Vietnam, que vuelven de la guerra y quedan descompuestos? Pues eso es lo que yo he venido sufriendo, lo que he estado resistiendo durante años.

Galdino encendió un cigarro y me ofreció una fumada; esta vez no pude negarme. Mis pulmones se estremecieron, en parte con placer y en parte con rechazo.

—Me viene bien hablar franco con usted —añadió—. Intenté antes con un psicólogo de aquí, pero las cosas salieron mal. Con esa gente uno no llega a ningún lado, siempre te tratan como si fueras su paciente.

—¿Qué esperabas de un psicólogo?

—Que no me observara como si tuviera cáncer o hepatitis.

Devolví el tabaco encendido y arrojé humo con genuino placer.

—¿Cómo se sobrevive con tanto?

—Lo más jodido fueron las masacres.

—Háblame de las masacres —propuse.

—Aquí en Chiconautla todavía me despierta el gritadero de aquellas pinches madrugadas; me consuelo sabiendo que, en mi caso, jamás violé a una mujer y mucho menos a un niño. El tormento no va conmigo, mientras más rápido mejor. No quise convertirme en victimario de algo que sufrí en mi infancia. En serio, delante de Dios: nunca maltraté a un niño o a una mujer embarazada.

—¿En qué poblaciones ocurrieron esas masacres?

—Son hartos lugares, mi señor, decenas de decenas. Dejamos panteones por donde pasábamos. Lo que sucede es que éramos profesionales, la mayoría de esos cuerpos fueron incinerados o sepultados bajo la carga de un carro de volteo.

—Si te muestro un mapa, ¿podrías darme ubicaciones?

—Sería difícil.

—¿Por qué?

—Las olvidé.

—No te creo.

Alzó los hombros.

—Me cuesta trabajo comprenderte.

—Es mejor hablarlo todo, pero también para un zeta hay límites.

—¿Y cuáles son esos límites?

—Depende...

—¿De qué?

—Del lugar que ocupas en la jerarquía —continuó.

—¿La tropa no puede hablar?

Guardó silencio.

—¿Qué se necesita para poder hablar? —insistí.

Miró al suelo y soltó:

—Evita ser un don nadie.

—¿Tú eres un don nadie?

Lanzó la colilla al suelo y con la suela del zapato la aplastó.

16

Nayarit
Febrero, 2003

—¡Eh, Galdino! ¡Bajo perfil! —ordenó Tony Tormenta.

Tras la muerte de Lluvia dice que todo se volvió más extraño. Pocas semanas después la compañía le encargó una misión complicada. Vino primero la instrucción de viajar solo: no podía llevar a su estaca, tampoco irse en troca. Narra que tomó un autobús y cruzó las dos sierras, desde Reynosa hasta Tepic; más de mil kilómetros de distancia. El sitio donde debía reportarse era un antro pintado de rosa por dentro y por fuera: el Junior era un típico *table*, como los que sustituyeron a muchos prostíbulos.

Cuando dio su nombre, la señorita de la entrada lo condujo por una escalera al sótano de la construcción, otro lugar casi vacío. Además del cantinero, parado detrás de una barra larga y bien surtida, solo un cliente corpulento bebía cerveza; traía encima una chaqueta norteña adornada con charreteras sobre los hombros y el pecho. A pesar de que rebasaría los cincuenta, dice que no tenía una sola cana y llevaba un bigote negro bien afeitado.

Al principio no tuvo humor para dirigirle la palabra, le pareció mejor rumiar sus cosas lejos de la barra. Confiesa que traía *perico* y pidió un güisqui porque tenía pensado mezclarlos en cuanto terminara de trabajar, pero el señor de las charreteras se acercó para hacerle compañía; dijo que se llamaba Norberto y Galdino mintió presentándose como José Luis Ríos Galeana.

—¿A qué te dedicas, José Luis? —interrogó sentándose frente a su silla.

—Trabajo para un banco —respondió el zeta sin pensarlo—. ¿Y usted?

—Soy músico.

—¿De rock? —indagó a pesar de las botas puntiagudas, el cinto piteado y la chaqueta norteña.

—Ajá, de rock. ¿Cómo adivinaste?

El viejo era simpático y rio con él.

—¿Dónde canta?

—Canto donde me contratan: plazas, palenques, bares. Cualquier oportunidad es buena para ganarme unos centavitos.

La ropa que llevaba Norberto no le pareció barata. Debía irle bien con su música.

—¿Compone? —interrogó Galdino.

—Casi todo lo que canto es de mi inspiración.

—¿Va a tocar hoy?

—A lo mejor... pero antes tengo una cita. ¿Y tú? ¿Qué andas haciendo por acá?

—Lo mismo.

—No sabía que los banqueros cantaban —continuó el tal Norberto con buena vena.

—Pues poco en esta vida es obvio —reviró Galdino, melancólico.

En ese momento Osiel Cárdenas Guillén apareció frente a ellos: dice que no lo esperaba porque Tony Tormenta le había ocultado que la reunión en Tepic sería con el patrón.

—Veo que ya se conocieron ustedes dos —introdujo el jefe a manera de saludo; Norberto y el falso banquero se pusieron de pie para recibir con respeto al recién llegado.

—¿Qué pasó, Galdino? Me da gusto volver a verte.

—Buena tarde, mi señor.

—¿Galdino? —preguntó el cantante.

—Así es. José Luis Ríos es mi nombre artístico —aclaró el zeta.

—Mucho gusto, Galdino. Mi nombre artístico es Beto Quintanilla.

—Pinche Beto, ¡qué gustazo! —dijo el M y se dieron un abrazo.

El patrón siempre tenía sorpresas. Hasta ese momento se dio cuenta de que estaba frente al famoso León del Corrido, Beto Quintanilla, el de la canción de *El Ondeao*; se sintió tonto por no reconocerlo.

—Este cabrón acaba de enviudar —se refirió Osiel a Galdino—. Quiero que me ayudes a animarlo.

—Afuera están los músicos, esperando para entrar —explicó el cantante.

—Tráetelos, y dile al encargado que baje viejas para todos —ordenó el patrón.

Se sintió incómodo al escuchar lo último; nada se le antojaba menos en ese momento que estar con una mujer. Osiel se dio cuenta, porque contradijo al instante:

—Beto, mejor lo de la compañía femenina lo dejamos para más al rato.

—Ya estás —respondió.

Cuando se quedaron solos, el mesero trajo otro güisqui para el M y dejó además dos vasos pequeños con agua mineral.

—Supe lo de Lluvia —soltó el M sin hacer escala.

Cuenta que le llamaron la atención los zapatos elegantes del patrón. Conforme pasaban los años, entre esos dos hombres se acortaba la edad: para entonces Osiel Cárdenas tendría unos treinta y seis, y Galdino ya andaba por cumplir los treinta y tres.

—¡Una tragedia! —insistió el patrón.

—Ya hicimos pagar al hijo de puta —confió Galdino.

—El Lazca me informó.

Prefirió cambiar el tema de la conversación:

—Y a usted, mi señor, ¿cómo le está yendo?

—Aparte de que los amigos de Sinaloa y los gringos me traen a toallazos, lo demás va a la perfección —presumió con ambigüedad.

—Son los costos de que la compañía haya crecido tanto —afirmó Galdino.

—¿Estás listo para lo que sigue?

—Sí, mi señor.

—Quiero que me ayudes aquí.

—¿En Tepic? —interrogó extrañado.

—Sí, y en todo Nayarit.

—Pero yo ando concentrado en Reynosa.

—Deja un encargado y quédate un tiempo por acá —ordenó.

—¿Qué quiere que haga?

—Mira, Galdino, las broncas con la raza de Sinaloa no paran y necesito ponerle un estate quieto a esa gente.

Dice que guardó silencio porque lo que le estaba pidiendo el patrón tenía sus complicaciones; Nayarit es un estado que hace frontera con Sinaloa, el mero territorio de los enemigos.

—¡Ta cabrón! —atinó a reaccionar.

—No estarás solo.

—¿Vendrán los demás?

Osiel Cárdenas negó con la cabeza.

—Tus compas andan ocupados en otras cosas.

—¿Entonces?

—Contraté a un grupo de soldados guatemaltecos que también fueron a Estados Unidos.

«Ya había escuchado mentar a esa gente: el patrón se refería a los kaibiles, unos vatos mayores que nosotros y también con fama cabrona».

—¿A poco esa raza se pondrá de nuestro lado? —quiso saber.

—Heriberto contactó directamente a uno de sus jefes allá en Guatemala, y ya arreglamos que trabajen para nosotros; voy a ponerlos bajo tus órdenes para que, en su propia casa, les revientes la madre a nuestros enemigos.

Estaba a punto de alegar que lo de Lluvia todavía lo tenía deprimido cuando Beto Quintanilla interrumpió, acompañado por cuatro fulanos y sus instrumentos musicales. Mientras tanto Osiel puso sobre la mesa una bolsa de plástico con bastante polvo blanco:

—Hoy por lo pronto pasémosla a toda madre. ¿Qué tal un alivianón? —preguntó el M y luego exigió al mesero una botella nueva de güisqui. También instruyó para que, ahora sí, bajaran las mujeres del tubo.

—¿Dónde dejaron sus pistolas? —interrogó Beto Quintanilla usando el micrófono que había hecho instalar en un escenario improvisado a un lado de la barra; tanto el patrón como Galdino hicieron seña de que las traían ocultas.

—Mejor guárdenlas, porque ya saben: «la droga, el trago y las armas no deben ser compañeras».

Con esa frase Quintanilla estaba haciendo referencia a *El Ondeao*, el corrido que lo hizo popular. Los músicos dieron el tamborazo y comenzaron la fiesta: el primer *perico* le cambió el ánimo, no había calculado cuánta falta le hacía relajarse. Después de *El Ondeao* siguió *Las águilas andan solas* y a lo lejos deslumbraron las medallas que, como centenarios de oro, saltaban sobre el pecho descubierto del cantante.

—*Qué importante es la cabeza para andar en este jale* —entonó Beto Quintanilla, quien, según Galdino, «tenía una voz culera, pero con personalidad».

Aunque era distinto, el Junior le recordó las cantinas de Ecatepec que administraba su papá, cuando era niño; «ahí también los mejores reventones comenzaban antes del anochecer y terminaban al día siguiente».

De pronto Beto se puso a cantar algo que lo desconcertó:

Soy del grupo de los Zetas
que cuidamos al patrón;
somos veinte de la escolta,
pura lealtad y valor,
dispuestos a dar la vida
para servir al señor...

Muy extrañado dice que buscó la mirada de Osiel Cárdenas, quien levantó su trago para brindar:

—¿Te gusta?

Asintió, pero no estaba realmente convencido.

Somos veinte grupos Zetas,
unidos como familia;
los veinte somos la fuerza
con diplomas de suicidas,
conscientes que en cada acción
podemos perder la vida.

Al cantar, el León del Corrido hacía bailar las charreteras de su vestimenta.

—¿Quién escribió la letra? —preguntó Galdino.

—Beto, pero antes habló con tus compas —respondió Osiel Cárdenas.

El Mellado sintió un golpecito de celos.

—¿La quieres arreglar? —interrogó el M.

—¿Todavía puedo?

El patrón hizo señas para que Beto dejara a sus compañeros y fuera a conversar con ellos dos:

—Dice este cabrón que a tu corrido le falta algo.

—Usted manda —reaccionó generoso el cantautor.

Confiesa que, como andaba nostálgico, Galdino habló del discurso sobre el honor que su papá y don Alfredo Ríos Galeana solían repetir:

—Ya está, Galdino. Dame dos y mejoramos la cancioncita.

Quintanilla retomó desde el comienzo y después del primer verso intercaló sus líneas:

Desde que era muy pequeño
quise ser lo que ahora soy;
siempre me dijo mi padre:
«No hay nada como el honor,
el hombre con esta idea
es natural de valor».

Más satisfecho, a punto estaba de retomar su asunto con el *perico* cuando entraron a ese bar dos hombres bien ejercitados: Osiel los presentó como Cóndor 1 y Cóndor 2.

—Son los Kaibiles —informó el patrón.

Kaibiles

La coca y el alcohol nos pusieron a todos un poco locos. Eran las once de la noche cuando le dije al patrón que pasaba a retirarme; él insistió en que me quedara porque tenía intención de que esas personas y yo nos amigáramos. Intenté aguantar un rato pero se me cerraban los ojos, así que unos veinte minutos después repetí que partiría.

—¿No te gusta la vieja? —quiso saber Osiel.

—No es eso, señor... usted ya sabe.

Cóndor 2 bromeó:

—Si quieres llamo a un estríper para que le agarres la verga.

—No estaría mal, pero ese güey ha de andar ocupado cogiéndose a la mamá de tus hijos —devolví.

Se armó la bronca porque Cóndor 2 no supo aguantar: fue necesario que Beto Quintanilla interviniera cuando ambos enseñamos los fierros, pero antes el pendejo guatemalteco se llevó un buen madrazo sobre la ceja. Debió ser duro porque me abrí los nudillos.

Al salir del antro no podía dormir, así que pedí a la estaca del patrón que me prestara una camioneta. Durante una hora fui y vine dentro de la ciudad y en algún momento tomé la carretera; pisé el acelerador para ver cuánto corría esa troca.

Iba a ser difícil salir bien librado del pleito con la gente de Sinaloa; el patrón me estaba poniendo entre el perro y el poste. No era yo cobarde, pero conocía mis limitaciones, y sin embargo no podía fallarle al M. Traía en la cabeza el corrido de Beto Quintanilla, ese que hablaba de los Zetas y nuestro diploma de suicidas.

Al día siguiente almorcé con mucha hambre, como si hubiera recién salido del orfanato. A las cinco de la tarde volví a ver al patrón, en un cuarto amueblado que había en la planta alta del Junior. No hablamos del pleito de la noche anterior; ante todo, yo era gente profesional.

Osiel me entregó dos maletas con mucho dinero en efectivo que debían servir para financiar las primeras semanas del operativo.

—Si te hace falta más, me avisas —dijo.

Con esa lana debía alcanzar para cubrir hoteles, carros, comidas y sobornos; del pago a los kaibiles el patrón se ocuparía de manera directa.

—Contarás con ciento veinte efectivos que los Cóndores harán venir a Nayarit en cuanto tú lo indiques.

Al terminar de recorrer los pendientes, le pregunté al patrón si se quedaría para supervisar el *show*.

—No puedo, Galdino. Estoy preparando otro jale parecido en Nuevo León: la idea es que reventemos madres al mismo tiempo en las dos partes, así mis enemigos aprenderán a respetarme.

—¿Quién es el responsable del otro operativo?

—El Hummer.

—Tampoco la tendrá fácil.

El M me ordenó con firmeza:

—Quiero que lleves al jefe de esta plaza a Matamoros.

Asentí. Se refería al jefe de plaza que la gente de Sinaloa tenía en Tepic. El propósito principal de aquella operación era que levantáramos a ese vato para desmadrar su negocio.

El operativo

Asegura que le tomó cuatro días la planeación. Durante ese tiempo dice que recorrió Tepic con una gorra desgastada y una mochila a la espalda; para comunicarse usaba teléfonos de la calle, y el transporte público para moverse. Dejó también guardadas sus armas, porque quería pasar desapercibido. Primero revisó los puntos de entrada y salida de la ciudad: cuenta que no fue difícil distinguir a los *halcones* del enemigo, «en varios lugares hallé automóviles de color oscuro con compas jóvenes que parecían estar perdiendo el tiempo. Si queríamos ganar esa plaza, tendríamos que poner gente nuestra en esos mismos puntos».

Tepic no es una población grande, y con la ayuda de un mapa detectó dónde debían atacar. Según sus informantes, había una bodega en el sur de la ciudad: ahí se almacenaba mercancía que luego era enviada por mar hacia Sinaloa. Ese edificio estaba ubicado a unos cuatro o cinco kilómetros del hotel donde se hospedaba el jefe de la plaza. Ideó que, al enterarse de que su bodega estaba siendo atracada, ese señor iría con su gente: tal sería el momento perfecto para levantarlo y cumplir con las órdenes de Cárdenas Guillén.

No era fácil introducir los vehículos y las armas que necesitaban: sería delicado ejecutar la maniobra sin enterar a los dueños de la plaza de que preparaban un golpe. Eligió el cuarto en el segundo piso del Junior como centro de operaciones, y las mujeres que trabajaban en ese lugar le ayudaron. Así como había visto a Hania transportar droga y joyas allá en Reynosa —bajo los asientos de un carrito viejo—, igual se propuso hacer con las trabajadoras de ese lugar, que habrían aceptado sumarse al operativo; ellas transportarían las armas sin llamar la atención. Ofreció mil dólares a cada una y, además, al término de la tarea les regalaría los coches de segunda mano que consiguió esa misma semana. Durante dos días las mujeres viajaron a la frontera con Jalisco, donde Cóndor 1 y sus hombres acomodaban el cargamento dentro de cada vehículo y las despachaban de vuelta para Tepic. El grupo de kaibiles que Osiel puso bajo sus órdenes fue llegando en secreto; ordenó que todos se vistieran como albañiles y viajaran a la ciudad en transporte público, debían trasladarse en parejas y hospedarse con discreción en moteles baratos. Prohibió que usaran teléfonos celulares para comunicarse.

«Tardamos diez días en completar el panal», cuenta Galdino. Por fin las armas, los vehículos y el personal estaban listos para ejecutar la misión sin que el enemigo sospechara nada. Rumbo a la montaña encontró un campo de beisbol abandonado y ahí citó a los kaibiles un sábado a las nueve de la noche. El lugar no tenía luz artificial, así que hizo prender una fogata inmensa para alumbrarse. En total se presentaron ciento veinticuatro elementos, incluidas trece mujeres.

El código de esa gente los describe bien: «Si avanzo, sígueme; si me detengo, aprémiame; si retrocedo, mátame». La corpulencia de la mayoría le pareció impresionante, y su piel era más oscura en comparación con los mexicanos del norte. Organizó en seis estacas de veinte personas a toda esa gente: tres estacas se encargarían de atacar la bodega bajo las órdenes de Cóndor 1, y dos lo acompañarían para levantar al jefe de la plaza. La última quedaría en manos de Cóndor 2, quien sería el responsable de sustituir a los *halcones* del enemigo por los propios. Asignó sobre todo mujeres a ese último grupo.

Mientras explicaba el plan a los cabecillas, tenía el mapa de la ciudad extendido sobre una tabla. La operación se celebraría al día siguiente, domingo, a partir de las siete de la tarde. Cóndor 2 contaría con quince, máximo veinte minutos para deshacerse de los informantes; luego Cóndor 1 y sus tres estacas procederían a asaltar la bodega, mientras que Galdino acecharía al jefe de la plaza para atacar a su escolta y levantarlo. La instrucción de Cárdenas Guillén era llevarlo con vida a Matamoros, así que no podía confiar a nadie más esa responsabilidad, no fuera a ser que escapara o un tiro equivocado le quitara la vida.

La extraña llamada del Lazca

El domingo por la mañana, unas diez horas antes de que el panal se quebrara y las avispas comenzáramos a atacar, recibí una llamada del Lazca: quería saber dónde estaba, lo cual me sorprendió pues siempre me había tocado que el jefe y Heriberto compartieran la misma información.

—No te escucho —respondí, intentando ganar tiempo.

—Me dicen que no estás en Reynosa, ¿correcto?

—Estoy en un jale.

—¿Dónde es tu jale?

—Pregúntale al M —corté.

—No te vayas a equivocar, Galdino.

—¿De qué me estás hablando, Heriberto?

Antes de que respondiera, colgué y mejor me comuniqué con el patrón para confirmar directamente sus instrucciones.

—¿Todo sigue en pie? —interrogué.

—Desde luego, Mellado, todo como lo conversamos. Tienes permiso para proceder.

El Lazca no volvió a llamar y después de media hora arrojé el teléfono dentro de un tinaco lleno de agua.

Justo a las siete de la tarde en punto las *panteras* de Cóndor 2 se aproximaron a los *halcones* enemigos y los eliminaron, uno a uno, de un tiro en la frente. Antes de las siete con veinte minutos recibí por radio una comunicación diciendo que el enemigo se había quedado sin informantes. Entonces Cóndor 1 pidió autorización para ingresar a la bodega; di luz verde y esperé noticias.

Media hora tardó ese comandante en reportar que teníamos dos kaibiles heridos, pero ninguna baja; dijo en cambio que había treinta muertos y doce rehenes del bando contrario. Corté la comunicación con él, porque justo en ese momento supe que el jefe de la plaza se había puesto en movimiento. Pudimos interceptarlo a pocas cuadras de su madriguera, cerca del Parque Ecológico. No fue difícil eliminar a su cuerpo de seguridad: mi estaca era de cuarenta personas y su escolta estaba integrada solo por siete señores gordos y pendejos.

Lo subí a mi vehículo y tomamos camino de vuelta al Junior; puse sobre sus ojos una venda para que no supiera a dónde lo llevábamos. Hasta no tener más claro el panorama, ordené que mis hombres conservaran el pasamontañas. El jefe de los sinaloenses sudaba de manera exagerada: recién había visto morir a sus guaruras.

Una vez que lo aseguré en el centro de operaciones, dejando a diez kaibiles como responsables de cuidarlo, fui a alcanzar a Cóndor 1 y su gente. En el camino me comuniqué con Cóndor 2 para saber si en los límites de la ciudad se había registrado algún movimiento preocupante. Su respuesta fue negativa.

Al llegar a la bodega encontré cuatro cabezas recién cercenadas y con los ojos fuera de su lugar. La gran mayoría de los caídos no murieron por arma de fuego sino que fueron degollados. Ahí entendí por qué los Kaibiles eran considerados unas máquinas de matar.

Por los restos que dejó el enfrentamiento concluí que, después de detonar las puertas de acceso, los hombres de Cóndor 1 ingresaron disparando y claramente tomaron por sorpresa a los enemigos. Luego, los Kaibiles procedieron a degollar a la mayoría de los sobrevivientes, dejando solo a doce individuos con vida para que yo dispusiera de ellos. Exigí que limpiaran el lugar; no quería que ese mierdero nos trajera más adelante una represalia peor.

—¿Qué hacemos con los cuerpos? —preguntó ese hombre con acento chiapaneco.

—¡Bórrelos! No quiero que quede huella de lo sucedido aquí —ordené.

—¿Y con los rehenes?

—Espere a que me reporte con el M.

—También hay mercancía.

—¿Qué encontraron? —quise saber.

—Unas dos toneladas de cocaína empaquetada y lista para viajar.

Esa droga valía una fortuna, pero sería imposible llevarla a Tamaulipas. En la nalga derecha de uno de los cuerpos descabezados hallé un celular barato que utilicé para reportarme con el patrón. Osiel Cárdenas Guillén estaba en Monterrey aquella noche de domingo. Cuando contestó, le informé del éxito de la misión.

—Tengo en el Junior al que era el jefe de la plaza. Saldremos con él para Matamoros hacia media mañana.

—Negativo, Galdino. Cambié de opinión: mejor voy a mandar un mensaje fuerte a sus putos jefes.

—Usted dice.

—Toma camino hacia el norte, por la carretera a Mazatlán. Pasando Acaponeta, deja el cadáver de ese pendejo en un lugar visible; luego te regresas a Tepic para esperar noticias mías.

—Le llamo cuando haya cumplido sus órdenes.

—Mañana salgo de vuelta para Tamaulipas, estaré toda la semana en Matamoros. Espera a que yo te marque —instruyó.

—Está bien.

—¿Todavía tienes dinero?

—Suficiente.

—Muy bien.

—Patrón...

—¿Sí?

—Encontramos dos toneladas de polvo blanco en la bodega del enemigo.

—¿Cómo vas a proceder?

—Las voy a repartir como botín de guerra.

—Hazle como quieras.

—Okey.

—Oye, Galdino...

—Sí, señor.

—Felicítame a esos cabrones.

—Así lo haré, mi señor.

—Y tú, Mellado... mis respetos. Eres un chingón. En cuanto nos veamos, te voy a ascender dentro de la compañía.

—Como usted disponga.

—Nos hablamos luego —dijo, y colgó.

De regreso a la bodega le pedí a Cóndor 1 que fuera a buscar al jefe que habíamos levantado. Debía luego alcanzarme en Tecuala, un poblado que está a unas dos horas al norte de Tepic.

—Tenemos una última tarea —advertí.

—Ta bien, comandante, pero me dice la gente que se necesitarían al menos un par de días para limpiar todo este lugar. Si nos quedamos, corremos el riesgo de que la raza enemiga venga a buscarnos.

—¿Qué propone usted? —cuestioné.

—Sacar la droga y luego prenderle fuego al resto.

—Tiene mi autorización —respondí.

El degollado

Narra que, casi cuatro horas después, llegó Cóndor 1 a Tecuala y serían las dos de la madrugada cuando se enfilaron hacia el municipio vecino de Acaponeta. Detuvo los vehículos varios kilómetros adelante de esa población y ordenó que bajaran al jefe de los sinaloenses. El tipo estaba exhausto de tantas veces que se vio muerto, pero cualquier cosa que hubiera imaginado se quedaría corta en comparación con lo que estaba a punto de experimentar. A un lado de la carretera Cóndor 1 hizo que el hombre se arrodillara, luego rodeó dos veces su cuello con cable acerado y colocó un pedazo de madera en un extremo para poder girarlo como torniquete. A cada vuelta, el diámetro del hilo metálico fue haciéndose más cerrado; no tomó ni tres minutos para que la cabeza del fulano saltara de sus hombros y rodara hasta chocar con las botas militares de su verdugo.

Galdino dice que dio instrucciones para que colocaran el cuerpo del difunto a mitad de la ruta, de tal manera que el primer automovilista que pasara se viera obligado a detenerse y reportar el suceso, y que la cabeza del difunto fuera llevada a la frontera con Sinaloa, para que a los enemigos les quedara claro dónde se ubicaría a partir de ese momento la línea divisoria entre dos territorios en guerra.

«Aquella acción del patrón nos saldría cara, pero esa madrugada no era yo capaz de sospechar cuánto».

Afirma que, de regreso a Tepic, tuvo tiempo de repasar en cámara lenta las últimas horas del día, y fue hasta ese instante que recordó la extraña llamada del Lazca; ya habría tiempo para averiguar lo que quiso decir con aquello de: «No te vayas a equivocar, Galdino».

A su regreso a Tepic ordenó de nuevo a Cóndor 2 que supervisara la actividad de los *halcones*: en ese momento su sobrevivencia dependía de contar con información sobre cualquier movimiento que ocurriera en los alrededores. Decidió también dejar a Cóndor 1 en el centro de operaciones que habían montado dentro del Junior. Al resto del grupo los llevó de vuelta al campo abandonado de beisbol, donde habían establecido un campamento que no podía ser discreto, aunque hicieron su mejor esfuerzo.

Los primeros días de la semana transcurrieron sin noticias. Estaban en alerta porque sabían que en cualquier momento vendría la represalia: «No era posible que los enemigos soltaran la plaza así como así». Cuenta que Osiel Cárdenas no se comunicó con él durante ese tiempo y por tanto nada supo del operativo en Nuevo León. Decidió que aplazaría la llamada con el Lazca porque al parecer su colega no estaba leyendo la misma página que el líder de la compañía. Con quien sí mantuvo contacto fue con Yolanda, la mujer que dejó como encargada de sus asuntos en Reynosa; esa plaza continuaba tan en orden como la había dejado semanas atrás. Pero el viernes, a eso de las once de la mañana, ella le llamó para comunicarle que Osiel Cárdenas Guillén había sido aprehendido en el operativo militar en su casa de Matamoros. Primero supuso que la información era falsa y marcó de inmediato a Tony Tormenta, pero no tuvo suerte. Intentó entonces con el Cos, quien respondió al primer timbrazo:

—¿Es cierto? —preguntó.

—Afirmativo —respondió con sequedad el Cos.

Guardó silencio porque cuenta que se le helaron las plantas de los pies.

—¿Sigues en Nayarit?

—Sí —respondió, todavía en *shock*.

—¿Y los kaibiles?

—Estoy con ellos.

—Llévate a todo el mundo para Reynosa.

—Entendido.

—Diles que seguiremos pagando tal como se acordó.

—Buena decisión.

Describe al Cos como un hombre leal: «Desde que sacó al patrón de aquella casa de seguridad en la Ciudad de México se convirtió en su mejor amigo, por eso no cuestioné las instrucciones y me dispuse a hacer como me dijo».

Se hallaban a más de mil kilómetros de distancia y la única manera de salir de ahí era ser igual de discretos que cuando entraron. Según Galdino, no fue fácil organizar la retirada de ciento once varones y trece *panteras*. Cuando tuvo a la mayor parte de la gente reunida advirtió que escucharían muchas mentiras en los medios de comunicación, pero debían estar tranquilos, la compañía seguía en pie; precisó que su paga llegaría a tiempo y que, como comandante de todos, se haría cargo de planear el viaje. «Contaba con la lealtad de esa gente, porque si no se venían conmigo tendrían que regresar a Guatemala».

Para sacar las armas utilizó los carritos y otra vez a las señoritas del Junior que habían ayudado antes. El mayor problema fue el botín de guerra que se había repartido entre el personal: después de mucho discutir, la gente aceptó que Cóndor 1 se llevara la droga a Jalisco y la escondiera en un lugar seguro.

Todos viajarían hacia Reynosa en parejas, con ropa humilde y en autobuses de tercera. Por precaución, no utilizaron la misma ruta: unos tomaron para Zacatecas, otros salieron por Jalisco y los menos subieron a Durango, pasando por Sinaloa. Lo último que hizo antes de abandonar la plaza fue llamar a Cóndor 2 para que sus *panteras* abandonaran el puesto: ese kaibil se sorprendió por la instrucción, y es que por teléfono no podían proporcionarle mayores datos.

17

El día 14 de marzo,
un jueves por la mañana,
los soldados y la UEDO
rodearon varias manzanas;
le ponen el dedo al jefe,
al *number one* de la maña.

Ni los Zetas ni los cuernos,
ni alguna otra precaución,
pudieron salvar al jefe
de aquel fatal levantón,
siempre han ido de la mano
la confianza y la traición.
[...]
Se lo llevan a Almoloya,
como acostumbra la UEDO;
sacarlo de Tamaulipas,
de Tampico hasta Laredo,
donde han muerto comandantes
y ahora los acosa el miedo.
Tal vez alguien lo asesora
y está en el anonimato;
vigilando del oscuro,
al ratón lo pescó un gato,

darse a la luz no conviene
para el que ande en estos tratos.

El cártel sigue operando,
no se saben reacomodos;
aunque ya está prisionero
todo lo hacen a su modo.
Solo él sabrá cómo le hace
del penal a Matamoros.
[...]
De Tampico hasta Laredo
patrullan los gavilanes,
pues no dejan que otras aves
aniden en sus lugares;
se defienden con su sangre
cuando alguien quiere ganarles.

Pasajes del Golfo
Letra y música de Beto Quintanilla

El arresto de Osiel Cárdenas
Marzo, 2003

Osiel Cárdenas Guillén fue detenido en su domicilio. De acuerdo con los relatos de prensa, al escuchar movimientos policiacos fuera de su casa quiso evadirse por la calle trasera: trepó un muro alto, ayudado por los bordes de los ladrillos, y saltó convencido de que había librado a sus captores, pero del otro lado la vía estaba bloqueada por carros con soldados.

Galdino asegura que el arresto fue posible porque dentro del grupo hubo una traición: «El vehículo principal del patrón sirvió como señuelo para distraer». Cuenta que la Suburban blanca utilizada por Osiel Cárdenas Guillén salió del domicilio a toda velocidad y que el resto de su escolta se vieron obligados a perseguirla sin averiguar quiénes eran los tripulantes, porque los vidrios estaban polarizados. «Solo alguien que conocía la logística del patrón pudo haber ayudado para que lo agarraran».

Otras camionetas similares fueron tras ella por la avenida del Niño hasta que, más adelante, se detuvo el vehículo principal y el chofer que la conducía echó a correr, dejando la unidad a media calle. Fue entonces que se escuchó, a través de la frecuencia de radio, que Osiel Cárdenas Guillén había sido capturado.

La escolta volvió al domicilio y disparó contra los soldados que ya rodeaban el inmueble. Ambos bandos dejaron víctimas tendidas sobre el pavimento, pero la masacre fue ociosa porque para ese momento Osiel iba ya de camino hacia el aeropuerto de Matamoros.

El comandante Víctor Manuel Hernández Barrón, responsable de la seguridad del líder del cártel del Golfo, ordenó un último intento para rescatar a su jefe. Pero falló de nuevo: Cárdenas Guillén fue trasladado en un avión de la Fuerza Aérea que aterrizó en la base de Santa Lucía antes de la hora de la comida. Ahí rindió declaración ministerial ante agentes de la UEDO y horas más tarde elementos del Ejército lo condujeron al penal de máxima seguridad de Almoloya, ubicado en el Estado de México.

La Procuraduría reveló que, junto con el criminal, fueron también detenidos dos integrantes de su cuerpo de seguridad: Víctor Manuel Hernández Barrón y Agustín Hernández Martínez, exmilitares que habían desertado para unirse al narcotráfico.

Fue la raza de Sinaloa

Galdino giró la cabeza en círculos para liberar tensión del cuello, luego intentó escoger lo mejor posible sus palabras:

—Fue la raza de Sinaloa la que puso al patrón.

—¿Qué quieres decir con que lo puso?

—Fueron ellos quienes dijeron al gobierno dónde y a qué hora dar con él. Esa fue su venganza porque el patrón les había declarado la guerra.

—¿Quién más estaba con Osiel?

—Adentro de la casa también estaban el Cos y Tony Tormenta. Al percatarse de lo que sucedía, el Cos fue a buscar la caja donde estaban los treinta celulares que el M utilizaba para comunicarse con la estructura, los introdujo dentro de una mochila y escapó por la puerta de la cocina. En la calle lo esperaba Tony Tormenta, quien igual logró huir mientras continuaba la confusión.

—¿Hernández Barrón también traicionó?

—No creo que el Flanders haya puesto al patrón, pero sí fue él quien soltó los nombres de todos nosotros.

—¿Quién es el Flanders?

—Hernández Barrón, el güey que comandaba la escolta del jefe cuando lo agarraron. Ese pendejo se equivocó dos veces: primero siguió un vehículo que iba vacío, y luego quiso rescatar al patrón en el aeropuerto. ¡Valió madres!

—¿El Flanders es contemporáneo tuyo?

—Él también fue al Fuerte Hood. Cayó preso junto con otros pendejos de la segunda generación y por culpa de ellos nos hicieron cine. Desconozco cuál fue el arreglo al que llegó, pero días después comenzó a circular en los medios de comunicación una lista con nuestras fotos y nombres.

Apuntes del periodista
Noviembre, 2015

El arresto de Osiel Cárdenas Guillén se vio opacado por la noticia de que el cártel del Golfo había reclutado a varios militares pertenecientes al Grupo Aeromóvil de Fuerzas Especiales, mejor conocido como GAFE. El escándalo fue tan grande que fue necesario convocar a una conferencia en la que rindieron varias explicaciones el secretario de la Defensa y el procurador general. El secretario fue el primero en intervenir.

—En uno de los golpes a la delincuencia más relevantes, el Ejército detuvo ayer al líder del cártel del Golfo, Osiel Cárdenas Guillén, buscado por las autoridades de México y Estados Unidos. Es considerado como una amenaza para la sociedad, por lo que desde hace seis meses penetramos de manera exitosa en su organización criminal y monitoreamos los movimientos de este sujeto hasta lograr ubicarlo de manera precisa. —Tomó un trago de agua y continuó—: Es primordial para la Secretaría de la Defensa Nacional informar que el cártel del Golfo está integrado por unos trescientos criminales, entre los cuales hay desertores del Ejército Mexicano.

El mensaje fue confuso porque tenía propósitos contradictorios: de un lado el general quería subrayar que el Ejército fue responsable de la captura, pero por el otro estaba obligado a explicar por qué Osiel Cárdenas Guillén contaba con efectivos militares dedicados a brindarle seguridad.

El funcionario dejó a un lado los papeles que tenía enfrente y decidió improvisar con lenguaje coloquial.

—Ocultarlo sería mentir: en 1999 este delincuente reclutó, por medio del dinero y de muchas cosas, al personal que quiso irse a trabajar para él, así que logró atraer a varios sujetos que desertaron del Ejército. Desgraciadamente, eso se da en todos lados; es gente sin honor, sin convicción, sin pasión, sin ganas de defender a México.

El siguiente en hablar fue el procurador de la República, quien igual se notaba turbado.

—Dentro de la mansión de Osiel Cárdenas Guillén se encontró equipo bélico, como filtros y máscaras antigás, aparatos de visión nocturna, *scanners* telefónicos, armas, municiones y granadas de fragmentación. Es la primera vez que el gobierno mexicano se enfrenta con una organización tan sofisticada; se debe, en efecto, a que el cártel del Golfo reclutó militares pertenecientes a diversas agrupaciones, como el GAFE.

Durante la sesión de preguntas, el procurador reconoció que esta organización tenía presencia fuera de Tamaulipas.

—Se les ha visto en Veracruz, Acapulco y Michoacán. Son personas que utilizan uniformes negros y se desplazan con mucha facilidad por todo el país.

El secretario de la Defensa amplió la información:

—Todos ellos pertenecen a los rangos más bajos de la jerarquía militar, son sargentos, cabos y soldados rasos; nada de mandos. Sería exagerado afirmar que se trata de un grupo paramilitar, son unos cuantos desertores y ya. Muy pronto los capturaremos y procesaremos por traición a la patria; enfrentarán la justicia de los tribunales militares.

El procurador cerró aquella conferencia de prensa afirmando que esas personas estaban bien identificadas y entregó a los reporteros un comunicado con la lista de los principales exmilitares que cuidaban a Osiel Cárdenas Guillén:

Jaime González Durán.
Alias: El Hummer.
Fecha de nacimiento: 8 de octubre de 1971.

Lugar de nacimiento: Aquismón, San Luis Potosí.
Activo en el Ejército entre 1991 y 1999.

Galindo (*sic*) Mellado Cruz.
Alias: El Mellado.
Fecha de nacimiento: 18 de abril de 1973.
Lugar de nacimiento: Tampico el Alto, Veracruz.
Activo en el Ejército entre 1991 y 1999.

Heriberto Lazcano Lazcano.
Alias: El Lazca.
Fecha de nacimiento: 25 de diciembre de 1974.
Lugar de nacimiento: Apan, Hidalgo.
Activo en el Ejército entre 1991 y 1998.

Jesús Enrique Rejón Aguilar.
Alias: El Mamito.
Fecha de nacimiento: 9 de junio de 1976.
Lugar de nacimiento: Campeche, Campeche.
Activo en el Ejército entre 1993 y 1999.

Óscar Guerrero Silva.
Alias: El Winnie Pooh.
Fecha de nacimiento: 1 de enero de 1971.
Lugar de nacimiento: Guadalupe, Nuevo León.
Activo en el Ejército entre 1992 y 1999.

¿Es cierto que esos exmilitares pertenecieron a rangos bajos del Ejército? El caso de Alejandro Morales Betancourt desmiente la declaración del secretario de la Defensa. El testigo protegido con el seudónimo Yeraldín era un militar que, cuando desertó, tenía el grado de subteniente; es decir, que se trataba de un oficial egresado del Colegio Militar y no de un soldado raso.

De acuerdo con la lista de nombres entregada durante aquella conferencia de prensa, la mayoría de los desertores habrían abandonado el Ejército entre 1998 y 1999. Sin embargo, casi veinte años después, continúa siendo imposible corroborar tal información, lo mismo que el grado militar con el que contaban los zetas fundadores cuando cruzaron la frontera de la criminalidad.

A principios de 2016 envié una serie de solicitudes de información a la Secretaría de la Defensa Nacional para conocer las fechas de alta y baja de Galdino Mellado Cruz y otros de sus compañeros en el Ejército; también pedí conocer el último grado que habían alcanzado dentro de las fuerzas armadas antes de desertar. En todos los casos la respuesta de la autoridad fue que, de acuerdo con la ley, esos datos eran confidenciales.

Exigí revisión de la negativa argumentando dos cosas: primero, que el secretario de la Defensa había compartido esa misma información en un comunicado de prensa fechado en marzo de 2003 —trece años atrás— y, segundo, que varias de esas personas habían muerto, por ejemplo, Arturo Guzmán Decena, fallecido en 2002; Óscar Guerrero Silva, quien se suicidó en 2004; Heriberto Lazcano Lazcano, quien murió en un enfrentamiento en 2012, o Galdino Mellado Cruz, supuestamente muerto en 2014. Pero los responsables de la transparencia institucional negaron de nuevo la solicitud e insistieron en que los datos eran confidenciales.

Topé con pared: resultaba más difícil comprobar los dichos de la autoridad que corroborar las letras de los corridos de Beto Quintanilla.

La versión de Osiel
Octubre, 2004

Firmó con su nombre un desplegado de plana entera en un diario nacional para denunciar una supuesta estrategia de intimidación en su contra y consiguió también ser entrevistado en el programa matutino de televisión que, por aquel entonces, contaba con la mayor audiencia. El lunes 18 de octubre de 2004, pasadas las 7:30 de la mañana, las palabras de Osiel Cárdenas se escucharon en cadena nacional:

—Yo pienso, más que nada, que la autoridad se enfoca, ya que tiene intereses, se enfoca específicamente en algunos grupos, pero no en todos. Las autoridades utilizan cortinas de humo para desviar la opinión pública hacia alguien y tapar a alguien más. Hablan mil e infinidad de cosas sobre mí; la realidad es que hay una consigna en mi contra.

Fue una lástima que el conductor del programa televisivo no haya estado autorizado para interrogar al invitado; había muchas preguntas que hacer aquella mañana. ¿A qué intereses se refería Osiel Cárdenas? ¿Cuáles eran, según él, los grupos criminales intocables? ¿Por qué la autoridad protegía a los sinaloenses? ¿De qué se trataba la supuesta consigna oficial en contra del líder del cártel del Golfo?

El periodista tuvo oportunidad de interactuar con el líder del Golfo, pero no lo hizo: un anuncio de detergente para ropa ocupó el lugar siguiente en las ondas electromagnéticas.

Jefe desde la cárcel
Septiembre, 2005

Tal como afirma el corrido de Beto Quintanilla, Osiel Cárdenas Guillén continuó manejando el cártel desde el reclusorio de Almoloya. La fuente de esta información es el secretario de Seguridad Pública, quien tenía entonces la responsabilidad de administrar los penales más importantes. Durante una comparecencia ante la Cámara de Diputados, reconoció que Osiel Cárdenas pudo orquestar una red de protección dentro del penal de alta seguridad de Almoloya que le permitía hacer y deshacer a su antojo.

—Este capo logró tejer una estructura de personal dentro del reclusorio: internos, policías y custodios corruptos que trabajaban para él en una zona reservada.

Días después, el secretario de Seguridad anunció que el gobierno emprendería una «guerra frontal contra los cárteles del narcotráfico» y advirtió que los esfuerzos se centrarían en combatir a la organización encabezada por Cárdenas Guillén. Entre otras tareas prometió crear una policía especial que se dedicaría a «limpiar las cárceles de corrupción».

Es una paradoja que ese mismo funcionario haya muerto la mañana en que viajaba al penal de Almoloya —donde Cárdenas Guillén era el rey— para anunciar formalmente la puesta en marcha del nuevo cuerpo policial. El secretario de Seguridad perdió la vida en circunstancias extrañas: volaba en un helicóptero oficial, junto con otras ocho personas, cuando la nave se desplomó. Durante más de diez horas tres mil personas, entre militares, policías y civiles, recorrieron una extensa zona montañosa buscando a los desaparecidos.

Por la noche un grupo de rescatistas dio con los restos del helicóptero en la proximidad de un peñasco conocido como La Cima. Un portavoz gubernamental declaró que, debido a la magnitud del accidente, los cuerpos se habían desintegrado. Las autoridades dijeron que la tragedia se debió a condiciones climatológicas, pero luego instruyeron reservar toda información relativa al evento argumentando motivos de seguridad nacional.

La sucesión
Marzo, 2003

Mientras Galdino aspiraba el humo de su cigarro, me sentí tentado a retomar mis viejos hábitos. Lo escuchaba hablar y mi deseo creciente de fumar me desconcentró por el enorme esfuerzo que debía hacer para combatirlo. Lo peor fue que ese día olvidé llevar pistaches a la prisión de Chiconautla.

—Los medios de comunicación se equivocaron conmigo. Me marcaron como traidor, pero eso también fue parte del cine —dijo envuelto por el olor a tabaco quemado.

—¿Quién te marcó como traidor?

—Después de que detuvieron al M, muchos mantuvimos nexo con las dos organizaciones: los Zetas y el Golfo. Eso no representó un problema, porque ambas estructuras siguieron trabajando unidas.

—¿No hubo crisis en el liderazgo? —interrogué.

—Algo, pero duró poco.

—¿Quién quedó a la cabeza?

—El Cos pudo seguir administrando como si nada hubiera pasado. Así funcionan las cosas en este negocio: si falta el director de la empresa, hay que encontrar un sustituto.

—¿Estuvo de acuerdo Heriberto Lazcano?

—En 2003 los Zetas éramos solo el brazo armado; poco habríamos podido hacer sin Jorge Costilla, porque conocía mejor el funcionamiento. Él mantuvo las ligas con la gente de Colombia, controlaba a los contadores, tenía los contactos en Estados Unidos. Pero también necesitaba a los Zetas: sin nosotros se habría relajado la disciplina. La empresa, como la inventó Osiel Cárdenas, nos hacía complementarios.

—¿Qué sucedió en el pleito con la gente de Sinaloa? —pregunté intrigado.

—Se resolvió, por un rato, cuando el Ejército capturó al M: solo el patrón tenía bronca con esa raza. En cuanto lo encerraron en Almoloya, tanto el Cos como el Lazca buscaron arreglarse con los adversarios.

—¿Se enojó Osiel cuando supo que pactaron con ellos?

—Lo entendió, porque no le quedó de otra. Al final asumió que eran demasiado poderosos y entonces, desde la cárcel, nos fue llamando uno por uno para asegurar la unidad.

—¿Siguió siendo el jefe?

—Ayudó a resolver las diferencias y nos orientó para continuar adelante.

—¿Qué te dijo a ti? —quise saber.

—Lo mismo que a todos, que no la cagáramos más.

—¿Por qué le hiciste caso?

—Se lo debía.

Tardé varios segundos en formular la siguiente pregunta; mientras tanto, Galdino apagó la colilla de su cigarro. Después jugó con los dedos sobre la mesa.

Más fuertes que nunca
2004-2006

Cuando el corrido *Pasajes del Golfo* ganó celebridad en los palenques y las fiestas populares, el procurador de la República decidió combatir la propaganda del enemigo. Según este funcionario, no era cierto que «de Tampico hasta Laredo» patrullaran «los gavilanes». El funcionario declaró con énfasis:

—Los Zetas ya no existen, son sicarios comunes y corrientes. El grupo que había, que se ubicó, está todo muerto o en la cárcel, entonces ya no hay Zetas.

Ese procurador no debió estar muy lejos del corazón de la impunidad. La verdad es que, hacia 2004, el brazo armado del cártel del Golfo se consolidó como una organización poderosísima. Tanto que, poco tiempo después, otro procurador tuvo que corregir el discurso sobre la misma organización:

—Hay cierta pérdida de elementos centrales de la potestad del Estado donde las organizaciones criminales han tomado control de cuerpos policiacos.

Más allá de la jerga torcida que utilizan frecuentemente estos funcionarios: ¿cómo explicar que, con una diferencia de poco tiempo, un procurador dijera que se había perdido un alfiler, y otro, que ese alfiler no existía?

Prisa en el cuerpo
Abril, 2003

—¿Qué hicieron cuando el gobierno publicó la lista con nombres y fotos de los Zetas?

—Cuando quedas expuesto, se acelera el reloj.

—¿A qué te refieres?

—Sientes prisa en el cuerpo. Te entra necesidad de apurarte.

—¿Apurarte cómo?

—Le echas más ganas a la hora de acumular territorios, tener más dinero, almacenar más armas. Ante esa circunstancia, estás obligado a hacer todo lo que puedas para adelantarte en la carrera.

—¿Contra quién era la carrera? —cuestioné.

—Contra el gobierno, contra los adversarios, contra todos los que nos perseguían.

—¿Eso hiciste tú?

—Sí, pero yo actué diferente porque a mí me educaron para sobrevivir. En mi barrio, cuando vienen por ti, cambias de nombre, bajas el perfil, te apartas del cine. A diferencia del resto, yo puse a otros pendejos como jefes de plaza en Reynosa y manejé mis negocios desde la sombra.

18

Apuntes del periodista
Octubre, 2015

Soñé que fumaba un cigarrillo que no era mío, luego aspiraba humo que no era un sueño sino una pesadilla. Desperté con la sensación de haberme vaciado por dentro: Galdino me había desalojado. Conforme el río de sus palabras fue inundando mi conciencia, una parte de mí tuvo que migrar a otra geografía. Cada vez era más difícil asistir a un concierto, leer poesía, cenar en un restorán con amigos o gastar una tarde de buen sexo porque era imposible hacer coincidir su relato con mi vida cotidiana.

Conmigo el interno de Chiconautla habló sin brida, dijo cuanto le vino en gana, como si no hubiera puerta delante de sus labios. Lo que confió con su voz se conserva hoy en un documento transcrito de más de cuatrocientas páginas; lo he leído una decena de veces con la distancia que permite la palabra impresa. Pero nunca he vuelto a escuchar las entrevistas grabadas; no lo soportaría porque ahí está la prueba de que, efectivamente, entre esa persona y yo se estableció una relación de empatía. Obvio que, de tanto convivir, fue creciendo la proximidad con él: de tanto observar sus gestos, por verlo estirar con frecuencia el cuello como una lagartija, por las muchas ocasiones que traduje sus palabras con las mías.

Sabiendo todo cuanto me contó, ¿estaba obligado a traicionarlo? Si era quien decía ser, si en efecto era Galdino Mellado Cruz —responsable de más de cuatrocientas cincuenta muertes—, ese hombre no debía regresar a la calle. Quizá si lo delataba podría volver a dormir, recuperaría la cordura y lo sacaría de mi intimidad.

Ciudad Juárez
Verano, 2003

Andaba yo bien tranquilo en Reynosa cuando el Hummer llamó para decirme que Heriberto quería vernos en su rancho de Valle Hermoso, al sur de Matamoros. Pregunté el motivo y Jaime respondió que el Lazca estaba preparando un jale. Yo sabía que estábamos a punto de entrar a Chihuahua, así que no me fue difícil especular sobre el siguiente operativo.

En vez de ir directo al grano, al Lazca ya se le había hecho costumbre echar rollos largos para explicar las misiones; en esa ocasión, no sé cuántas veces dijo que éramos las cacas más chonchas del narcotráfico, pero las demás empresas eran incapaces de notarlo, por eso la compañía había decidido tomar Ciudad Juárez.

—Si lo logramos, el resto del país será nuestro, se los prometo. Juárez es la corona, y esa plaza continúa libre. ¿Por qué no intentarlo? Tenemos todo: están los Kaibiles y chingo de banda joven dispuesta a probarse. Además, a la tropa no le hace bien estar echando la güeva, se nos va a revertir si no los ponemos a hacer algo de provecho.

Nadie discutió los argumentos del Lazca. Los comandantes dejamos encargados nuestros territorios y partimos con la gente para rompernos la madre.

—Había entonces allá en Juárez un Oro, el más cabrón de todos los que conocí: un pinche asqueroso que para permitirnos operar pedía que le consiguiéramos chamaquitas. Él era el nexo principal para que comenzáramos a ganar terreno, pero ese mismo señor fue quien después nos puso. Era el único que conocía los puntos rojos donde nos concentrábamos.

—¿Quién era esa persona?

—El Oro más verga de Ciudad Juárez; nos pedía chamacas y bajo ese concepto quería que perteneciéramos a su secta, pero no accedimos porque era un pinche cochambroso. Ora que sí asistimos varias veces a sus reuniones, por curiosidad y también por obligación.

—¿Para qué quería a las jovencitas?

—Póngale que nos pedía una al mes, era la cuota para dejarnos trabajar; también le dábamos para su refresco, pero no perdonaba que incumpliéramos con lo de las viejas. Había criterios que debíamos respetar. Las cazábamos durante días para investigarlas en todo: debían ser vírgenes y no practicar el catolicismo. Si habían tenido un hijo, ese güey las rechazaba.

—¿Para qué quería el Oro a esas mujeres?

—Con tal de que mantuviéramos la posición, nadie cuestionó el precio que ese señor nos hacía pagar. No vaya usted a creer que maté mujeres en Juárez, pero sí fui testigo de que ese cabrón les rompía la madre.

—¿Qué hacía?

—Uta, pues mire, hay un punto en el cuerpo de la mujer, un punto específico, y de ahí las abría; las tendía sobre una mesa y las abría, que para una *pactación*. El Oro encendía cirios pascuales grandes y nosotros, por lógica, siempre estábamos a varios pasos de distancia. Observé cada vez que les arrancó esa madre y la puso dentro de una copa.

—¿Estaba solo?

—No, pues había hombres, mujeres. Nosotros éramos invitados, pero había tanto cabrón como pueda usted imaginarse.

—¿Cuánta gente participaba en esos rituales?

—Unas cuarenta o cincuenta personas; la cosa es que iban vestidas de una manera que impedía reconocerlas.

—¿Esto era en Juárez?

—Sí, en Juárez.

—¿Dónde exactamente?

—Exactamente en Juárez. Haga de cuenta que la morra estaba acostada y dos ayudantes auxiliaban para inmovilizarla. El Oro comenzaba la ceremonia tocando una campana.

—¿La mujer estaba viva?

—Claro que sí, viva y totalmente desnuda; por lógica, amarrada de las manos y los pies. Con un trapito el güey limpiaba todas sus partes.

—¿La drogaban?

—No. Estaba bien despierta, pero no podía gritar, se le tapaba la boca; eso sí, chille y chille. Había viejas que se hacían del baño: el Oro les pegaba entonces en el estómago y volvía con el procedimiento de limpiarlas. El pedo era que la morrita quedara bien pura; luego le vaciaba encima leche de borrega. Había en el salón un sahumerio que despedía olores fuertes, y un bálsamo que usaba para limpiar la vagina antes de rebanarlas hasta el ombligo. Lo que me llamó la atención es que las viejas no se desangraban: aun conociendo los medios de la tortura era sorprendente, porque el corte era tan perfecto que la sangre derramada era muy poca. Luego metía la mano dentro de la herida y sacaba el órgano.

—¿Cuál órgano?

—No le sé decir. Nunca lo vi de cerca.

—¿Para quién era la ofrenda?

—Para Bafomet, una pinche cabra toda culera.

—¿Rezaban?

—Decían cosas como «Príncipe de este mundo, gran luz de la mañana, estrella resplandeciente, te pedimos que tu lucero baje, que tu lucero descienda...».

—¿Cuántas ceremonias como esas te tocó presenciar?

—Cuatro o cinco nomás, después del quinto mes fue cuando nos echaron de Juárez.

—¿Cómo terminaba el ritual?

—Había gente más dañada que el Oro y se metían con la chamaca de diferentes maneras. Estaban bien pinches jodidos: la manoseaban, le pegaban, la lastimaban en los senos, en todo el cuerpo. Lo que quiera usted imaginarse, eso pasaba. Era asqueroso y nosotros teníamos que presenciarlo, porque al final éramos responsables de sacar de ese lugar el cuerpo ya sin vida de la morra.

—¿Adónde llevaban los restos?

—A un campo fuera de la ciudad, donde se sembraba algodón. El Oro nos daba instrucciones precisas sobre cómo debíamos tirarlas: una bocabajo, otra en posición fetal, y así hasta formar con los cuerpos un triángulo que pudiera verse desde el cielo, como un mensaje para los extraterrestres o para quién sabe quién. A mí únicamente me tocaron cuatro o cinco chavas, ¿comprende? Antes de que siguieran solicitando nuestros servicios, nos rompieron la madre y tuvimos que abandonar Ciudad Juárez.

—¿Volviste a ver al Oro?

—Es un hombre famoso de la política. Sigue como si nada ese hijo de la chingada.

—¿Qué pasó al final en Juárez? —quise saber.

—Salimos derrotados, mi señor; acabados, perdimos chingos de gente. Fue humillante que hubiera tanta *hormiga* muerta. La peor pendejada que pudimos cometer fue meternos a esa ciudad ennegrecida, pero para entonces en nuestros corazones únicamente cabía la ambición. Por eso nos equivocamos, porque no nos conformábamos; queríamos más y perdimos.

—¿Cómo fue que los derrotaron?

—Desde que llegamos querían volarnos, pero al principio éramos un chingo de cabrones dispuestos a jugársela. Nos faltó disciplina y estrategia, llegamos con gente que era ingobernable. Los mandos perdimos autoridad y además ya traíamos oscuro el corazón, ¿comprende?

Apuntes del periodista
Noviembre, 2015

Por teléfono pedí una entrevista con el juez Roldán, sin precisar el tema que quería tocar con él. Su asistente insistió en que era requisito conocer el caso por el que pretendía visitarlo en su despacho. Cedí con la información y dije que quería hablar con él sobre un recluso que respondía al nombre de Juan Luis Vallejos de la Sancha. Ella prometió que se comunicaría más tarde conmigo.

No tuve respuesta inmediata. En ese momento germinó en mi cabeza una duda: ¿y si Galdino no había sido testigo directo de todos sus relatos? ¿Podía no ser suya, sino de alguien más, la narración sobre el sacrificio de mujeres en Ciudad Juárez? Si bien ese relato horrendo fue vivo y detallado, resultaba sospechoso que Galdino hubiera efectivamente sido también espectador de ese evento preciso. Era como si le hubiera tocado participar en cuanto acto criminal tuvo celebridad en México durante el periodo cubierto por las entrevistas.

El caso conocido como las Muertas de Juárez tiene pocos parientes en la saga del absurdo criminal: desde 1993 hasta 2012 fueron asesinadas más de setecientas mujeres, la mayoría en circunstancias similares a las que habrían podido ser responsabilidad de un asesino serial; sin embargo —por la cantidad de víctimas—, la hipótesis de un solo victimario era difícil de sostener.

Entre las explicaciones que se proporcionaron a lo largo del tiempo, una que no obtuvo demasiada atención es la mencionada por Galdino: la de una secta religiosa detrás de esas muertes. Después de atender el relato del interno de Chiconautla revisé el escaso material publicado sobre esta tragedia que pudiera coincidir con su versión.

Fue entonces que encontré las afirmaciones que los familiares de una mujer desaparecida hicieron a la periodista Rosa Isela Pérez, y también la confesión que años más tarde entregó un fulano de nombre José Francisco Granados de la Paz en la prisión estatal de Filadelfia.

Los familiares de la mujer desaparecida en la colonia Lomas de Poleo afirman en su relato que, en medio del desierto, hallaron una cabaña de madera en cuyo exterior había velas negras y rojas, y una tabla de unos dos metros de alto por 1.5 de ancho:

«La tabla tenía el dibujo de un escorpión (símbolo de los narcotraficantes) y en uno de los lados de este se encontraban las figuras de tres mujeres desnudas, de cabello largo, sentadas en bancos con la mirada hacia el escorpión. Debajo se hallaba la imagen de una mujer sin ropa, recostada y maniatada. Tenía una expresión de tristeza, los ojos cerrados [...] Encima del escorpión, hacia su lado derecho, había cinco o seis soldados dibujados de pie, detrás de unas matas que semejaban marihuana.

»En la parte baja de la tabla [...] se asomaban los rostros encapuchados de cuatro hombres. [...] El anverso de la tabla, en su centro, mostraba a dos mujeres recostadas, desnudas, las piernas flexionadas y abiertas».

Esta narración apareció tiempo después publicada en el libro *Huesos en el desierto* del escritor Sergio González Rodríguez.

El otro testimonio relacionado con esta horripilante narración es el de José Francisco Granados de la Paz, un sujeto encerrado en una prisión de Filadelfia por haber violado la ley migratoria de Estados Unidos. Ahí confesó haber participado en al menos diez asesinatos de mujeres en Ciudad Juárez. Dijo que todas las veces lo hizo durante rituales religiosos dedicados a Satán. Por esta declaración Granados fue extraditado a Chihuahua, donde se encuentra encarcelado.

¿Cabía la posibilidad de que Galdino hubiera escuchado el relato de otro colega, en vez de haber sido testigo principal? Si tal fuera el caso, ¿cuántos otros pasajes narrados durante nuestras reuniones de cada miércoles le habrían ocurrido realmente a él? ¿Y si el periodista no fuese yo sino Galdino? Me sentí de golpe en un cuadro del holandés Maurits Escher, sin saber dónde comenzaban y dónde terminaban las revelaciones del interno de Chiconautla.

Cuando la secretaria del juez Roldán volvió a llamar para comunicarme el día y la hora de la cita, decidí pretextar problemas de agenda para aplazar el encuentro con ese funcionario. Recuerdo que ese mismo día volví a fumar, porque la investigación me estaba provocando demasiada angustia: necesitaba con urgencia retomar la vieja y confiable relación que tuve con la nicotina. No lamenté en ese momento que la voluntad se me hubiera gastado tan rápido. Solo duró un año la abstinencia.

Suicidio
Febrero, 2004

El Winnie Pooh murió de un tiro en la cabeza el Día de la Candelaria de 2004. De acuerdo con funcionarios de la Agencia Federal de Investigación, su cadáver fue hallado dentro de una casa modesta de la colonia Riberas del Río, en un municipio vecino a la ciudad de Monterrey.

Una pistola escuadra nueve milímetros le quitó la vida. El perito que redactó el acta de defunción declaró que se trató de un suicidio. Al día siguiente diversas notas de prensa recordaron que Óscar Guerrero Silva, alias el Winnie Pooh, perteneció al Estado Mayor de la Defensa Nacional hasta 1999, cuando desertó del Ejército para afiliarse como sicario a las huestes de Osiel Cárdenas Guillén, líder del cártel del Golfo.

Yo fui el más afectado por la muerte de Óscar Guerrero; al principio no me creí lo del suicidio, pero el Hummer se ocupó de convencerme. Como sabía que dudaría, Jaime me mostró los papeles. La bala que terminó con la vida de Óscar solo pudo ser disparada por él mismo, así lo demostraban las pruebas y no sé qué otras mamadas.

—Estaba bien la última vez que hablé con él —aseguré.

—Falso, Galdino, el Winnie traía pedos.

Eso era verdad. Desde que el M le ordenó que matara a su propio hermano, Guerrero no volvió a ser el mismo. Luego vino la temporada que estuvimos encerrados en la cárcel de Santa Adelaida, ahí también la pasó mal.

—Tomaba antidepresivos exageradamente —insistió el Hummer.

—¿Qué hiciste con el cadáver?

—Nadie de su familia vino a buscarlo, y no era seguro para nosotros ir por él. La autoridad terminó aventándolo a la fosa común.

Me jodió harto esa muerte. Desde que nos conocimos en el Fuerte Hood, Óscar y yo fuimos carnales. Más que nada, me puso triste no haberlo ayudado; mientras estábamos juntos en Reynosa, el Winnie Pooh se mantuvo a flote, nunca debí dejar que se fuera con Jaime a Monterrey.

—¿Así iremos a terminar tú y yo? —pregunté al Jaime.

—Quizá sea mejor que morir de otra manera —respondió.

—Preferiría abrazarme a una granada.

—Y yo, que me pegaran trescientos tiros —le hizo el Hummer.

19

Apuntes del periodista
Noviembre, 2015

¿Por qué no delatarlo? La pregunta sumó horas al insomnio que ya padecía. Habría sido fácil responderla si fuera sacerdote: en el derecho canónico el silencio frente a la confesión es inviolable. Pero Galdino no era católico ni buscaba la absolución de sus pecados, y yo no podía ocupar el lugar de quien sí tiene la fe para producir ese milagro.

La Asociación Médica Mundial también obliga a guardar los secretos del paciente, pero las verdades médica y periodística tienen poco que ver: mientras en el primer caso el doctor se debe a su paciente, en el segundo el periodista responde a la obligación de informar. Muchas veces la fuente pide guardar secretos a cambio de confiar ciertos datos, y así lo hizo Galdino antes de dejarse entrevistar: exigió que los nombres de sus familiares quedaran fuera del reportaje, y también que esperase a que él abandonara el reclusorio antes de dar a conocer cualquier información.

Para asegurarse de que yo cumpliría con mi parte, reforzó varias veces con amenazas el acuerdo: «Seguro no es su número principal», dijo la primera vez que nos comunicamos a través del aparato azul; «Ya sabemos cuál es el vehículo que usa para venir», me informó el día que se mostró más agresivo bajo el influjo de la droga. «No acordamos que usted iría acompañado», precisó cuando supuestamente me encontraría con el hermano de Lluvia en la Plaza de la República.

Era obvio que contaba con cómplices fuera de la prisión. No podía hacer como si traicionar a Galdino estuviese libre de consecuencias: romper antes de tiempo el acuerdo era obviamente peligroso.

Una pregunta más se enredó alrededor de mi cuello: ¿podría confiar en la autoridad? Si alguna parte de lo que Galdino me contó fuera cierto, entre sus cómplices había también agentes del gobierno.

El asesinato de Fernando Zavaleta
Julio, 2005

Dice que levantó la mano en cuanto el Lazca preguntó. Un político quería eliminar a un adversario y Galdino creyó que ese operativo era una buena oportunidad para visitar a su familia, a la cual no veía desde que el Ejército lo envió, nueve años atrás, como funcionario de la Procuraduría a Reynosa. Reconoce también que le urgía apartarse de cuanto había significado Ciudad Juárez, porque en esa ciudad vio morir a demasiados conocidos.

Recibió la instrucción de asesinar a una persona de nombre Fernando Zavaleta. Ese señor celebraría su cumpleaños durante un desayuno en un restorán de la colonia Guerrero conocido como El Penacho de Moctezuma. Galdino asegura que no trajo a nadie de Reynosa: la empresa le asignó para ese operativo a nueve varones y tres *panteras* que trabajaban en la capital para los Zetas.

Cuenta que llegaron a El Penacho de Moctezuma cuando la fiesta apenas comenzaba, traían uniforme negro y la mayoría llevaban cubierto el rostro con pasamontañas; Galdino, como era su costumbre, prefería la coipa. Dice que acostumbraba cargar sobre el pecho tres granadas, porque había prometido volarse antes que dejarse agarrar.

«Más tardamos en estacionar las tres camionetas que en bajar a los escoltas de Zavaleta: sus cuerpos quedaron tirados sobre la banqueta. Subí primero las escaleras que conducían al salón de baile y el resto de la estaca me siguió en formación de gusano. Como la música se escuchaba a todo volumen, adentro nadie se enteró del desmadre que habíamos dejado en la calle».

El lugar era grande, cuenta que ahí celebraban fiestas de quince años y bodas; las paredes estaban decoradas con fotografías que los clientes iban dejando. Al abrir las puertas se encontró con una sola mesa larga, donde departían unos treinta invitados.

«Hay algo que es muy cierto: podemos presentir nuestra muerte. Todos los que he ejecutado sabían que les pasaría. Igual es mi locura, pero cuando tuve frente a mí al tal Zavaleta, el tipo se me quedó mirando, como diciendo "me encontraste"».

Narra que el resto de la estaca se distribuyó simétricamente, dejándolo en el centro de una medialuna; en cuanto los invitados se dieron cuenta de lo que sucedía metieron el cuerpo bajo la mesa, salvo algún valiente que echó a correr hacia los rincones del salón.

«Yo era el responsable del operativo, así que mientras iba caminando disparé siete tiros contra el objetivo: al llegar al lugar donde había estado sentado, observé que aún se movía, así que lo ayudé con una ráfaga que detuvo la temblorina de sus manos».

No sabe decir si su estaca tuvo que eliminar a otras personas durante aquel desayuno: las órdenes del Lazca solo incluían al político principal, pero la gente estaba autorizada para proceder contra cualquiera que pusiese en riesgo la misión. Según recuerda, salieron de El Penacho de Moctezuma antes de que la música dejara de escucharse. Presume que, como era su costumbre, abandonó con calma el sitio, cruzando por la puerta principal, y subió a su vehículo acompañado únicamente por las tres *panteras* de la estaca; guardó entonces las granadas en la guantera.

Las otras dos camionetas se dispersaron en direcciones distintas. Asegura que, para cuando la policía llegó al restorán, llevaban ocho o nueve minutos de ventaja. Galdino debía reunir más tarde a los participantes del operativo en una casa de seguridad que los Zetas tenían en el pueblo de San Pedro Mártir, por la carretera que va hacia Cuernavaca; enfiló hacia allá calculando que, a esa hora y siendo viernes, haría unos noventa minutos de camino. Cuenta que, en total, la empresa habría recibido dos millones de dólares por ese asesinato ya que «los asuntos que tienen que ver con la política se pagan bien».

A la altura de Taxqueña escuchó en la frecuencia de la policía que varias patrullas los iban siguiendo: «Por lógica comprendí que alguien nos había puesto, y solo la gente de mi estaca conocía la ruta que seguiríamos». Cuando volvió a mirar por el retrovisor razonó que usar la reversa era una estrategia derrotada, así que solo quedaba continuar hacia delante con esa camioneta blindada, pero resultó que a doscientos metros había otro muro de patrullas; entonces optó por abrirse paso con las armas.

«A lo mejor moríamos, pero era preferible a que nos hicieran cine».

—¡En treinta y siete! —ordenó a las tres *panteras*. Eso quería decir, me explicó, que ellas descendieran del auto y dispararan contra los carros que los estaban bloqueando; creyó Galdino que así lograría distraer a la autoridad y quizá él podría escabullirse entre los vehículos.

«De ahí la emputada que me di cuando esas pinches viejas no me pelaron: en vez de emprender el ataque levantaron los brazos para rendirse, desobedeciendo mis instrucciones».

Un policía federal le cayó encima con un golpe en el rostro y otro en la nuca.

—¡No te muevas, hijo de la chingada! —gritó en su oído, y otro agente lo desarmó sin que pudiera recuperar sus granadas.

Cuenta que, ya con el rostro embarrado en el asfalto, alcanzó a ver cómo se llevaban esposadas a las tres *panteras*. También a él lo hicieron subir a un vehículo para trasladarlo a las instalaciones de la Heroica Escuela Naval Militar, cerca de donde los habían emboscado: «Ahí me encerraron en un cuarto grande, a reventar de marinos y policía militar».

Relata que, en el muro a su espalda, colocaron una loneta con los logos de la Procuraduría General de la República y la Policía Federal, y delante una mesa repleta de armas, cargadores, radios y teléfonos celulares. También le echaron encima un chaleco antibalas que le habría quedado chico, y a sus costados apostaron a dos fulanos enormes, cada uno con su casco y un arma gigante.

«En cuanto el teatro estuvo montado tomaron cien fotografías y yo salí bien serio, todavía sin saber si solo me acusaban de eliminar a Zavaleta o también de haber tirado las Torres Gemelas. Esa imagen salió en los medios de comunicación y es la única donde aparezco con bigote; después nunca volví a dejármelo crecer, porque me veía más viejo».

Asegura que, terminada la presentación, lo condujeron a otro cuarto pequeño, donde se dio el interrogatorio de las autoridades. Ahí dijo llamarse José Luis Ríos Galeana y negó haber cometido algún delito.

«¿Cómo iban esos agentes a probar que yo había participado en el operativo de El Penacho de Moctezuma, si todo el tiempo cubrí mi rostro con la coipa?».

—No voy a hablar hasta que venga mi licenciado —fue la única declaración que hizo, y de ahí no lo sacaron.

—Traías en la camioneta armas de uso exclusivo del Ejército —denunciaron los interrogadores, pero él sabía guardar silencio.

«Pensé en el montón de fierros con los que me habían fotografiado: esos pendejos revolvieron su mierda con la mía, y así me regalaron el argumento para deslindarme de las granadas y los AR-15 que sí llevábamos dentro de la camioneta».

—Se te acusa de haber asesinado a una persona.

—Quiero ver a mi licenciado —insistió.

Reclusorio Norte

Me trasladaron vía terrestre al Reclusorio Norte. Ingresé como José Luis Ríos Galeana, pero por mis huellas digitales me detectaron como Galdino Mellado Cruz. Ese mismo día vi a los licenciados que envió la compañía: ellos se encargaron de ir limpiando el problema. Galdino tenía antecedentes penales y José Luis no, así que lograron que quedara fichado con el segundo nombre; de lo contrario, la autoridad me habría ligado con los Zetas.

Lo que los abogados no pudieron evitarme fue la zona blanca del dormitorio dos. Ahí es donde encierran a la gente más pesada: narcos, secuestradores y asesinos famosos, tipos que prefieren reventarte la madre antes de preguntar tu nombre. Nada de chamaquitos pendejos, pura gente lacrosa; por eso las medidas de seguridad son severas y no cualquiera soporta la densidad del ambiente.

Desconozco cuántos amparos firmé para refutar las circunstancias que se me achacaban: que si el *modus operandi* y el *modus vivendi*, que la querella y los hechos contradictorios, que nada sucedió como el Ministerio Público decía y, al final, la autoridad solo pudo probar que me resistí al arresto. Los licenciados venían a verme dos veces por semana y en cada ocasión aseguraban que no tenía de qué preocuparme. No había testigos que me ligaran de manera directa con el homicidio de Fernando Zavaleta: las tres *panteras* guardaron silencio y los otros nueve cabrones lograron fugarse.

No hay otro lugar como la zona blanca del Reclusorio Norte, donde uno puede enterarse de los asuntos del narco. Ahí dentro supe que la relación entre los Zetas y la gente de Sinaloa había valido madres otra vez después de que salimos de Ciudad Juárez. En Nuevo Laredo, Miguelito Treviño debió hacerles frente a esos pendejos y el Lazca se apersonó para ayudar. Luego, con tal de vengarse, nuestra gente masacró en Acapulco a decenas de *hormigas* pertenecientes a la organización de los enemigos. Los cuerpos sin cabeza se volvieron el mensaje entre unos y otros. Fue cruento, nadie estaba dispuesto a ceder territorio.

Mientras tanto, se me presentó un problema: el dinero que debía repartir entre la raza por el operativo de Zavaleta. Me dijeron que de esa lana necesitaba dar a los abogados un millón de dólares para limpiar las acusaciones. Bien machín, respondí que no tenía nada, que había gastado la feria justo antes del jale porque pagué por adelantado a la gente de la estaca. Los licenciados no se quedaron tranquilos con mi explicación; el resto del grupo, incluidas las *panteras*, decían que no había obtenido nada. Reaccioné haciéndome el ofendido y luego pregunté a los abogados que quién era ahí el comandante de mayor jerarquía. Esa primera vez dejaron en paz el asunto, pero más tarde volvieron a joder con la misma cantaleta.

Tenía tanto tiempo libre, que pasaba horas leyendo los caracoles y consultando el tablero de Ifá; sin embargo, en esa penitenciaría estaba rodeado de aleluyas. Eran un chingo los hipócritas arrepentidos que rezaban en grupitos a toda hora. Un pastor de nombre Roberto se acercó una vez dizque para que conociera la palabra de Dios; yo, bien respetuoso, expliqué que mis creencias estaban en otro lado. Él, de todas maneras, neceó con que me animara a acompañarlo a alguna de sus reuniones.

No le hice caso hasta que ese mismo señor me salvó la vida. Una tarde, yo estaba limpiando mis collares cuando el pastor pasó corriendo y me entregó una Biblia.

—Este libro te salvará —alcanzó a decir.

—No, muchas gracias —respondí igual que lo había hecho las veces anteriores.

—Deje que Dios lo ayude —repitió sin darme tiempo de replicar.

Lo vi desaparecer por el cubo de la escalera y luego escuché los gritos rabiosos de una bola de hijos de la chingada: traían el rostro cubierto con trapos y paliacates, y llevaban puntas envenenadas. Me replegué contra la pared, abracé la Biblia, cerré los ojos y agaché la cabeza. Durante cuatro minutos mi crujía se volvió un infierno de gemidos y sufridera. Cuando por fin consideré que era seguro mirar, quedé pasmado; había sobrevivido mientras seis güeyes se revolcaban en agonía junto a mis pies. Pude haber salvado a alguno, pero cuando corrí para pedir auxilio, las rejas del pasillo estaban cerradas y no hubo un solo custodio cerca que quisiera escuchar mi llamado. Hasta media hora después los guardias se dignaron a visitar a los difuntos. Me llevaron a declarar, por ser el único que salvó el pellejo: conté varias veces mi historia, por supuesto que no me creyeron y, sin embargo, al final dejaron que me fuera. Aquella noche dormí entre los muertos, porque el personal de intendencia no entró sino hasta el día siguiente a la zona blanca para hacer limpieza.

Con todo lo que viví, opté por acudir a las reuniones del pastor Roberto. No me sentía cómodo, pero quería evitar ser juzgado como un ingrato; además, hablaba bonito ese señor. En un descuido dejé que me bautizaran y así entré a la religión cristiana, sin que por ello estuviera dispuesto a dejar la santería. Pienso que fue entonces cuando Oggún, orisha de los guerreros, comenzó a enojarse conmigo.

Una casa en Coyoacán
Febrero, 2006

Quince días transcurrieron después del motín y entonces los licenciados de la compañía le informaron que por fin todo estaba arreglado: dice que obtuvo la libertad y volvió a la calle sin preocupación. Pero días después tuvo que carearse con los integrantes de la estaca a propósito del dinero faltante. Lo citaron en un domicilio ubicado en el centro de Coyoacán, donde los Zetas tenían otra casa de seguridad. Según Galdino, ese lugar todavía existe, afirma que «está justo detrás de la iglesia, por donde hay una rosticería». Dice que en la parte superior de la puerta habría una inscripción con la letra zeta.

El mando que lo recibió tenía órdenes de preguntar por los dos millones de dólares; narra que lo halló sentado en un sillón viejo mientras acariciaba a un gatito rayado. Lo abordó con las mismas interrogantes que antes le habían hecho los licenciados. Según Galdino, optó primero por responder con evasivas.

—Estoy bien agradecido con la raza de la Ciudad de México, se aventaron las cuestiones jurídicas. Gracias a ustedes estoy libre.

—No hay pedo con eso, comandante —respondió el mando—, usted sabe que la bronca no es el asunto económico sino una falla en la jerarquía que debemos resolver.

—Estoy consciente, pero ya no tengo el dinero —respondió.

El mando se puso en pie y el gatito saltó espantado.

—Acompáñeme, porque aquí la gente de su estaca dice otra cosa, y mejor pa pronto los encaramos.

Galdino lo siguió resignado hacia una habitación que, años atrás, habría sido la sala de una familia grande. Ahí estaban, en efecto, reunidos los nueve varones que lo habían auxiliado en el operativo de El Penacho de Moctezuma. Supuso que las *panteras* permanecían todavía en la cárcel.

Refiere que por instinto buscó su arma, pero había llegado ahí sin nada, así que regresó unos pasos y ordenó a una *hormiga* que estaba en el pasillo que le entregara una pistola. Como él era el Zeta 9, el individuo obedeció.

—El comandante Mellado dice que ya les pagó —habló el mando, con timbre ronco.

—Si me permite —dice Galdino que interrumpió—, la pregunta es otra: ¿quién de ustedes es el hijo de la chingada que está afirmando falsedades?

—No son mentiras —rememora que se atrevió a murmurar un morro con el rostro lleno de cicatrices pequeñas.

—¿No te pagué, pendejo? —gritó.

—A nadie nos dio nada, comandante —agregó otro sujeto.

—¡Tranquilos, tranquilos! —intervino el mando, y luego le preguntó a Galdino—: ¿Cuánto les dio?

—Un millón de pesos a cada uno —respondió sin dudar.

—Eso no es cierto —repitió el joven del rostro jodido.

Galdino se queja de que «Esas *hormigas* me estaban haciendo quedar mal con la compañía».

—¡Es su palabra contra la del Zeta 9! —relinchó para hacer notar su autoridad.

Se hizo un silencio que él utilizó para pegar un tiro en la frente al chamaco cacarizo.

—¿Qué trae, comandante? —intervino el mando, bien espantado.

—No sé usted, pero yo enfrento de esta manera a los farsantes —respondió.

«Entonces, los ocho culeros restantes comenzaron a echarse en reversa. No les quedó de otra, yo era alto mando, era M entre los Zetas y además tenía plaza, porque a pesar del tiempo que pasé en la cárcel, seguía manejando Reynosa por medio de Yolanda y otros güeyes».

—¡Relájese! —insistió el representante del Lazca mientras miraba aquel cadáver en el suelo.

Galdino dice que insistió:

—¿Alguien más tiene pedos conmigo?

Las otras ocho *hormigas* agacharon la cabeza y negaron. Entonces el anfitrión lo condujo de vuelta al lugar donde se había quedado el gatito rayado.

—Comprenda, comandante, yo solo estoy cumpliendo órdenes; debo reportar lo que pasó con ese dinero, porque la próxima semana usted se reunirá con el Lazca y ahí todos tendremos que rendir cuentas.

—¡Ni madres, güey! A mí me enlazas de una vez —cuenta Galdino que exigió.

—Va a estar difícil, el Zeta 3 anda por Estados Unidos. Pero el jueves próximo está usted citado en su balneario de Atotonilco.

En ese momento se enteró de que Heriberto Lazcano tenía un balneario. Frente al mando y el Zeta 9 pasó el occiso, envuelto como tamal; sus compañeros lo llevaron a un pequeño jardín ubicado en la parte posterior de ese inmueble. Asegura que ahí lo enterraron.

«Esos pendejos se habían atrevido a desafiar mi autoridad, pero lo que más me emputó fue que el Lazca hubiera enviado a sus esbirros a cuestionar mi palabra. Probablemente en otra circunstancia habría contado la verdad, pero ahora solo me quedaba seguir, bien hombrecito, con mi versión de los hechos».

¿Que cuál fue la realidad? Dice que, cuando era interrogado por la gente de la Procuraduría, comprendió que alguien de su estaca los había delatado; como no sabía dónde acabaría todo aquello, decidió utilizar el dinero del operativo a favor de su propia causa.

«Esos putos no se merecían ni un centavo. La verdad no esperaba que las circunstancias fueran a organizarse para bien y yo saliera libre; luego se hizo tarde y ya no fue posible recular. Les había dicho a los abogados que la tropa recibió el pago antes de llegar a El Penacho de Moctezuma y ya no podía retractarme, así que mantuve la misma posición y repetí la consigna siempre que se me preguntó».

Atotonilco
Marzo, 2006

El jueves siguiente llegué al balneario que era propiedad del Lazca. Era mucho más grande que el rancho que le conocí en Valle Hermoso, al sur de Matamoros. El sitio me recordó las propiedades que tenía Osiel Cárdenas en sus buenos tiempos: más que un lugar de descanso era un centro de operaciones. Encontré al Zeta 3 en el edificio principal, ordenando a las cocineras lo que debían preparar para darnos de comer. Salió a recibirme con un abrazo y me sobrepasó tanta fraternidad; dijo que tenía para mí una recámara de lujo, junto a la alberca de aguas termales. Me cayó de perlas la invitación, todavía traía encima las tensiones del reclusorio.

El Lazca había sabido hacerla. Mis adivinaciones en aquel pantano de Texas fueron ciertas: no solo sustituyó a Osiel Cárdenas sino que lo superó; neta que con él se dio la mayor expansión. Los Zetas consolidamos las posiciones de la empresa en Veracruz, sembramos amapola en la montaña de Guerrero, entramos a Acapulco, fortalecimos la asociación con los hermanos Valencia en Michoacán, tomamos Hidalgo, San Luis Potosí, Coahuila y Zacatecas, pusimos un pie en Tabasco y otro en Guatemala. Debimos someter a mucha banda que luego nos traicionó, pero durante un tiempo fuimos la empresa dedicada al narcotráfico más chingona del país.

Pero esa mañana Heriberto traía un gran dolor de cabeza: las cosas en Michoacán se estaban complicando. Durante la época de Osiel nos interesamos en el bisne de la droga sintética, y para asegurar la materia prima conquistamos los puertos más importantes del Pacífico; también montamos chingos de cocinas clandestinas que dieron trabajo a mucha raza local. Era la época de los famosos *raves*, fiestas donde la gente se ponía hasta la madre. En México se abrió el mercado de las tachas, los ácidos, el éxtasis, el *popper* y otras chingaderas como el cristal, que de tan corriente sacaba llagas y tiraba los dientes.

Cuando llegamos a Michoacán, buena parte de ese estado estaba controlado por una familia que llevaba añísimos en el negocio, sabía tener la fiesta en paz y nuestra compañía le abrió mercado en Texas. Los problemas vinieron cuando se llevaron a Osiel al penal de Almoloya: esa familia quiso sacar ventaja y Heriberto no lo permitió. Luego, banda pesada de Sinaloa aprovechó para meter las narices; personal que nosotros habíamos reclutado se abrieron como culebras.

Cuando salí del Reclusorio Norte, la problemática con esa gente se había vuelto traidora. El Lazca estaba como loco: no soltaría la plaza, ni madres que íbamos a perder, necesitábamos esos puertos. Tal era la razón de que anduviera quisquilloso con el tema de la lana, necesitaba recurso para defender lo nuestro. Ora que también estaba el tema del orgullo, los sinaloenses nos estaban cogiendo por tres lados al mismo tiempo: tenían vuelto loco a Miguel Treviño en Nuevo Laredo, al Tony Tormenta en Acapulco y a nuestra gente en Michoacán, que en ese momento comandaba Efraín Teodoro Torres.

El Lazca había previsto destinar una parte de los dólares que nos pagaron por bajar a Zavaleta para financiar los operativos en Michoacán. Ahí en el balneario comprendí el verdadero coraje que traía conmigo:

—Oye, Galdino, yo no te voy a cuestionar, somos de una línea y nunca habíamos tenido pedos de este tipo.

—Gracias, Heriberto, valoro la confianza. A ti te explico lo que quieras —afirmé.

—¿Qué pasó con los dos millones de dólares que nos entregó el cliente?

—Ya le dije a tu banda que la mitad se fue en honorarios para la estaca. Ese dinero lo entregué antes del jale.

—¿Y el otro millón?

—Estaba en la camioneta que incautó la policía. Eso, pues se perdió...

Agarra y se me queda viendo:

—Si tú dices que no lo tienes, no lo tienes y ya estuvo.

Cruzó por mi cabeza contarle la verdad, pero al final dudé de que sirviera de algo. Era tarde para desdecirme.

—Créeme que no lo tengo.

—Ya te mencioné que estamos bien. Pero antes tengo un regalito para ti.

No sonreí: con ese hijo de la chingada los regalos podían oler a culo. Mientras tres güeyes de su estaca venían detrás de nosotros, lo seguí a través de los jardines del balneario. Llegamos a una antigua cancha de frontón, toda dada a la verga; adentro estaban amarrados los pendejos que me auxiliaron en el operativo de El Penacho de Moctezuma, todos menos el que bajé en Coyoacán. En un rincón diferente también tenían sometidas a las *panteras*. Me dio gusto que hubieran logrado salir de la cárcel.

—Un presente adelantado de Navidad, puto —dijo y ordenó a uno de los escoltas que se acercara; le arrebató el cuerno de chivo y ¡*pum, pum*!, en menos de quince segundos les rompió la madre a esos ocho vatos.

Desde que vi a las *hormigas* tiradas en el suelo supe que el Lazca haría una fregadera; así se las gastaba cuando quería educarnos. Acto seguido, se encaminó hacia donde estaban las rucas.

—Ya dije que respeto tu palabra —insistió.

—Órale, Heriberto, es lo menos que puedes hacer; digo, creer en mí, pues... Pero no te chingues a las viejas —me animé a pedir—. Ellas no lo merecen.

—¿Por qué, Mellado? También mintieron, ¿no es cierto?

—Desconozco por qué le hicieron a la falsedad, pero gracias a ellas estoy libre. Si estas culeras se hubieran rajado, si hubieran declarado en mi contra para salvarse, ahora mismo tendrías a un carnal refundido de por vida en una prisión de alta seguridad; andaría de vecino con Osiel. Hazme ese paro, Heriberto, no te las chingues...

El Lazca hizo como si no me escuchara y acarició de nuevo el gatillo. Yo seguí argumentando:

—Además, le echaron huevos hasta el final; las hubieras visto en la calle, cuando nos rodearon un chingo de marinos: fueron bien leales, bien obedientes, me cubrieron para que yo escapara —mentí porque consideré que hacerlo estaba bien—. Permite que se vayan, que sigan trabajando en mi estaca. Si quieres consigo el dinero que perdimos, le echo ganas para sacarlo de mi plaza.

Pero Heriberto disparó de todas maneras y las rucas gimieron.

—¡Puta madre! —reventé encabronado.

—No hay pedo, dinero es lo que nos sobra —se burló—. Es solo que odio las putas mentiras, ¿comprendes?

Los guaruras del Lazca se aproximaron a las *panteras* para desatarles manos y pies; el cabrón había tirado por encima de sus cabezas y las tres estaban vivas.

—Donde descubra la verdad, Mellado, donde descubra la verdad... —repitió sin completar la frase.

Lógicamente, aquel balneario estaba aislado. Andábamos nosotros, la estaca del Lazca, las cocineras, *las panteras* y el personal de mantenimiento; es decir, que ahí dentro cualquiera podía desaparecer para siempre. Despaché cuanto antes a esas viejas y regresé para comer carne adobada en el jardín principal.

Heriberto quería tratar conmigo un último asunto: había rumores de que Osiel sería extraditado a Estados Unidos y eso también lo traía inquieto. Sin decir mayor rollo, soltó sus intenciones antes de que yo probara el primer taco:

—Necesito que te prepares para rescatar al M.

¡Chingada madre! No salía de una para meterme en otra peor.

—No mames, güey, eso es imposible —reaccioné sin pensar.

Dos años antes Rejón recibió una orden parecida: Tony Tormenta y el Lazca le encargaron que liberara a Osiel. Los mandos creían que sería tan fácil como cuando nos sacaron a mí y al

Winnie Pooh del reclusorio de Matamoros, pero todo salió mal y Rejón salvó el pellejo por muy poco.

—Esas son palabras mayores, Heriberto —advertí.

—Necesito que le entres, Mellado.

—Mejor me regreso a trabajar a mi plaza para juntar el dinero que necesitas.

—Ya te dije que el pedo no es el dinero.

—¿Entonces?

—Son las divisiones, carnal.

—¿Cómo?

—El Tony me está exigiendo que saquemos a su hermano del penal antes de que se lo lleven para Estados Unidos; si no respondo, vamos a terminar peleados.

—Pero las posibilidades de lograrlo son bien pocas.

—Lo importante es intentarlo, ¿entiendes?

—Ya —admití resignado.

—Olvidaré la bronca que traemos si le echas huevos a esto.

—Voy a necesitar un chingo de lana.

—Toma los dos millones de dólares que guardaste en casa de tus papás.

—¡No me jodas, Heriberto!

—Veré qué puedo hacer, pero tú prepara un operativo chingón, que haga mucho ruido. No quiero que Tony piense que no le echamos huevos.

—Lo haré como dices, te lo prometo.

Chocamos los puños y luego nos dimos un abrazo.

Tony Tormenta
Mayo, 2006

Dice que se citaron en La Polar, una cantina que está en la colonia San Rafael de la Ciudad de México. Según Galdino, no había visto a Tony Tormenta desde antes de irse para Ciudad Juárez. Esta vez coincidió que pasaba por la capital con rumbo a Tamaulipas. Narra que sus estacas fueron discretas porque ahí debían mantener bajo perfil. Recuerda que el hermano de Osiel Cárdenas llegó vistiendo una chamarra de los Dodgers y una gorra color rojo fosforescente.

«Esa vez me pareció que Osiel Cárdenas y su hermano tenían muy poco que ver: a primera vista habría sido difícil decir que eran parientes. Mientras el M era calvo, debajo de la gorra el Tony tenía una mata abundante, la nariz del patrón era fina y la de su hermano una bola sin personalidad, pero, sobre todo, la inteligencia en los ojos los hacía distintos».

—¡Quihubo, Mellado! ¿Cómo te fue en chirona? —dice que le preguntó en cuanto el mesero dejó botanas sobre la mesa. Cuenta que la piel de Ezequiel Cárdenas se había vuelto gris y la gordura le causaba problemas a la hora de respirar.

—Esta vez pensé que me quedaría a vivir en el reclusorio.

—¿Ya averiguaste quién fue el cabrón que te delató?

A pesar de la distancia, Tony Tormenta seguía enterado de todo.

—Supongo fue una de las *hormigas* que participaron en el jale, pero ya no importa, todas están muertas —respondió Galdino.

—Me dijeron que el Lazca los eliminó.

Galdino asintió y cambió el tema:

—¿Cómo va Acapulco?

—Los vatos de Sinaloa nos están imitando. Esos Pelones buscan demostrarle a la raza que tienen los huevos más grandes. Si dejamos una cabeza, ellos nos arrojan cinco; si secuestramos a una *hormiga* para sacarle información, entonces vienen directo tras de mí.

—¿Cuánta raza te trajiste de Tamaulipas? —quiso saber Galdino.

—Ya doblamos reclutando gente local y sin embargo no alcanza, la banda enemiga se multiplica más rápido.

Una mesera bajita les llevó de comer.

—¿Te dijo el Lazca que vamos a rescatar a mi hermano de Almoloya?

—Me comentó que quieren volver a intentarlo.

—¿Qué opinas?

Cuenta Galdino que tomó tiempo para responder:

—Híjoles, Tony, para mí lo mejor que podría pasar es que el M estuviera libre, pero veo difícil sacarlo de ese lugar.

—¿Te faltan huevos? —recuerda que le preguntó.

—No me malentiendas.

—¿Entonces qué necesitas para entrarle al jale?

—Si vamos a liberar al M, yo le entro. El problema es la logística: ni los Zetas, con todo lo chingones que somos, estamos listos para una cosa así.

—¿No crees que estaríamos mejor si mi hermano recuperara su libertad?

—Claro —cuenta que se detuvo porque estaba pisando terreno lodoso—. Si mandan al patrón a Estados Unidos, será difícil que el Golfo y los Zetas permanezcamos juntos. El M es el único capaz de hacer que caminemos derechito.

—Tú eres zeta, pinche Mellado —dice que lo acusó.

—Soy fiel a la compañía.

—¿Qué harías si el Cos y yo nos vamos por un lado, y Heriberto Lazcano por otro?

—¿Puedo responder al chile?

—Para eso soy tu papá —se burló Tony Tormenta.

—Es de mi chile que estamos hablando —respondió Galdino al albur.

—Órale, Mellado, háblame suavecito entonces.

—Va despacito, güey: pues creo que sería la peor pendejada. Seríamos nada si cada uno agarra camino para el monte. Los vatos de Sinaloa, la Familia Michoacana, los Pelones, todos nos van a merendar en unos cuantos días.

—Como dices, por eso necesitamos sacar a mi hermano de la cárcel. Él es el único capaz de mantener la unión.

—No creo que podamos repetir lo de la cárcel de Matamoros —reaccionó Galdino.

—Tengo otra idea.

Lo que a continuación dijo el hermano del M sonó rematadamente ridículo:

—¡Cavar un túnel! Un túnel que vaya desde la celda de Osiel hasta afuera del penal, de unos dos kilómetros de distancia para librar la seguridad del gobierno.

Galdino rememora que hizo su mejor esfuerzo para no soltar una carcajada.

—¿Cuánto costará eso?

—Lo que se necesite.

—Okey —respondió—, pero de todos modos hará falta mucha pasta para perforar esa madre sin que nadie se dé cuenta.

—El Lazca dice que te entregó dos millones de dólares.

Cuenta que de golpe se le quitó el apetito. La birria estaba buena, pero la mitad del tazón se quedaría intacta.

—Yo no tengo nada —afirmó mirando directo a esos ojos desconfiados.

Esta vez fue el turno de Tony para dejar de lado su comida.

—Ayer hablé con el Lazca y dijo que te había dado lana para comenzar a trabajar.

—Tony, te reporto que esa información es falsa.

—No me quieras ver la jeta de pendejo, pinche Galdino.

—No mames, güey —dice que le dijo—. Desde el primer día le he sido leal al M, por él soy lo que soy; chance y por ti me valdría madres, pero te aseguro que por él haría cualquier cosa.

—¿Entonces por qué Lazcano está jugando conmigo?

Respiró y calculó de nuevo sus palabras:

—No me voy a meter en intrigas, mejor arregla ese asunto con él. Yo solo puedo decirte que no he recibido un puto centavo para este jale.

—Ta bien —concedió Tony Tormenta—. ¿Pero cuento contigo?

—A huevo, carnal. Si intentas ir por el M, quiero estar en esa movida.

Con su labia logró que Tony cambiara de tono, pero le preocupó que Heriberto Lazcano estuviera jugando chueco.

—¿Estás con el Golfo? —recuerda que volvió a interrogar Tony.

—Más con el Golfo —contestó Galdino.

—Ta bien, pero, como dices, ojalá no se vuelva necesario definirse: cuando nos agarremos a madrazos entre nosotros, el negocio y nuestras vidas se irán a la verga —afirmó Tony Tormenta.

Terminaron el encuentro con un entendimiento, y con más ganas que posibilidad de sacar a Osiel Cárdenas del penal de Almoloya.

Atrapado en un túnel
Octubre, 2006

Después de que salí del Reclusorio Norte necesitaba unas vacaciones en el sentido de no pensar al cien en las responsabilidades que tenía. Durante la conversación con Tony Tormenta comprendí que no debía ser comandante para el rescate de su hermano: si alguien más organizaba ese jale yo participaría, eso que ni qué, pero no debía hacerme cargo de orquestar una mamada así de grande.

Esperé a que Tony volviera a comunicarse conmigo; sin embargo, llegó antes otra llamada. Tenía añísimos de no hablar con mi hermano José Ricardo. Me dio harto gusto escuchar su voz, pero él no estaba de ánimo: tenía malas noticias. Una estaca de la compañía se había metido a casa de mi mamá y puso todas sus cosas patas arriba. No la lastimaron porque, como siempre, estaba trabajando en la panadería, pero dejaron sus pertenencias hechas un desmadre. Lo peor fue que a mi papá sí lo levantaron. Dieron con él en su vivienda de Martín Carrera, y llevaba tres días desaparecido.

José Ricardo suponía que esas cuestiones podían tener que ver conmigo, aunque no se atrevió a decírmelo; yo también me hice pendejo y le pedí tiempo para averiguar. Cuando colgué, temí lo peor. Obvio que recordé la vez cuando Osiel ordenó eliminar a la familia de Betancourt, después de que ese carnal se volvió informante del gobierno. Así operaba la compañía: si los mandos te consideraban un traidor, no solo te llevaba la verga a ti sino a todos tus cercanos, viejos, jóvenes, niños y hasta vecinos.

En otra época el Marino habría podido defenderse, pero ya estaba viejo para esas chingaderas. Estuve a punto de ir a encarar al Lazca en su balneario: si cambié de opinión fue porque ese puto me había agarrado tirria y podía suceder que mi papá y yo termináramos sepultados en el mismo hoyo. Entonces decidí diferente, agarré la unidad y fui a buscar a Tony Tormenta y al Cos, que andaban por Matamoros.

Dentro de la casa de seguridad donde los hallé estaban craneando el operativo para sacar al M del penal de Almoloya: seguían necios con la idea de cavar un túnel, y apenas saludé me mostraron los planos del reclusorio, donde en rojo podía distinguirse el trazo que seguiría la obra de excavación.

—¿Cómo vamos a hacer para perforar dos kilómetros sin que el gobierno se dé color? —pregunté.

—No utilizaremos maquinaria, únicamente pico y pala. Trabajaremos durante el día para que el ruido se note poco —respondió Jorge Costilla.

—Pero eso tomará tiempo —insistí con mis dudas.

—No tenemos de otra —contestó Tony—. Ya estudiamos las demás opciones y esta es la única posible.

—¡Ta cabrón! —exclamé mientras reflexionaba que la extradición del M a Estados Unidos podía ocurrir de un momento a otro.

El Cos se puso a explicarme:

—Los ingenieros dicen que la velocidad con que avancemos dependerá de las chingaderas que haya debajo de la tierra. Si no topamos con piedra, en unos cinco meses habremos logrado llegar al penal.

Tony interrumpió al Cos para agregar:

—Luego vendrá el tema de conectar el túnel con la celda de Osiel. Es ahí donde queremos que tú intervengas.

Permanecí en silencio para que el hermano del M completara la idea:

—Es de ley que tendremos que manipular las cosas dentro del penal. Ya sabes: comprar custodios y otra raza. Una vez que el túnel se aproxime, necesitaremos que mi hermano se ubique en la coordenada adecuada, ¿entiendes?

Asentí de nuevo, pero sin abrir la boca. Solo sabía que, sin mi cooperación, la vida del Marino terminaría de manera trágica.

—¿Entiendes? —volvió a preguntar Tony.

—Claro como el agua —dije en tono neutro.

—¿Estás o no estás? —demandó el Cos.

—¿Han hablado con el Lazca? —quise saber.

Los dos asintieron y Tony agregó:

—Todos los días.

—¿Han hablado de mí?

Fue Jorge Costilla quien atendió mi pregunta:

—Está encabronado por lo del dinero que te clavaste.

—¿Y ustedes qué piensan?

—Que te necesitamos en este jale, puto Mellado. Nadie más entre los Zetas quiere jugársela por el M y nosotros no podemos solos.

Aproveché la oportunidad para hacerme el indispensable:

—Si ustedes pueden arreglar que el Lazca deje de patearme los huevos, con gusto le entro. Pero no cuento con los medios para financiar el operativo —agregué.

—Tenemos entonces un acuerdo —intervino Tony y estrechamos las manos.

La jugada funcionó. Como a las once de la mañana del día siguiente José Ricardo volvió a comunicarse conmigo: un vecino había encontrado a mi papá de regreso en su casa. Sin embargo, me jodió saber que por mi culpa le habían quebrado las patas: lo hallaron con una fractura expuesta arriba del tobillo derecho, y también tenía la rodilla hecha pomada. Según el médico, el Marino no volvería a caminar sin ayuda.

A pesar de esa noticia decidí permanecer en la frontera: quería que los mandos de la empresa recibieran la señal de que cumpliría con mis compromisos. Visité a mi raza de Reynosa porque tenía más de un año sin pararme en la ciudad, y aunque todos los meses recibía rentas, esa ausencia prolongada también se volvió un dolor de muela. Yolanda me contó que el hijo de la chingada del Hummer trataba de colarse dentro de mi territorio; como no pudo hacerse con la plaza de Juárez, y en Monterrey las cosas andaban difíciles, ese cabrón, que decía ser mi amigo, se puso a husmear las nalgas ajenas. Adiós a los tiempos en que los Zetas pertenecíamos a la misma familia.

20

Falacia
Noviembre, 2015

Entre los integrantes de su entorno familiar, el Marino llamó más mi atención: de ser verdad que el Zeta 9 es hijo del lugarteniente de Alfredo Ríos Galeana —el famoso asaltabancos de finales del siglo pasado—, la coincidencia no podía quedar fuera de la investigación. Pero este dato se había convertido en uno de los más difíciles de probar.

De acuerdo con el expediente judicial, el padre de Galdino se llamaba Gilberto Vallejos Hernández; si hacía caso al testimonio de Brígido Guzmán, aquel hombre al que apodaban el Lobo, el verdadero nombre del Marino era José Luis Marino Hernández, un delincuente que habría muerto en septiembre de 1992 en un enfrentamiento con la policía, cuando el interno de Chiconautla tendría unos 19 años; a estas dos identidades se sumaba la de Bernabé Cortés Mendoza, que es como la prensa de la época llamó al Marino, y también la de Emeterio Mellado Deantes, quien según el acta de nacimiento vivió en el municipio de Tampico el Alto, en la calle Llano Grande: la misma dirección donde coincidentemente residieron, según Galdino, la hermana de su padre y su tío el sargento, que le ayudó para entrar al Ejército.

Con tantos nombres, del padre y también del hijo, tuve la sensación de estar entrevistando a una manada y no a un individuo, a una masa social incapaz de diferenciar a sus integrantes. Era como si el relato de Galdino no fuese realmente suyo sino el de una multitud:

—Deje fuera a mi familia de esta conversación —repitió.

—¿Cómo puedo confiar si no conozco la verdadera identidad de tu padre? —cuestioné.

—En su reportaje puede llamarlo así, el Marino, y asunto resuelto.

—Si ese es el alias de tu padre, entonces ¿Galdino es tu sobrenombre? —lancé mi anzuelo, recordando que, según su propia narración, varios de los zetas fundadores cambiaron de nombre cuando fueron enviados al Fuerte Hood.

—Le toca a usted sacar sus propias conclusiones —respondió sin engancharse.

—El acta de nacimiento dice que tu padre se llama Emeterio Mellado Deantes.

—Tengo un acta de nacimiento para cada nombre.

Eso era falso: en el registro civil solo aparecía el acta de Galdino Mellado Cruz.

—¿Qué diría el juez Roldán sobre esto? —lo provoqué.

—Que me llamo Juan Luis Vallejos de la Sancha y no será usted quien se atreva a desmentirlo, ¿correcto?

Negué con la cabeza y debí aceptar que la investigación se había atascado con respecto al Marino. Desde muy niño Galdino aprendió a proteger al padre. ¿Qué podía hacer yo para cambiar esa actitud? Pedí entonces que me permitiera entrevistar a su mamá, Carolina de la Sancha, y a Rosaura, la pareja sentimental que tenía cuando ingresó a Chiconautla. La investigación había llegado a un punto donde estaba yo obligado a quebrar la regla de no buscar a sus familiares, impuesta cuando comencé a visitarlo.

—Mi madre no va a querer —dijo muy convencido.

—Déjame intentarlo.

—Ya lo he hablado antes con ella y dijo que de ninguna manera.

—¿Por qué?

—Cree que si salimos en televisión voy a joderle la vida otra vez.

—No vas a salir en televisión —precisé.

—¿Cómo? —interrogó decepcionado.

—Porque el reportaje es... es para un periódico.

—Ya, pero con todo lo que le conté, seguro que van a levantarlo los noticieros.

—Eso sí puede suceder.

—Pues la ñora no quiere.

—Si me autorizas, la busco y trato de convencerla.

—Allá usted, por mí no hay objeción, pero ella es la persona más dura de cabeza que yo conozco.

—¿Entonces no hay problema de tu parte? —interrogué satisfecho porque había logrado poner los dedos sobre el quicio de una puerta que antes estaba cerrada.

—No hay tos si ella dice que sí.

Contaba con las coordenadas de la señora Carolina porque Galdino dejó escrito su teléfono en la libreta que abandonó durante alguna de mis visitas.

—¿Y con Rosaura? ¿Crees que pueda hablar con Rosaura?

—¿Qué pasó, mi señor? ¿En qué habíamos quedado?

—Hay lagunas, dudas que no logro disipar, y la gente cercana a ti puede ayudar a resolverlas.

Crecer las fuentes testimoniales se hizo imperativo después de que intenté, sin éxito, corroborar el relato que Galdino hizo sobre el asesinato del tal Fernando Zavaleta. La primera inconsistencia con este asunto sucedió cuando visité El Penacho de Moctezuma y descubrí que ese establecimiento, desde su fundación —cincuenta años antes—, tenía una sola planta. Por tanto, la descripción que hizo del lugar no concordaba con la realidad: no había un segundo piso ni un salón de fiestas, tampoco una escalera por donde Galdino hubiera conducido a sus sicarios en formación de gusano. Además, los dependientes viejos que logré entrevistar negaron que ahí hubiera ocurrido un episodio como el relatado: nadie nunca murió asesinado en ese restorán por un grupo vestido con ropa de comando.

En el archivo hemerográfico tampoco hallé a un político mexicano que respondiera al nombre de Fernando Zavaleta; y lo más importante de todo, no encontré una sola nota que hiciera referencia a la detención del Zeta 9 en la fecha señalada. En los registros del Reclusorio Norte fue igualmente imposible localizar el ingreso de un preso que respondiera al nombre de Galdino Mellado Cruz o de cualquiera de sus alias.

No podía comprender por qué, si el interno de Chiconautla sabía que todo cuanto me iba contando era objeto de comprobación, se atrevió a fabricar una mentira tan fácil de descubrir como la del supuesto operativo en El Penacho de Moctezuma.

—Yo he sido de una sola pieza, he sido ley y me ofende que me considere una falacia. Allá usted, mi señor, si no es suficiente todo lo que le he dicho.

—Galdino, nada hay que confirme esa historia: la gente del lugar niega que haya sido asesinado alguien en su local, no hay una sola nota de periódico sobre el tema y el señor Fernando Zavaleta jamás existió.

El interno de Chiconautla escupió al suelo antes de continuar con su defensa:

—Puede ser que haya mezclado un poco los nombres y los lugares, perdone, con la heroína la memoria se me descompuso, pero lo demás sucedió tal como se lo conté. Revise bien los diarios, ahí aparezco rodeado por chingos de armas.

—Ya lo hice.

—Nada principal es falso —insistió.

—¿Qué pruebas tienes?

Hice una pausa para hacerlo sentir incómodo.

—El dinero —dijo.

—¿Cuál dinero?

—Todavía conservo el dinero que me pagaron por bajar a ese cabrón.

Suspiré agotado.

—¿Qué más, de todo lo que me has contado, podría ser producto de las confusiones que te dejó la heroína?

—Lo que yo diga no importa, por eso necesito que sea usted quien cuente la verdad. Nadie le creería a una *hormiga* que haya salido de este penal, pero con usted las cosas pueden ser distintas.

Ahora fui yo el sorprendido:

—¿Por qué publicaría historias que no puedo comprobar?

—Usted ya confirmó mayormente lo que le he contado.

—Pero hay huecos...

—Si comparto con usted parte del dinero, ¿lo haría?

—¿Estás loco?

—Si me hace el favor, estoy dispuesto a pagarle. ¿Qué le parecería un veinte por ciento del botín de guerra que tengo guardado?

—¿Por qué supones que aceptaría ser tu cómplice?

—¿No lo ha sido de alguna manera todos estos meses? —cuestionó y un aguijón se clavó en la yugular.

—¡Sigues confundido! Jamás he sido ni seré tu cómplice.

—Perdone si lo estoy ofendiendo, mi señor.

—¿Te puedo pedir algo? —corté.

—Lo que usted diga, mi señor.

—¿Podrías dejar de llamarme «mi señor»?

Galdino se justificó:

—Es una manera de hablar.

—Me parece que es más que eso: tengo visto que cada vez que dices «mi señor», es que quieres o necesitas algo.

—Yo no necesito nada —reviró con arrogancia.

—Está bien que no necesites nada —ironicé.

—No me está comprendiendo. Dentro de muy poco no voy a necesitar nada de usted ni de la compañía ni de nadie. Cuando recupere mi dinero volveré a ser importante; esos millones que tengo escondidos impedirán que sea una *hormiga* otra vez. Lo único que quiero es tener el mismo volumen en la voz que usted, ¿comprende? Quiero que a mí también me digan «mi señor».

Era evidente que mi relación con Galdino se estaba deteriorando, pero no estaba dispuesto a tirar a la basura los nueve meses de visitas a la cárcel y el resto de la investigación dedicada al Zeta 9.

Una manera de resolver las dudas que volvían a crecer sobre la veracidad de sus historias, y también sobre su identidad, sería acudir al testimonio de sus allegados, por lo que insistí que mediara para reunirme con Rosaura, su expareja. El argumento de la duda sobre los eventos de El Penacho de Moctezuma ayudó para convencerlo: estiró el cuello, como solía hacerlo, y finalmente accedió. Dijo que iba a consultar con esa mujer y que si ella aceptaba podría visitarla antes de que llegara la fecha de nuestra última entrevista. Pero, a cambio, se atrevió a pedirme otra vez dinero. Me tomó por sorpresa:

—El préstamo se relaciona con los dos millones de dólares que escondí cuando fue el operativo del Penacho de Moctezuma.

—¿No habíamos quedado en que esa historia es falsa?

—Deje primero le explico: aún tengo ese recurso, antes de que el Lazca me enviara a Chiapas lo metí dentro de una pipa de gasolina. La bronca fue que cuando regresé a buscarlo, la policía encerró ese vehículo porque creyó que era robado y desde entonces está en un predio del gobierno. Nadie lo ha reclamado porque yo conservo los papeles, pero seguro podría sacarlo sin pedos si contara con algo de pasta en efectivo, ya sabe, para que los agentes den el servicio. Me pregunto si usted querría auxiliarme.

Había por fin surgido un motivo verosímil para fabricar la historia del asesinato del tal Zavaleta: dinero. Decidí seguir su juego con tal de ver hasta dónde era capaz de llegar con este otro asunto:

—¿Y por qué te ayudaría? —cuestioné.

—Si consigo recuperar ese vehículo compraré mi libertad y luego podré comenzar de cero; pagaré a la compañía para que me dejen en paz y después intentaré una vida honesta. Además, si me lo permite, mi señor, ese clavo es tan cuantioso que yo le devolvería el préstamo con intereses.

—Deja ver si comprendí bien: ¿quieres que te ayude a recuperar una pipa de gasolina encerrada en el corralón, porque ahí guardaste el dinero que te robaste de los Zetas?

—¡Exacto! —se entusiasmó Vallejos.

—¡Esto es increíble! —reaccioné haciéndome el ofendido.

—Chale, mi señor, ¿por qué se enoja? Ayúdeme a sacar el clavo que escondí en ese vehículo y jamás necesitaré pedir otro favor, a usted o a cualquiera.

—Ya viene el Pifas a decirnos que la entrevista terminó —anuncié.

—Dígame siquiera que lo pensará —insistió.

—¿Qué?

—El préstamo que le estoy pidiendo, lo que necesito para recuperar mi botín de guerra.

—No tengo dinero —anuncié, pero Galdino no se dio por vencido:

—Es más fácil que usted consiga…

Salí a toda prisa de Chiconautla y, apenas subí a mi vehículo, volví a llamar a la oficina del juez Roldán. Respondió la misma señorita de la vez pasada, con la misma voz desprovista de emoción. Me identifiqué y dije que buscaba reprogramar la cita con su jefe. Ella respondió que ese día era el último de labores en el año. Si para enero yo estaba todavía interesado en ver al juez, debía entonces volver a llamar. Di las gracias y prometí que me comunicaría en la fecha indicada.

La Familia Michoacana
Diciembre, 2006

Narra que, tiempo atrás, las plazas de Michoacán tomaron valor porque la compañía se asoció con gente local. Osiel Cárdenas todavía estaba al mando cuando llegaron a controlar alrededor de treinta municipios: Omar Lorméndez y Efraín Torres fueron los zetas responsables de organizar a la gente

«El problema vino porque en vez de reclutar militares, o de perdida policías, el Efra se puso a contratar campesinos jodidos, güeyes engañados y gente sin capacidad. Se hizo un desmadre, en muy poco tiempo incorporaron a un chingo de pendejos armados sin ninguna preparación y los hicieron ricos; así no se garantiza lealtad, ¿comprende? Tampoco disciplina. Nosotros, en cambio, entendíamos de cortesía, los fundadores teníamos orden y sabíamos tratar a la gente; manipulábamos mejor, pues. Pero esa raza nunca comprendió la ética de la personalidad, era ignorante en cuestiones psicológicas y por eso no podían resolver ni una puta negociación: muchas veces se metieron con viejas que no debían y nunca entendieron las normas ni el concepto de la línea, por eso las poblaciones fueron encabronándose como usted ni se imagina. Esa gente es muy reseca de las neuronas, y por actitudes jodidas es que la banda se partió: hubo rupturas y germinaron células».

Se desprende de su explicación que los detractores buscaron aliarse con la gente de Sinaloa y así nació lo que se conoce como la Familia Michoacana; personal que antes había sido zeta se volteó con rabia.

«Fue un periodo de gran violencia: sentías el roce de las balas todo el tiempo, y el gobierno se puso a despotricar en contra nuestra. De los Zetas nacieron los Matazetas: los locales y la banda de Sinaloa se juntaron para reventarnos».

Asegura Galdino que esos hechos ocurridos en Michoacán lo distrajeron de la misión que Heriberto Lazcano le había encomendado: rescatar a Osiel Cárdenas del penal de Almoloya, y es que en diciembre de 2006 entraron a Michoacán miles de soldados. La consigna para la tropa era sacar a los Zetas, sobre todo porque la autoridad seguía sin perdonar que esos exmilitares hubieran desertado.

«Éramos gente mañosa pero no pendeja, así que cuando vimos que todo estaba dispuesto para desecharnos, decidimos irnos sin hacerla de tos».

Según Galdino, lo peor vino durante enero de 2007, cuando el gobierno finalmente subió a Osiel Cárdenas Guillén a un avión y lo entregó a las autoridades estadounidenses. La amenaza llevaba rondando varios meses y algunos creían que jamás sucedería: «Por el montón de secretos que el patrón conocía sobre cierta gente poderosa, pero al nuevo gobierno le valieron madre esas razones».

El interno de Chiconautla asegura que fueron los enemigos de Sinaloa quienes hicieron cuanto pudieron para derrotar a los Zetas: «Nos habían chingado y no faltaba mucho para que también entráramos en rivalidad con el Golfo».

Hace memoria a propósito de la conversación que tuvo con Ezequiel Cárdenas, alias Tony Tormenta, sobre la eventualidad de un divorcio entre los dos pilares de la compañía: «Yo prometí que jalaría con el Golfo, más que todo por los problemas que traía en ese momento con el Lazca, pero también calculando que con ellos podría ascender en la jerarquía, así que agarré camino para Matamoros en vez de hacer como otros que, después de lo de Michoacán, se reagruparon alrededor de Heriberto Lazcano».

La primera muerte del Lazca
Marzo, 2007

Como dice Galdino que profetizó en aquel pantano próximo al Fuerte Hood, se reportó la muerte de Heriberto Lazcano Lazcano, por primera vez, cerca del mar. El martes 6 de marzo de 2007 personal de la Procuraduría General declaró que integrantes del cártel de Sinaloa habían ejecutado al líder de los Zetas en el poblado de Santa Fe, a treinta kilómetros del puerto de Veracruz. Probablemente fue entonces que el Zeta 3 aprendió una lección importante: si realmente quería desaparecer, no debía haber cadáver al cual practicarle la autopsia. Días más tarde se descubrió que el cuerpo utilizado para engañar era el de un individuo al que apodaban Gasperín.

A partir de este episodio, Lazcano se esforzó para que su personaje público se hiciera legendario. Un día llegaban a Matamoros noticias de que se había afincado en La Laguna, y otro, que lo habían visto caminar libremente por San Luis. Se movía con inteligencia, según dice Galdino, disfrazado de empleado de la construcción y transportándose en autobuses de tercera.

«Eso sí, en cuanto llegaba a una población, había una estaca numerosa esperándolo», afirma el Zeta 9.

Cuenta también que, por esas fechas, volvió a germinar la distancia entre ellos dos porque un comando levantó a Yolanda, la administradora que Galdino había dejado como encargada de la plaza de Reynosa. Sus informantes le dijeron que detrás de esta acción había estado Jaime González Durán, el Hummer, y por tanto también Lazcano.

Galdino asegura que Yolanda apareció seis días después: de inmediato vendió todo cuanto tenía en México y partió sin despedirse hacia Estados Unidos. Él intentó localizarla —por los viejos tiempos y también por la amistad que tuvo con Lluvia—, pero la administradora mandó decir que prefería mantener distancia. Este episodio fue un aviso de que iba llegando el tiempo para definirse, porque la compañía estaba a punto del divorcio.

«El Lazca quiso sacarme de Reynosa para entregarle la plaza al Hummer. Me sentí traicionado: busqué a Heriberto y ahí sucedió mi desgracia. Le reclamé que no era justo conmigo. Entonces fue que me ofreció Chiapas, ya que supuestamente esa plaza estaba libre. Se preguntará por qué acepté esa comisión; yo me lo cuestiono todo el tiempo. Cuando el Lazca me lo propuso respondí que me sentía cansado de tanto enfrentamiento, y era cierto, pero él insistió con que era necesario; dijo que era prioridad. «Es que yo desconozco ese territorio», alegué, y él se puso necio:

—Galdino, toma esa plaza antes de que deje de ser independiente; negocia con quien tengas que negociar, elimina a los que no te obedezcan, pon en orden a los locales, como hemos hecho en otras partes, y luego podrás irte a descansar.

»De haber sabido que el Hummer iba a ser capturado pronto, me habría quedado en Tamaulipas. Pero en ese momento no tuve de otra: era aquello o perder mi lugar como comandante y jefe de plaza. Recluté al grupo que me acompañaría y partí para Chiapas sin imaginar lo que allá me esperaba».

El Zeta 9 cuenta que lo primero que debió asegurar fueron los caminos de la frontera con Guatemala porque «quien controla esos puntos tiene ventaja sobre el resto del territorio». Durante las primeras semanas dice que se dedicó a recorrer personalmente los principales lugares de cruce: «En ese estado la gente es recelosa si vienes de fuera, así que incorporamos *halconcitos* locales para que fueran nuestros ojos. Hacia el segundo mes de vivir allá, comencé a tener confianza, nuestro trabajo estaba siendo tan fácil como morder una barra de mantequilla: ahí la pobreza es enorme, el gobierno no existe y la gente andaba necesitada de ofertas como la nuestra».

Narra que, aun si se movía a diario de un lugar a otro, eligió una casa de seguridad en Tapachula como centro de operaciones: desde ahí hacía sus recorridos diarios.

«No acostumbraba llevar mucha gente, en la fase de reconocimiento es mejor llamar lo menos posible la atención. Como era mi costumbre, yo conducía el vehículo y llevaba a la gente conmigo».

Captura del Hummer
Noviembre, 2008

Investigando sobre el Hummer encontré su expediente en los archivos del Primer Juzgado de Distrito del Estado de México. En ese grueso documento, cosido por un anacrónico hilo rojo, hallé la declaración que hizo Jaime González Durán el mismo día de su detención, cuando fue interrogado por el ministerio público. Ahí relata que la policía lo apresó cuando estaba solo en una casa de su propiedad. Narra que escuchó ruidos fuera del inmueble y cuando se asomó por la ventana descubrió que un grupo grande de agentes federales lo tenían rodeado. Tuvo entonces la idea de esconderse debajo de la cama mientras las fuerzas del orden derrumbaban el portón de entrada. Luego ingresaron en tropel y un comandante ordenó que abandonara su guarida. Dice que recibió muchos golpes mientras lo interrogaban a propósito del lugar donde escondía el dinero, las armas y las drogas.

Según aquella declaración ministerial, el Hummer tenía consigo una pistola Super .380 cuando lo capturaron, también mostró una caja fuerte en cuyo interior había unas veinticinco o treinta bolsas con ochocientos mil dólares en efectivo. Entregó otros cien mil dólares que había guardado dentro de su vehículo personal. Los agentes federales, sin embargo, no encontraron droga en aquella propiedad.

La detención del Hummer fue noticia de primera plana en todos los diarios del país. Igual que había sucedido cinco años atrás con Osiel Cárdenas, el Ejército y la Procuraduría lo subieron a un avión para transportarlo al penal de Almoloya. Ya en el Estado de México se organizó una presentación ante la prensa donde se le mostró vestido con un chaleco negro antibalas y una mesa desbordada de armas de fuego.

—El problema, mayormente, es que fue perdiendo la cabeza —cuenta Galdino—. Le pasó lo que al resto de nosotros: ya no nos complacíamos con nada. Queríamos llenar un cuarto con dinero, queríamos acaparar plazas, sobresalir en todos los terrenos, y luego no sabíamos qué hacer con tanto. Ya no degustabas la comida, era rutinario darle dos o tres probadas y desecharla, porque no te significaba; por eso Jaime comenzó con sus pinches locuras de manipular los cuerpos.

—¿Por qué crees que le dio por comer carne humana?

—No sé, desconozco su curiosidad. Él decía «Sabe chido», pero cuando le preguntábamos, explicaba que era por ansia.

—¿Por ansia? —cuestioné intrigado.

—Mire, cuando el Hummer comenzó con el paniqueo fue porque ya le entraba duro al *perico*. Natural que con la droga también empezó a descuidarse y a hacer pendejadas. Mi gente me contó de sus excesos, sus escándalos, y pues eso se incrementó cuando supo que el FBI lo andaba buscando: lo ubicaron como responsable de las operaciones de la empresa en Texas.

—Pero lo detuvieron en Reynosa, ¿correcto?

—Correcto, un día que lo paran en la carretera y se armó un tiroteo de los mil demonios. Luego hicieron parecer como si la captura hubiera sucedido en su domicilio, pero eso fue falso.

—El Hummer declaró que la policía lo halló escondido debajo de su cama —refuté.

—¡No chingue, mi señor! Jaime González Durán es tan grandote que no cabe debajo de ninguna cama. A ese animal lo agarraron en la carretera y lo sé porque tengo raza que participó en el operativo.

—¿Tú lo delataste?

Negó con la cabeza y continuó contando:

—Lo de las armas y el dinero guardados en una caja fuerte fue parte de una fabricación que al final le convino a Jaime.

—¿Por qué?

—Le hicieron cine, como a mí cuando lo de El Penacho de Moctezuma, pero con una escenografía más grande, con chingos de policías y de armas; ora que los periodistas no captaron lo esencial.

—¿Qué fue lo esencial?

—No se encontró droga en su domicilio. Es decir, al güey le incautaron lana y armamento, pero nada de mercancía. Eso fue parte del arreglo que obtuvieron sus abogados, que la autoridad borrara del expediente las acusaciones por narcotráfico, ¿entiende?

—Sigue —animé a Galdino.

—Con eso evitó que lo extraditaran: todos aprendimos con la circunstancia del patrón Osiel. Por más que sea de la chingada estar refundido en una cárcel mexicana, siempre será mejor que vivir las restricciones de las prisiones gabachas. Allá no eres nadie, mientras que aquí, si tienes feria, puedes acomodar las cosas.

—Ya.

—Si al Hummer le hubieran colgado el delito de narcotráfico, sería ahora vecino del M, de Rejón o de los hermanos Treviño en Estados Unidos.

—¿Cuántos años le dieron a González Durán?

—No lo sé, pero calcule usted: si a Jaime lo agarraron a los treinta y siete, portándose decente estará saliendo libre por ahí de los cincuenta.

—¿Has vuelto a saber de él?

—Desde entonces perdimos contacto, y antes de eso, la amistad se acabó; por lo de la plaza, ya sabe...

—¿Regresaste entonces a Reynosa?

—Ni madres. Como le dije, andaba yo por Chiapas cuando lo agarraron. Y ahí fue donde me desgració la Familia Michoacana.

La fractura
Diciembre, 2015

La radiografía no dejó margen para interpretaciones: con el golpe que di contra la mesa de noche me había quebrado el quinto metacarpiano de la mano izquierda. Me tomaría por lo menos cinco semanas que sanara la lesión. La responsabilidad de la fractura fue mía pero también de Galdino. Reaccioné mal, después de una llamada que me hizo el último viernes del año.

Pasadas las once de la noche sonó el teléfono azul. Tomé con sobresalto la comunicación porque fue la única vez que el interno de Chiconautla llamó a deshoras.

—¿Qué tal le va, mi señor?

—Me va bien —respondí resignado porque seguía refiriéndose a mí con la misma expresión condescendiente—. Pensé que a esta hora estarían ya todos dormidos por allá.

—Uy, de ninguna manera. A esta hora comenzamos a trabajar —informó Galdino y preferí no indagar sobre la actividad que podían realizar los presos durante las madrugadas.

—¿Para qué soy bueno? —preferí saber.

—Un pajarito me contó que usted anda queriendo ver al juez Roldán, y pues me interesa conocer la razón, mi señor.

En vez de responder guardé silencio en espera de que él revelara lo que sabía al respecto.

—Se está usted saltando las reglas y eso puede traer problemas —amenazó finalmente.

—La reunión con el juez Roldán se canceló —informé con parquedad.

—También de eso me enteré, mi señor.

—¿Algo más? —inquirí.

—Sí, algo más.

Otra vez la línea quedó en silencio hasta que por fin dije:

—Tengo un compromiso con la familia, voy a colgar.

—Antes quisiera pedirle un favor.

—Escucho.

—Asómese a la calle, solo para que no olvide nuestros acuerdos.

—¿Qué hay afuera? —interrogué mientras caminaba los seis pasos que separan mi cama de la ventana exterior.

—Lo importante no es lo que hay sino lo que podría haber.

Justo en ese momento sonó la sirena de una patrulla que iba pasando frente a mi domicilio. Seguro que Galdino también alcanzó a escuchar el ruido porque soltó una risa seca a través de la línea.

—Cuídese, mi señor, y recuerde que en esta vida todo tiene consecuencias.

Pensé decirle que no iba a intimidarme, pero colgó antes de que las palabras salieran de mi boca. No logré controlarme y golpeé con el puño izquierdo la mesa de noche, con tan mala suerte que le atiné al filo del mueble. El dolor fue intenso e inmediato: un dolor preciso, tangible, comprobable, nada que ver con la amenaza abstracta que venía de arrojarme Galdino.

Pasé el resto de aquella noche en la zona de urgencias de un hospital vecino, lamentando mi imprudencia: arrepentido por haber emprendido una investigación que implicaba tanto riesgo. Cuando los analgésicos hicieron disminuir el dolor me vi obligado a revisar el conjunto de la situación. No podía descartar que Galdino tuviera las coordenadas de mi domicilio, ni tampoco que contara con cómplices fuera de la cárcel. También cabía la hipótesis contraria: que igual y como hizo durante aquella fiesta del Día del Padre en Chiconautla, el antiguo zeta estuviera provocando mi paranoia.

El problema era que no tenía certidumbre sobre el escenario en que me encontraba. Concluí que ese no era un buen momento para desaparecerme de la vida de Galdino, porque estaba próxima la fecha de su liberación. Era mejor tenerlo cerca y a la vista, que lejos y a sus anchas en la misma ciudad donde yo vivía.

El peor de los equívocos había sido no calcular la puerta de salida de mi relación con el interno de Chiconautla. Tanto esfuerzo invertido para penetrar su intimidad y sin embargo había olvidado planear un tema fundamental: ¿qué iba a suceder con nuestra relación una vez que Mellado Cruz abandonara la prisión?

21

Rosaura
Diciembre, 2015

Tal como se comprometió, el interno de Chiconautla concertó una cita con Rosaura, su expareja, para que nos encontráramos en un camellón frente a su casa. Esa mujer tiene los ojos grandes, como de caricatura japonesa, y la sonrisa fácil, a la manera de Meg Ryan. El fleco que cae sobre su frente la hace parecer inocente, pero no lo es. Posee justo lo que se requiere para despertar instintos paternos cuando necesita ser protegida; es más baja que Galdino y está consciente de que los mejores perfumes vienen en frasco pequeño.

Según el expediente judicial, ella era su pareja cuando Jonathan Láscari lo acusó de robo y, de acuerdo con el registro de visitas del reclusorio, se trata de la persona que más fue a verlo: durante los primeros años acudió a Chiconautla dos o tres veces al mes, pero hacia el final consta que las visitas se hicieron menos frecuentes. Galdino dice que las autoridades la maltrataron cuando la Secretaría de Hacienda requisó algunos de sus bienes y por ese motivo fue que se distanciaron.

La relación duró unos cuatro años. Cuando se conocieron, Rosaura lo ayudó a reponerse del secuestro en Chiapas, y también lo apoyó para sobrellevar la adicción a la heroína:

—Nunca le oculté quién soy. Ella sabía a lo que me dedicaba y soportó mi vicio. Le marcaba a las dos o tres de la mañana cada vez que estaba perdido; en cualquier parte dejaba la camioneta encendida y deambulaba por las calles llamándola por teléfono.

«Yo no sé nada de narcos. Él afirma que es Galdino Mellado, pero a mí no me consta. Lo conocí como Juan Luis Vallejos. Sé que en ese medio usan sobrenombres, y pues quién sabe cuál sea el verdadero. Cuando voy a verlo a la cárcel a veces lo llaman Galdino, que es su alias. Todo con él siempre es engañoso. En la iglesia lo conocían también como José Luis Ríos Galeana. Con los labios dice una cosa, pero con las actitudes hace otra. La ventaja es que Dios me ayuda, logrando que con su plática caiga en contradicciones. Entonces aparece la verdad».

—Yo he sido de una sola línea, pero ella no. Me cuentan que ha salido con otras personas y aun así sigo tolerando que venga a verme a Chiconautla.

«Hace un año me golpeó durante la visita conyugal».

—Tuvimos un pleito por dinero y por sus infidelidades.

«Tienen razón mis hijas cuando dicen que no puedo vivir sin él. Le pido a Dios que me ayude para hacer lo correcto».

—Confieso que más de una vez la he mandado vigilar. Debo favores aquí en Chiconautla porque he pedido que la sigan.

«Es muy listo, o yo muy ingenua. Cuando llama, sabe si estoy con alguien o si solo veo la televisión; es como el diablo. Una vez estábamos en la sala y puse una película: la pantalla permaneció negra, pero en una esquina surgió el rostro de un demonio. No se me olvida. Él se me quedó viendo y confesó que gracias a sus santos me tenía embrujada. Perdón, Dios mío, no quiero ser supersticiosa, ¡pero fue cierto!».

—Las hijas de Rosaura nunca me quisieron; los nombres que llevo tatuados en los brazos son los suyos, pero jamás logré ganármelas. Les compraba cosas ostentosas, y nada. Ellas ni en sueños vendrán a la cárcel. Hubo una cosa que no pudieron perdonarme. Nos invitaron a un convivio y de regreso nos detuvimos en una tienda de abarrotes porque me dio hambre; las niñas estaban dormidas y Rosaura ofreció comprarme un chocolate. Junto a nosotros se estacionó un carro con las bocinas a todo volumen, del que se bajaron tres individuos que también entraron a la tienda. Al poco rato, por encima de la música escuché gritar a mi mujer, ya que la estaban asaltando. Por instinto saqué el AR-15 que traía bajo el asiento y disparé contra los cristales: las niñas se despertaron espantadas. Después de vaciar una primera carga entré a buscar a Rosaura, quien estaba paralizada y junto a ella había dos cuerpos tirados. La jalé del brazo para que subiera a la camioneta, antes de que tuviéramos más problemas, pero se quedó en trance y le di dos cachetadas para que volviera en sí; las hijas vieron eso y comenzaron a llorar. Eché a andar el vehículo en reversa para que no pudieran seguirnos. Cuando Rosaura regresó a ser ella misma, se puso furiosa y me acusó de querer matarla; le expliqué que yo sabía manejar esa arma y al ver entrar a los atacantes no tuve más remedio que reaccionar, pero ninguna razón la calmó.

»Un día después me llamaron de la compañía para que fuera a una reunión de trabajo. Pasé varias horas fuera de la casa, y cuando volví Rosaura y las niñas se habían marchado. Caí en depresión. Yo, que había sido independiente de esas emociones, sufrí durante las semanas en las que se escondió.

«Las niñas vivían aterradas con su presencia. Estaban convencidas de que me iba a matar. Antes no lo odio más. Estuvo a nada de quitarme la vida, pero fue Dios quien me salvó. Ahora lo cuento y sonrío, pero hubo un tiempo en que no fui capaz de evitar el daño que me hacía. Es un hombre controlador y todo lo manipula. Es, sobre todo, un secuestrador».

Aquella conversación concluyó de manera abrupta porque el teléfono de Rosaura, igual que el mío, comenzaron a sonar de manera alternada. Desde el reclusorio nos llamaba la misma persona. Respondí y Galdino me reclamó por no atenderlo de inmediato. Sin esperar explicación, pidió que lo comunicara con la mujer. Rosaura le aclaró que ya nos estábamos despidiendo.

«Me va a degollar cuando sepa todo lo que le conté, pero yo no he dicho nada que usted no pueda descubrir. ¡Que Dios lo bendiga!».

Lamenté que la conversación no hubiera sido más provechosa: faltó tiempo y también confianza. Rosaura confirmó lo que ya sabía, que Galdino era un hombre propenso a la mentira y también a la violencia. Pero no despejó otras dudas, vaya, ni siquiera me ayudó a confirmar su identidad. Y, sin embargo, esa conversación me permitió visualizar el futuro: sirvió para que por primera vez pudiera imaginarme a Galdino fuera de la cárcel, libre para volver a hacer lo que le diera la gana.

La última visita
Enero, 2016

Durante casi diez meses visité a Galdino Mellado casi todos los miércoles por la mañana; jamás sentí tanto frío como esa última vez. Quizá por estar a punto de obtener su libertad, le dieron permiso para esperarme en las palapas; lo hallé tumbado sobre una mesa, tratando de calentar el cuerpo con los rayos invernales. Me aproximé en silencio y reaccionó antes de abrir los ojos:

—¡Apártese, que me está tapando el sol!

Detuve mis pasos por la grosería del recibimiento.

—Esto es un congelador —dijo incorporándose con pereza.

Pensé que igual a mí me habría caído bien tirarme un rato para bañarme con esa luz: la temperatura rondaba los dos grados centígrados y todo empeoraba en aquella cuenca de Chiconautla, incluida la humedad.

—Es la última cita, mi señor —recordó el interno vestido de azul, sin preguntar la razón por la que llegué a ese encuentro con la mano izquierda entablillada.

Otro era el tema que lo traía fastidiado:

—Por su culpa tuve un problema grande.

—¿Por qué?

—No sé qué le habrá dicho a Rosaura que ya ni la hora quiere saber de mí. No era mi idea que usted le hiciera al amigo, señor periodista.

—¿Qué quiere decir con eso? —interrogué.

—Mejor dejemos las cosas así.

Fue complicado maniobrar con una sola mano a la hora de colocar la grabadora y la libreta sobre la mesa. No había llevado para aquella ocasión la ración acostumbrada de pistaches porque, sin ayuda, no podría abrir las cáscaras y, además, había vuelto a fumar.

A pesar de que en sus notas Galdino había relatado con detalle el secuestro que vivió en Chiapas, y también los días que pasó enterrado entre hormigas y tarántulas, con el paso de los meses aprendí que me aportaba mejor entendimiento escuchar la versión oral sobre los hechos que antes había leído de su puño y letra. Así que decidí retomar ese episodio, que tanto me impresionó, no solo por el horror descrito, sino porque, según sus propias palabras, fue a partir de entonces que Galdino dejó de ser un Zeta.

Cacahoatán
Enero, 2016

—El día que me levantaron éramos siete, contándome a mí. Nos tomaron desprevenidos; primero pensé que se trataba de gente nuestra, de la compañía, que trabajaba en Guatemala, y pues ese fue mi error. «Bájense, hijos de su pinche madre», me dijo un güero que luego resultó ser europeo. Yo le hice: «Cálmate, tranquilo», y que nos empiezan a dar en la madre. A putazos nos subieron a sus vehículos y desde ese momento comenzó la tortura psicológica: que para quién trabajan, que todos ustedes ya valieron madre, que los vamos a descuartizar, y más cosas. No pasó mucho para que llegáramos a una choza maltratada, construida con madera costera, y por eso volví a equivocarme; supuse que andábamos lidiando con raza que no sabía con quién se estaba metiendo y creí que con un poco de labia pronto todo se arreglaría.

»Pero la cosa cambió cuando dentro de esa casita miserable reconocí a Nazario Moreno, el Chayo, uno de los que fundaron la Familia Michoacana: ese cabrón odiaba más a los Zetas que el gobierno y todos nuestros enemigos juntos.

—¿Te reconoció?

—Al principio no, por eso sus subordinados preguntaban a cada madrazo que quiénes éramos; nos arrojaron al suelo sin dejar de patearnos. Nazario solo miraba al güero encargado del interrogatorio: «Díganme quién viene al mando, ¿quién es el comandante?». Como mi estaca se quedó callada, el güero pidió que le llevaran un mazo de construcción y reventó la rodilla de un compañero: el grito de ese vato cambió la circunstancia. «Aflojen, hijos de la chingada, y digan quién es el mandamás». Antes de que mi gente se viera obligada a señalarme, abrí la boca y me presenté como el comandante Galdino Mellado Cruz, el Zeta 9. Supe que al decir esas palabras había firmado mi sentencia de muerte, pero no tenía opción. Por órdenes del tipo güero, dos de sus hombres me condujeron al fondo de la casa, donde había una mesa de madera; me ataron las manos, me quitaron los zapatos y también los calcetines. Uno de ellos tomó una pinza y comenzó a sacarme, una por una, las uñas de los pies. Teniendo al güero y a Nazario Moreno como espectadores, lloré como niña sin que me preguntaran nada.

—¿Por qué hicieron eso?

—¡Qué sé yo! Habrán querido ablandarme. Esa tortura duele de a madres, sobre todo cuando me echaron el clásico vinagrazo.

—¿Cuánto duró aquello?

—Esos cabrones se tomaron su tiempo para romperme la quijada, un brazo y las costillas. Por fin, cuando el dolor dejó de ser tan fuerte, escuché por primera vez la voz del tal Nazario: «¿Qué se siente, hijo de tu pinche madre? ¿Qué se siente después de haberte pasado de verga con tanta gente, descuartizando, cortando cabezas y quemando raza viva?».

»No pude contenerme y frente a ese culero me oriné en el pantalón. "Así está bien, puto; está bien que todos ustedes nos tengan miedo. ¿Sabes quiénes somos?". Asentí con los ojos nublados, ¿comprende? Por la humillación. "Para pronto —le hizo Nazario—, somos la Familia Michoacana, así que aquí tu puta existencia vale pura madre. Voy a presentar tu cuerpo podrido para que en adelante Lazcano se la piense antes de enviar gente a nuestro territorio". Para ese momento el resto de la estaca estaba deshuevada, masacraron a mi gente sin piedad y yo me preguntaba cuántos minutos me quedarían por vivir.

»Allá en Michoacán ese Nazario Moreno tenía fama de ser muy devoto y en ese momento comprobé los dichos: "Este día estamos haciendo justicia divina —me advirtió— y es Dios quien decidió que te va a llevar la chingada, para que todos ustedes se enseñen a respetar las plazas". Ya iba a dejarme el cabrón en manos del güero y sus esbirros, cuando me atreví a llamarlo por su nombre. Me dolió terrible abrir la boca, pero respiré hondo y levanté la cabeza; sabía que la última oportunidad de salir de ahí dependía de mostrar orgullo. "Yo sé quién eres. Tu nombre es Nazario Moreno, anduve hace algún tiempo por tu tierra y oí mentar mucho tu nombre. Sé que eres hombre de negocio, reflexiona: quizá soy mejor bisne si me entregas vivo". Ese cabrón me miró con desprecio y pidió que escularan mis cosas para ver si traía un teléfono celular. Cuando regresaron con el aparato le pedí que, antes de acabar conmigo, me dejara hacer una llamada: "Anda, solo quiero despedirme de mi jefecita. No me puedes negar ese último favor". Le di a Nazario el código y se puso a revisar los contactos almacenados. Marcó varios números al azar; al quinto o sexto intento el vato dio con el del Zeta 42, Omar Treviño.

—¿Hermano de Miguel Treviño? —indagué.

—Así es. Llamó y Omar respondió pensando que se trataba de mí. Escuché a Nazario informar que la Familia Michoacana me había levantado y amenazó con que, si Heriberto Lazcano no se comunicaba antes de diez minutos a ese mismo puto celular, el Zeta 9 se iba a pudrir en el peor de los infiernos. En cuanto colgó, envió a sus hombres para que trajeran la batería de una troca y cables para pasar corriente; instruyó también que me quitaran los pantalones y la ropa interior. Luego, con la pinza negra de los cables prensaron mis testículos, y con la roja la punta de mi verga: sin embargo, antes de que los extremos de esos cables mordieran la batería, sonó el teléfono y respiré hondo. «¿Lazcano?», preguntó el líder de esa raza. Tenía la esperanza de que el Lazca pudiera resolver mi situación, pero antes de decir otra palabra, Nazario ordenó que conectaran las pinzas a la batería: sentí dentro de mí un fierro incendiado y di un alarido. Era justo lo que quería ese güey, que Lazcano se enterara de mi condición, ¿comprende?

Asentí.

—Ora que, para nosotros, lo fundamental era lograr el mayor tiempo de conexión: esos pendejos no sabían del rastreador que tenían nuestros teléfonos, y que esa conversación con Heriberto le permitiría a mi gente dar con el lugar donde me tenían secuestrado. Por las respuestas que alcancé a escuchar supuse que Heriberto ofreció pagar rescate y también dinero para que nos permitiera operar en esa plaza, pero el ojete a todo dijo que no; se hizo el importante y maltrató al famosísimo Heriberto Lazcano. Antes de colgar, el Chayo ordenó, de nuevo, que hicieran sentir el rigor de la electricidad sobre mis genitales: se pasaron y perdí el conocimiento.

»No sé cuánto tiempo transcurrió, ya era de noche cuando desperté. Nunca podré olvidar aquel sábado 27 de diciembre de 2008, debí morir y no pasó porque esos putos de la Familia Michoacana eran demasiado crueles. Me habían enterrado vivo y mi cuerpo nadaba dentro de una masa con olor a huevo echado a perder; entonces comprendí lo que Nazario quiso decir con aquello de que entregaría mi cuerpo podrido. Para que la muerte llegara con lentitud, mis captores habían colocado dos tubos de PVC, a través de los cuales entraba luz y aire; también por ahí arrojaban hartos desechos de comida, orines y mierda. Aquella masa viscosa iba ascendiendo y calculé que en días mis pulmones terminarían envenenados por la porquería. De a poco fueron doliéndome los golpes que me dieron antes y después perdí la conciencia. Desde la superficie, la gente de Nazario venía a visitarme y se burlaban llamándome "zetita culero". De nada sirvió que suplicara. Exigí que dispararan tupido dentro de esos tubos blancos, en vez de seguir arrojando sus chingaderas. Tenía el brazo roto, alguna costilla y también la quijada, pero aunque hubiera estado sano no habría reunido fuerza suficiente para levantar los tres metros de tierra que, a juzgar por el largo de los ductos, me separaban de mis secuestradores.

»Al tercer día entraron a mi ataúd unos hormigones grandísimos, los cuales llegaron para competir por el asqueroso líquido que me mantenía con vida: esos bichos mordieron mi piel llagada y a la tortura previa se añadió una comezón de los mil diablos. El hambre era ojete y allí dentro esos insectos me supieron a postre.

Al quinto día apareció también un nido de tarántulas; cuando lo descubrí chillé de tanta angustia, pero esas arañas me hicieron el favor de eliminar a los otros bichos, que estuvieron a punto de fundar un hormiguero dentro de mi cuerpo. Había escuchado antes que la tela de araña ayuda en la cicatrización de las heridas, así que robé un poco para untarla sobre las pústulas. No va usted a creerlo, pero esa madre cura y las tarántulas no se metieron conmigo.

—¿Podías dormir?

—Tenía que levantar más y más la cabeza para no ahogarme en ese vómito, así que era difícil. Tenía fe en que el Lazca hubiera conseguido mi ubicación durante la llamada. El problema era el tiempo que tomaría movilizar a la gente para rescatarme: la raza que había dejado en Tapachula no era suficiente y tampoco tenía la preparación para un operativo como el que se requería, así que como única esperanza me quedaba que la compañía llegara a esa casucha de Cacahoatán, antes de que aquel líquido entrara por mis narices. Mientras tanto le recé a Oggún, pero esa vez no me escuchó. Entonces me acordé del pastor que me salvó la vida cuando caí preso en el Reclusorio Norte, y le recé al Dios de los cristianos. Chillé por no haber tenido tiempo de pedir perdón.

»Por fin, el sábado siguiente, muy temprano, escuché gritos, luego balazos y muy rápido llegó el silencio. Después oí que pronunciaban mi nombre: con una garganta a la que ya no le quedaba casi nada de voz logré sacar un sonido insignificante: "Aquí estoy", repetí no sé cuántas veces, y por suerte uno de mis carnales se paró a un lado de los tubos de PVC. "Hey, esos, aquí estoy". Supe que me había salvado cuando la luz de una linterna penetró hasta el fondo de aquel ataúd. La raza no tardó en sacarme; más que todo, se asustaron por las pinches tarántulas y a huevo querían eliminarlas, pero logré que las dejaran en paz. "Relájense" dije, aunque no podían comprenderme, "estas bestias me hicieron un paro".

—¿Qué pasó con los demás integrantes de tu estaca? ¿Alguno sobrevivió?

—¡Ni madres! Todos murieron el mismo sábado que me enterraron, seis días atrás.

Galdino no quiere que lo distraiga con mis preguntas. Necesita dejar constancia de cada segundo vivido dentro de aquella fosa séptica:

—Entonces me agarran y me avientan agua para limpiarme: todo mi cuerpo estaba descomponiéndose. Tenía una infección masiva y dentro de la piel sentía bichos caminándome...

Apuntes del periodista
Enero, 2016

El tipo de hormiga gigante más común en Chiapas es la *Atta laevigata*, conocida principalmente como chicatana o nucu. Esta hormiga es un manjar: se come con tortilla, chile y limón, y alcanza un valor de hasta cien dólares por kilo. Son insectos que pueden construir vastos hormigueros, cinco metros bajo tierra, y se alimentan principalmente de hongos.

La segunda muerte de Lazcano
Octubre, 2012

La historia de Cacahoatán impuso un largo silencio entre Galdino y yo; con respeto esperé a que él recuperara la conversación. Al fin lo hizo y fue para hablar de Heriberto Lazcano:

—El Lazca me rescató porque esas eran las reglas de la compañía y también porque a pesar de las traiciones, seguíamos siendo compas.

—En tus notas dices que eran amigos; sin embargo, mencionaste antes que la relación estaba muy descompuesta para cuando te secuestró Nazario Moreno.

—Fuimos muy carnales y luego, pues yo jalé con la raza del Golfo y eso emputó a Heriberto; también estuvo el problemita de la lana del operativo de Zavaleta.

Galdino continuaba hablando de ese episodio como si fuera verdad.

—El cabrón fue muy poderoso en este país, ¿comprende? Muy poderoso. Ninguna autoridad pudo con él.

—¿Y sin embargo la Marina lo agarró? —solté con toda intención de llevar la conversación hacia el segundo tema en la agenda que tenía prevista para aquella mañana.

—Eso es mentira: Lazcano vive todavía y está en libertad.

Saqué de entre mis papeles una nota publicada el lunes 8 de octubre de 2012 en un periódico de Coahuila, cuyo titular principal confirma lo que yo acababa de decir. Galdino tomó el documento y lo leyó con parsimonia:

CAE HERIBERTO LAZCANO, MÁXIMO LÍDER DE LOS ZETAS

Ayer, alrededor de las dos de la tarde, Heriberto Lazcano Lazcano, líder principal de los Zetas, perdió la vida en un tiroteo con fuerzas de la Armada de México. Horas después, un comando encapuchado sustrajo sus restos de una funeraria en la ciudad de Sabinas, donde habían sido depositados.

Según fuentes cercanas al gobernador, este sujeto vivía quitado de la pena en Progreso, una villa pobre y apartada al norte de Coahuila. Al parecer Lazcano era el dueño de una mina de carbón situada en esa localidad: «Él no era el narco ahí, era el minero. ¡De no poderlo creer! Iba a la tienda a comprar refrescos. Era un señor que no andaba armado, ni nada. Era el minero del pueblo».

La mañana de ayer domingo, un vecino hizo una llamada anónima para avisar a la procuraduría estatal que dos hombres empistolados se encontraban en el campo de beisbol de Progreso, mirando un partido entre el equipo local y otro que vino de Ciudad Juárez.

Un par de vehículos ocupados por infantes de la Marina acudieron al llamado. Los sujetos señalados se dieron a la fuga en una camioneta Ford Ranger blanca. Usando una metralleta AR-15, adaptada con un dispositivo lanzagranadas, el copiloto agredió a los marinos, quienes también se defendieron con armas de alto poder.

Un tiro terminó con la vida del conductor de la camioneta Ranger y el copiloto echó a correr en sentido opuesto al campo de beisbol. Las fuerzas del orden continuaron disparando contra el fugitivo hasta que lograron herirlo en el cuerpo y la cabeza. El hombre habría muerto al instante. El episodio ocurrió alrededor de las dos de la tarde, pero el ministerio público no se presentó para recoger los cadáveres hasta seis horas después. Mientras tanto, los infantes de Marina custodiaron los restos. El piloto traía consigo una identificación oficial con el nombre de Mario Alberto Rodríguez Rodríguez. En cambio, el otro sujeto no portaba ningún documento que permitiera saber de quién se trataba.

Alrededor de las nueve de la noche los restos partieron de Progreso con rumbo a ciudad Sabinas. Al no contar con otro lugar disponible para realizar el examen de los cuerpos, la autoridad los depositó en la funeraria García, un establecimiento privado de esa otra localidad. Peritos de la procuraduría estatal de justicia procedieron entonces con las respectivas autopsias. A partir de ese momento, los infantes y la policía ministerial dejaron de custodiar los cadáveres.

Alrededor de la 1:30 de la mañana del día de hoy, un comando armado irrumpió en la funeraria García para llevarse a los occisos.

Más tarde se hizo del conocimiento público que los datos biométricos del copiloto de la camioneta blanca coincidían con los de Heriberto Lazcano Lazcano. También fueron publicadas varias fotografías que muestran el supuesto rostro de Lazcano sin vida.

Al término de la lectura Galdino retomó la conversación.

—A ese cabrón nunca le gustó el beisbol, era fan, como yo, del futbol americano. ¿Cómo va usted a creer que, siendo un personaje tan importante de la compañía, y el más buscado por el gobierno, Heriberto iba a andar quitado de la pena, sin seguridad ni nada? Cada que llegaba a un lugar, ese cabrón se movía acompañado por tres o cuatro camionetas y un chingo de gente. O sea, es algo irracional que fuera a ver un partido llanero acompañado por un solo güey; y luego, más pendejada es lo del cuerpo: ¡no mame, mi señor! Eso fue para justificarse con los gringos, por si ellos pedían un análisis; para eso fue la falacia. El Lazca hizo como yo le dije que iba a suceder, ¿recuerda? Pasó como yo profeticé en el pantano, cuando comíamos todo el día cerdo salvaje: el tablero de Ifá dijo que iba primero a palmar cerca del océano, y así sucedió cuando lo dieron por muerto en Veracruz; que una segunda vez iba a morir en el desierto, y pues así pasó en aquel pueblo mugroso de Coahuila; y la tercera, la buena, será rodeado por su familia, en una isla lejos de México. No sabría decirle si yo le di la idea, o si mis santos sabían; en cualquier caso, ese compa está mejor que muchos de nosotros.

—Si publico esto que me estás contando Lazcano pensará que lo traicionaste —advertí, intrigado.

—No lo estoy traicionando, únicamente estoy revelando la verdad. Para su conocimiento, ya ni está aquí, en el país. Está jubilado: él está haciendo sus cosas, no tiene necesidad de pedirle algo a nadie. Puede hacer sus negocios, sus propias empresas, con otro nombre. Cuando salga todo esto a la luz, créame que nos lo va a agradecer, a usted y a mí, porque yo no daría paso sin huarache, ¿comprende?

—¿Le pediste permiso para contarme esto?

—Usted no tiene nada de qué preocuparse —insistió—. ¿Quiere que lo comunique con él, en este mismo momento? ¿Sin intermediarios? Yo le llamo y él contesta. Antes le dije que no hay sicario ni narcotraficante que pueda retirarse, pero ¿sabe qué? Que los jefes sí podemos jubilarnos.

Apuntes del periodista
Octubre, 2012

El vocero de la Secretaría de Marina declaró a los medios que sus hombres no tuvieron indicios de que los cuerpos abatidos tuvieran un perfil de alta peligrosidad. Por eso dejaron de custodiar los restos cuando los depositaron en la funeraria García, de ciudad Sabinas.

¿Qué se necesitaba para clasificar esos cadáveres como susceptibles de ser custodiados por los infantes? ¿No constituyó argumento suficiente de «peligrosidad» que los atacantes hayan disparado contra vehículos ocupados por personal de la Marina con un rifle AR-15 convertido en lanzagranadas? ¿Tampoco fue motivo de sospecha el arsenal que las autoridades dijeron haber encontrado dentro de la camioneta Ford Ranger blanca utilizada por los presuntos criminales?

El robo de los restos del hipotético Heriberto Lazcano Lazcano fue el primer argumento que sembró sospechas sobre el caso. El segundo tiene que ver con la estatura del individuo. De acuerdo con la ficha aportada por el Ejército, el Lazca mediría un metro con sesenta centímetros. No obstante, según la autopsia practicada en la funeraria García, del municipio de Sabinas, el cadáver recogido por los marinos tenía una estatura de un metro con ochenta centímetros.

En vez de sospechar de la información consignada en alguna de las dos fuentes, el mismo vocero de la Marina consideró públicamente la posibilidad de que Lazcano hubiera crecido veinte centímetros entre los 17 y los 37 años, aunque tal hipótesis sea anatómicamente imposible.

El tercer argumento para dudar sobre la identidad del cadáver sustraído son las comparaciones de ciertos rasgos del rostro. Pocos días después de la desaparición del cadáver del líder de los Zetas, la revista *Proceso* publicó una nota firmada por la reportera Patricia Dávila bajo el titular: «EL CADÁVER EXHIBIDO NO ES DEL LAZCA».

De acuerdo con peritos forenses consultados por la reportera, en la foto de Heriberto Lazcano proveniente de la época cuando fue militar, la oreja está a la misma altura del ojo, mientras que en la del muerto se encuentra más arriba. Aun si el líder de los Zetas se hubiera sometido a una operación quirúrgica, no hay cirugía estética capaz de cambiar el lugar donde están las orejas.

El cuarto argumento discordante se relaciona con los proyectiles que, de acuerdo con la autopsia, impactaron el cráneo del muerto. El reporte redactado por los peritos de la Procuraduría dice que una bala de alto calibre ingresó por la región occipital y quedó alojada en la base del cráneo. Sin embargo, el mismo especialista consultado por la reportera Dávila refuta esa idea: «¡Imagínese el poder de fuego que tiene el arma de los marinos! No puede creerse que la bala haya permanecido dentro de la cabeza».

Esta explicación parece inventada para justificar por qué el proyectil que entró por la nuca no desfiguró el rostro, lo cual hubiera vuelto imposible el reconocimiento del cadáver en los medios de comunicación. La misma autopsia asegura que un segundo tiro penetró al cráneo del occiso por la región parietal izquierda y emergió en el otro extremo, fracturando el hueso occipital. Sin embargo, de nuevo, las fotografías entregadas a la prensa contradicen tal afirmación: «Si nos fijamos en las imágenes donde el muerto aparece acostado —escribe la reportera— y se le ve la oreja derecha, se constata que no hay ahí ningún orificio de salida».

Son, pues, cuatro las piezas de evidencia que sirven para poner en duda la muerte de Heriberto Lazcano: el robo del cadáver, la confusión sobre la estatura, el análisis de los rasgos faciales y las incoherencias entre los datos de la autopsia y la información balística.

Quizá fue por este motivo que la DEA se expresó con cautela a propósito del episodio. Cuando se interrogó al portavoz de esta dependencia estadounidense, Rusty Payne, si tenía evidencia de que el verdadero Heriberto Lazcano hubiera muerto, el funcionario extranjero respondió: «No nos vamos a meter en eso. Quiero decir, eso fue una operación mexicana, que sucedió en México, y ha sido confirmada su identidad por el gobierno mexicano».

Porque las dudas continuaron creciendo, la autoridad optó por exhumar el cadáver del padre de Heriberto Lazcano para hacer comparaciones de ADN. Como cabía esperar, el resultado de las pruebas genéticas entre los restos del padre y los del hijo no fueron concluyentes. ¿Por qué la Procuraduría no tomó entonces muestras de ADN de la madre de Lazcano, si ella continúa con vida y está localizable? Ninguna autoridad pudo responder a esta pregunta. Al final, con bastante ligereza, el vocero de la Marina insistió en que el caso de la muerte de Heriberto Lazcano Lazcano estaba cerrado.

De regreso a Reynosa
Enero, 2016

El Pifas entró corriendo a las palapas con un mensaje del jefe de custodios.

—Danos chance —le dijo Galdino— ¿No ves que estamos platicando a gusto?

—Ya saben cómo son las cosas —reviró el mensajero, y ambos me miraron al mismo tiempo. Entonces pregunté:

—¿Cuánto más?

—Otros cuatrocientos pesos —respondió el hombre de las piernas cortas.

De todas las veces que visité Chiconautla, esa fue la única entrevista que duró más de tres horas. Era mi elección terminarla en ese momento o comprar tiempo para seguir conversando.

—Oye, Pifas, pero si solo vamos por media hora más —dije.

—Si no llevo los cuatrocientos, los echarán de aquí.

—Para mí que este es un negocio entre ustedes dos —me atreví a especular.

Galdino mantuvo fija la mirada, sin parpadear. En cambio, el otro se hizo el ofendido:

—Órele, patrón, yo no me llevo así con usted.

Saqué cien pesos y los entregué:

—Es todo lo que traigo.

El Pifas preguntó con un gesto discreto si Galdino estaba de acuerdo y mi interlocutor asintió. Igual que como entró, aquel hombre bajito echó a correr de vuelta en dirección a los locutorios.

Entonces interrogué al hombre de azul sobre el penúltimo tema que tenía anotado en mi libreta:

—¿Qué harás cuando salgas?

—No tengo de otra. Uno tiene derecho a guardarse por un rato, pero allá afuera mi gente está esperando a que me reincorpore: volveré a Reynosa.

—¿Por qué a esa ciudad?

—Conozco bien y ahí puedo cuidarme mejor que en otros lugares.

—¿Cuándo fue la última vez que estuviste por allá?

Galdino giró de nuevo la cabeza sobre el eje de su cuello, como hacía cada vez que quería ordenar sus pensamientos:

—Desde 2009 que no vuelvo.

Encendió un cigarro y le pedí que compartiera conmigo el otro que llevaba guardado detrás de la oreja.

—Me va a decir por qué buscó al juez Roldán —soltó sin amortiguadores.

—Ya lo expliqué antes: hay cosas que no cuadran. Por eso te pedí hablar con Rosaura, por eso estoy tratando de que tu madre me dé una entrevista y, en el mismo sentido, no quiero cerrar la investigación sin hablar con los jueces Castillo y Roldán.

—¿Verónica Castillo?

—Sí, la que te sentenció hace cuatro años.

—Uy, a ella no la va a encontrar.

—¿Qué sucedió con esa mujer?

—Creo que se retiró —respondió jactancioso.

La información era correcta. Desde que comencé a visitar a Galdino intenté localizar a la jueza Castillo sin ningún éxito. Solo obtuve por respuesta que había abandonado su carrera en el Poder Judicial.

—¿Por qué no quieres que hable con el juez Roldán?

—Se lo dije el otro día: por las consecuencias. No quiero que le pase nada, mi señor —dijo al tiempo que señaló con la mirada mi mano quebrada.

—¿Me estás amenazando otra vez? —interrogué mostrando los vendajes.

—En este caso me temo que sí —respondió sin ambigüedad.

—¿No me tienes confianza?

—La misma que usted me tiene a mí.

Vino de nuevo el silencio y comencé a desesperar porque necesitaba resolver los términos de una despedida que debía dejarme a salvo de cualquier represalia. Obviamente Galdino también guardaba pendientes conmigo:

—¿Qué pensó del dinero para sacar la pipa del corralón, donde tengo guardado mi clavo? ¿Me lo va a prestar?

—Ya te dije que no tengo.

—Pida entre sus conocidos, que para usted es más fácil —repitió.

Estaba consciente de que era decisión mía volver a ver a Galdino cuando estuviera fuera de la cárcel o despedirme en ese momento de él; en caso de que optara por encontrarnos afuera, necesitaba ser ambiguo en mi respuesta a propósito del apoyo económico que me solicitaba. Era mejor jugarme esa carta si quería guardarme una última entrevista para cerrar la conversación.

Contaba todavía con la esperanza de que su madre, Carolina de la Sancha, aceptara verme. Le había enviado una larga carta contándole sobre las razones que me llevaron a entrevistar a su hijo y también sobre la importancia que su testimonio podía tener para mi trabajo. Dejé en ese documento el número del teléfono azul y dos días después la señora respondió con un mensaje de texto diciendo que consideraría verme, siempre y cuando Galdino no se enterara.

—Ahora sí se acabó, patrón —nos informó el Pifas.

La última entrevista en Chiconautla había llegado a su fin y yo apagué mi cigarro a medio consumir. A no ser que la vida se pusiera necia conmigo, tenía pensado no regresar jamás a ese basurero.

—Yo me quedo aquí en las palapas, señor periodista. Está por llegar el juez Roldán para entregarme la liberación.

Galdino Mellado se puso en pie y me extendió la mano; como cuando lo conocí, me pareció evidente que ese sujeto fue alguna vez un militar disciplinado. Le devolví el saludo y me dolieron los huesos de la mano sana. Propuse entonces:

—Cuando esté libre, llámeme al teléfono que usted tiene.

Noté que, de manera involuntaria, yo había regresado a utilizar la segunda persona del singular.

—Así lo haré, mi señor —desafió el Zeta 9 con una mueca burlona.

Le di una propina grande al Pifas; después tomé camino hacia la salida de la prisión sin mirar atrás.

22

DIARIO DE UN HIJO DE LA GUERRA
Enero, 2010

*En enero o febrero de 2010 fui a buscar a mi madre. Me aperso-
né en su trabajo, pero apenas me vio, se mostró bien encabrona-
da. Preguntó que qué chingados hacía allí y si quería meterla otra
vez en problemas. Le dije que solo deseaba saber cómo le iba y
ella respondió que, como podía ver, estaba mejor sin mí. Lo ojete fue su cara de miedo al verme. No quiso escuchar lo que tenía
por contarle después de haber pasado una semana entera bajo la
tierra, ni tampoco el infierno que estaba significando la adicción
a la heroína.*

*Había dejado mi camioneta a varias cuadras de la panadería,
así que regresé caminando y fue en el trayecto que topé con el templo Alfa y Omega. Decidí husmear y una señora salió para recibirme: me dejé llevar y tomé asiento adentro. Conducía el culto un
hombre que tendría unos ochenta años, un señor de pelo blanco y
nariz grandota que hablaba con las manos y nos señalaba con un
dedo índice que me pareció demasiado largo. Primero pensé que se
había tomado una copa de vino, pero luego me di cuenta de que
tenía dificultad para pronunciar ciertas palabras y también para
caminar. A su lado, una señora buscaba en la Biblia los versículos
dictados por él: salmo tal y tal, o Carta a los Corintios número
tal. Una vez que los encontraba y leía en voz alta, el pastor inter-
pretaba para nosotros.*

*Cuando terminó su discurso, Samuel Láscari dejó a un lado la
Biblia y abordó otro tema. Yo desconocía entonces casi todo so-*

bre los evangélicos y por eso tardé en comprender que estaba pidiendo dinero porque hacía falta para una misión de la iglesia; al tiempo que explicaba, un asistente llegó hasta mí con una canastita en la que había muy pocos billetes y algunas monedas. Yo traía conmigo unos cuarenta mil pesos en efectivo y los eché dentro. El encargado de la colecta se aproximó al pastor para decirle de mi donación: me habría gustado pasar desapercibido, pero frente a las más de treinta personas que estaban en el templo esa mañana de domingo, el pastor interrumpió el servicio para darme las gracias. Me chiveé, y peor fue cuando preguntó por mi nombre. Apenas respondí, dijo que el hermano José Luis Ríos Galeana había aportado los recursos faltantes para el viaje de los evangelizadores.

Vino un aplauso, y «¡Alabado sea el Señor!». Luego preguntó si yo era cristiano. Contesté que una vez fui bautizado, pero no frecuentaba el templo. Propuso entonces que pasara al frente para dar mi testimonio. ¿Testimonio de qué chingaos? Yo no sabía qué era eso, y sin embargo un pensamiento me animó: ¿y si ese pastor conocía a mi madre? Aunque había tenido poco contacto con ella desde que me fui a vivir a Tamaulipas, supe que se había vuelto cristiana. Fue esa idea la que movió mis pies hacia el pastor Láscari.

Al tenerlo cerca, sentí que su mirada era capaz de descubrir todo lo que en ese momento pasaba por mi cabeza. Me entregó un micrófono y se apartó, dejándome parado frente a la gente. No puedo explicar qué fue lo que sucedió, pero en cuanto abrí la boca comencé a hablar de más: en desorden conté mi vida. Compartí que había hecho el mal a mucha gente y que incluso había matado. Que fui militar y luego policía, y que en ese momento me dedicaba al narcotráfico. Confesé ahí mismo que era integrante de los Zetas. Me llevó como quince o veinte minutos escupir cuanta pendejada. Fue al último que tomé conciencia de lo asustada que había dejado a la gente con mis historias, pero no me importó. Ocurrió como si el muro de una presa se hubiera venido abajo; ya no aguantaba la presión porque después de Chiapas quedé fracturado por dentro.

Samuel Láscari no me juzgó. Al concluir el culto, me invitó a conversar en la oficina que tenía dentro del templo. Ahí me des-

plomé y comencé a llorar. El pastor me dijo que, así como yo, él había visto pasar a muchos otros jóvenes que cargan tristezas grandes: «Sé de dónde vienes y entiendo por qué estás sentado frente a mí: Jesús quiere convertirte en una criatura nueva, Jesús quiere perdonarte».

Cada vez que veía arrepentirse a los aleluyas me parecían, todos, una bola de hipócritas. No creía en sus milagros porque estaba lejos de los cristianos: todavía tenía fe en mis santos y sabía que esa gente pensaba en mi religión como cosa del diablo. Sin embargo, después de dar ese testimonio en el templo y de llorar frente al pastor, me entró una paz que desconocía.

Llevaba conmigo un rosario de perlitas que era ostentoso y caro; se parecía a aquel que Alfredo Ríos Galeana me regaló cuando era chamaco. En agradecimiento, me lo quité de encima y se lo ofrecí al pastor. Primero quiso rechazarlo, pero cuando lo miró de cerca cambió de opinión. No es que a Láscari le gustaran las joyas, lo que pasa es que necesitaba dinero para mantener los templos de su congregación. Le propuse hacer aportaciones grandes para ayudarlo y me preguntó si el dinero que entregué durante la celebración del culto tenía un origen legal. Aunque me habría gustado seguir conversando sin mentiras, mejor le dije que sí y quedó satisfecho.

Me contó, según esto, que de muy chamaco trabajó de mozo en una escuela allá en Nuevo Laredo, y el director lo dejó vivir ahí porque no le alcanzaba para el alojamiento. Comparó mi situación de ese momento porque le dije que, desde mi regreso a la Ciudad de México, dormía en hoteles ya que mi madre no quiso recibirme en su casa. Se le ocurrió entonces ofrecerme el templo para que permaneciera mientras resolvía mi situación.

Me agradó la idea. Era mejor que seguir como corcholata, rebotando de un lugar a otro. Llamó entonces a la señora que se encargaba de la limpieza en el Alfa y Omega y le pidió que buscara almohadas y cobijas para mí. También ordenó que me mostrara un cuarto en el segundo piso, que usaban para cuando había cursos de evangelización. Era de locos lo de que Dios me había elegido y yo debía ponerme a su servicio porque mi testimonio —presumió Láscari— podía hacer bien a otros. Lo único claro para mí es que estaba harto de la soledad.

Dormir ahí no hizo que cambiara el resto de mis actividades. Continué como responsable de organizar reuniones para los altos mandos de la compañía; todas eran negociaciones que me generaban buen dinero. Tampoco dejé la droga, aunque jamás me inyecté dentro del templo. Y mantuve la relación con Rosaura, aunque jamás la llevé a dormir conmigo al Alfa y Omega.

Había una persona mucho más jodida que yo: le decíamos la Cochinilla porque hacía mucho ruido al comer, y es que no tenía dientes. Era un pobre tipo que a veces dormía en la calle y no tenía dónde bañarse. Una vez me pidió pasar la noche dentro del templo y se me hizo fácil decirle que sí. Creí que lo mismo habría hecho cualquier otro hermano, pero no supe adivinar su comportamiento: durante un fin de semana que salí de la ciudad, la Cochinilla robó varios micrófonos y una grabadora que tenían en la iglesia.

En cuanto se enteró, el pastor Láscari me mandó llamar bien enojado. Se relajó cuando le expliqué que lo del hurto era responsabilidad del hermano Huberto, a quien conocíamos como la Cochinilla. Molesto, de todas maneras, me exigió que devolviera las llaves, ya que a pesar de tener motivos bondadosos había abusado de su confianza al meter a la iglesia a una persona sin pedir autorización.

Sin embargo, el pastor y yo nos seguimos frecuentando. Durante una enfermedad que lo obligó a guardar reposo, yo lo visitaba en su casa. Todo ese tiempo fue sincero mi acercamiento a la palabra de Dios. Le presenté a Rosaura, pero al pastor no le gustó que ella siguiera casada con otra persona, así que solo yo lo visitaba.

Quienes no tenían ninguna confianza en mí eran los hijos del pastor, Samuel y Jonathan, y es que la gente de la congregación recordaba mi primer testimonio en el templo. Los dos pensaban de mí que era una persona abusiva, y después del robo de la Cochinilla en el templo temían que yo fuera a hacer lo mismo en su casa.

Por eso Jonathan se inventó la mentira sobre la pistola y maquinó con su hermano que me metieran a la cárcel. El pastor lo regañó porque no era de buenos cristianos encerrar a alguien por un asunto tan menor. Al final Láscari prometió a sus hijos que no volverían a verme, siempre y cuando retiraran la denuncia. Jonathan cumplió su palabra, pero para ese momento yo ya había decidido quedarme a vivir en Chiconautla.

Carolina de la Sancha
Febrero, 2016

Fue ella quien eligió el lugar para la cita: un restorán que se encuentra muy cerca de la panadería donde trabaja. Llegué primero y minutos después entró al local una mujer de unos sesenta años, con el cabello recogido en una trenza de color gris. No era alta y los músculos de sus hombros tenían la fuerza de una persona que había amasado pan durante muchos años.

Galdino me advirtió que su madre no quería verme, pero una carta escrita de puño y letra la hizo cambiar de opinión.

—¡Así que era cierto! —dijo con el gesto de una monja severa apenas tomó asiento junto a mí.

Asentí, todavía sin resentir el tono de reclamo que permanecería durante la mayor parte de la conversación.

—Cuando Juan Luis me comentó que un periodista lo estaba visitando, pensé que era otra de sus mentiras: ya sabe, porque ese muchacho me nació mentiroso.

—Tengo algún tiempo yendo a Chiconautla —confirmé.

—Cuenta que usted está haciendo un reportaje sobre su vida, y que lo van a transmitir por televisión —comentó la mujer con ánimo exploratorio.

—Lo del reportaje es verdad —dije sin abundar, y luego desvié la conversación preguntando si quería algo para comer.

La señora Carolina estaba incómoda y yo no me hallaba mejor. Un mesero filtró el aire cuando anotó el pedido en su bloc, pero una vez que recuperamos intimidad, ella volvió a imponer aspereza entre nosotros:

—Hemos sufrido mucho a causa de Juan Luis y no estamos para tener más complicaciones.

Supuse que se refería a los problemas que podría acarrear la publicación del reportaje. Sin embargo, no acusé recibo y en revancha aproveché para ampliar el terreno del intercambio:

—¿Quiénes han sufrido mucho?

—Pues ¿quién va a ser? Sus hermanos, su papá y más que todo yo —respondió.

—¿Vive todavía su marido?

—Exmarido —aclaró sin tersura—. El papá de Juan Luis y yo no tenemos nada que ver desde que él era muy niño.

—¿Dónde puedo encontrarlo?

—Gilberto es un mueble arrumbado que no quiere saber más de nadie. No le recomiendo acercarse, porque no podrá sacarle nada.

Mientras yo la miraba a los ojos, se encorvó como pájaro que acecha:

—¿Qué le pasó en la mano?

—Un accidente —respondí, descolocado.

—No habrá sido mi hijo, ¿verdad?

Negué con la cabeza, sin suficiente convicción:

—Cuenta Juan Luis que ustedes no se llevan bien.

—Es cierto, vivimos mayormente peleados.

—¿Desde siempre?

—Sus hermanos son hombres de bien, pero él salió diferente.

—De niño debió ser distinto —aventuré.

—¡Qué va! Muchas veces he querido hablar con él, para ver si puedo entender lo que sucedió. Yo digo que el origen del problema fue el alcoholismo del papá y también que ese señor todo lo resolvía rompiéndonos el hocico.

—¿Por eso se divorciaron?

—En realidad nunca estuvimos casados.

El vuelco que tomó la entrevista dio resultado porque ella necesitaba subrayar la mala relación que sostenía con su hijo y con su exmarido:

—¿Qué edad tenía el niño cuando se separaron?

—Unos siete años. El Yuca y yo habíamos recién acordado que él se regresaría a Mérida, pero una madrugada despertó a puntapiés al mayor, Abraham, que no es hijo suyo, aunque lleva sus apellidos.

Tomé nota mental cuando llamó Gilberto al padre de Galdino y también cuando, para referirse a él, mencionó un apodo que no estaba en mi lista.

—Agarré un sartén y le di un golpe en la nariz: después corrí para buscar a Abraham, porque había salido de la casa con sangre en la cabeza. Era todavía de madrugada y nos fuimos a dormir a la panadería. Al día siguiente, cuando regresé, encontré la casa sola. El papá se llevó a los muchachos: a Juan Luis y a José Ricardo, que es dos años menor. Durante meses los guardó en un cuarto de azotea. Fui a presentar la denuncia, pero el Yuca tenía buenas relaciones con la policía y nadie me hizo caso.

»Un día me indicaron las vecinas que los niños estaban jugando en la calle, cerca de la casa donde vivíamos. Llegué sin avisar y José Ricardo me hizo fiesta; en cambio, Juan Luis no quiso venirse conmigo, porque idolatraba al papá. Poco después, los dos se mudaron de nuevo. No volví a tener noticias suyas hasta que Gilberto vino a decirme que el muchacho estaba en un orfanato.

Interrumpí el hilo de la narración que hacía doña Carolina para indagar de nuevo sobre el padre de Galdino:

—¿Es cierto que a su exmarido le dicen el Marino?

Me costaría trabajo decir si la señora fingió sorpresa o fue genuino su gesto de extrañamiento:

—¿El Marino? No sé quién sea ese señor.

—Un hombre que formó parte de la banda encabezada por Alfredo Ríos Galeana —precisé, asumiendo que ella ya tenía esa información.

—¿Ríos Galeana, el asaltabancos? —sonrió la panadera—. ¿A poco Juan Luis le contó esa tontería? Al señor Alfredo Ríos Galeana nada más lo conocimos por los periódicos.

Cerrada esa puerta volví con zozobra al relato previo:

—¿Qué pasó después de que su hijo salió del orfanato?

—Lo llevé a vivir con sus hermanos a una casa en el Estado de México: gracias a mis ahorros había comprado un lote y teníamos ya construidos varios cuartos.

—¿No vivía usted entonces con su mamá?

—Nada de eso; desde jovencita me distancié de ella, porque quiso más a mis hermanos que a mí.

—Su hijo me contó otra cosa —dije, recordando la historia del desencuentro con su abuela.

—Nada, con mi familia nunca la llevé bien. Se lo he dicho muchas veces a Juan Luis: «Entiendo lo que sientes, porque lo mismo me pasó a mí».

—¿Qué le pasó a usted?

—A mí me corrieron de casa antes de cumplir los quince, porque mi mamá malinterpretó las cosas —suspiró antes de continuar—; yo era la favorita de mi padrastro, y ella se puso celosa...

Guardamos silencio y luego añadió:

—Desde entonces he sido muy independiente, llevo trabajando en la misma panadería más de cuarenta años —hizo un puente—. Pero vinimos aquí a hablar de mi hijo, ¿correcto?

Confirmé con un gesto de cabeza.

—El muchacho regresó del orfanato muy desorientado. No se dejaba de nada ni de nadie: chocó casi de inmediato con los hermanos. Cuando le prohibía algo, se aferraba y buscaba la manera de hacer su voluntad. El deporte, los juegos, todo para él significaba competencia, se tomaba las cosas demasiado en serio. Luego pasó una cosa muy extraña. Teníamos una habitación que yo había pintado de color verde claro y dentro puse un altarcito a la Virgen de Guadalupe, sobre una mesa; la imagen me la regaló un señor que era muy amigo de nosotros. No puedo explicar bien cómo sucedió.

Yo estaba en la cocina y empezó a oler a quemado: del cuarto donde estaba la Virgen salía humo, y cuando quise entrar el calor me empujó para afuera, estalló la ventana y los cristales cayeron al suelo; los muebles, que eran de terciopelo, quedaron negros, lo mismo que las cortinas. Llené cubetas, los vecinos también, y lo apagamos así, a puro golpe de agua. Lo impresionante fue que ni a Juan Luis ni a la Virgen les pasó nada. Cuando le pregunté al muchacho, me contestó que solo había encendido una velita junto al altar. Fue la primera vez que pensé en él como alguien relacionado con el diablo. Mis vecinos todavía recuerdan aquello; nos da miedo contarlo. Compré nuevos muebles y cortinas y volví a pintar el cuarto, de un color más oscuro. Luego mandé traer un sacerdote para que bendijera la vivienda.

—¿Fue después de eso que regresó a vivir con su papá? —interrogué.

—Durante algún tiempo pensé que podía alejar a Juan Luis de la maldad, ¿comprende? El problema vino cuando lo descubrí consumiendo. No había terminado segundo de secundaria y lo veía *comer chocolate* a toda hora. Esculqué sus cosas y le encontré no sé cuánta fregadera. Hoy todavía me recrimina la vez que lo anexé en una clínica. Entonces se volvió más soberbio y al salir se fue a vivir de nuevo con el papá.

—¿Recuerda usted que lo hayan operado por aquel entonces del apéndice?

—Sí, claro, estuvo a punto de morirse en el quirófano porque le dejaron una gasa dentro, y luego lo cerraron.

—Él dice que fue en el hospital donde conoció a unas personas relacionadas con la santería —inquirí para continuar corroborando la historia.

—No sé nada de eso, pero sí del consejo que una amiguita de la panadería nos dio sobre un grupo de cristianos que podían ayudar a Juan Luis para que saliera de sus adicciones. Con engaños quise llevarlo a un lugar por Taxqueña, pero mi hijo se dio cuenta: es bipolar o algo así, se puso histérico y amenazó con madrearme. A cierta edad es difícil hacer que los hijos te obedezcan. Con tal de entender, terminé metiéndome yo con los cristianos. Jamás me he drogado y el alcohol no me gusta. En realidad, fue José Ricardo quien me convenció: «Mira, mamá, si en verdad quieres conocer por qué somos así, éntrale tú también». En esas reuniones revisas lo que ha sido tu vida; a mí me ayudó, uno analiza cuáles son sus defectos y las reparaciones que debes hacer. Yo repasé la relación con mi mamá, porque tenía mucho resentimiento hacia ella: ya se lo dije antes, ella creyó que, cuando joven, me metí con su pareja. El problema vino cuando intenté hacer reparaciones también con Juan Luis. Saliendo de una reunión con el grupo decidí encararlo: no debía seguir protegiéndolo. Entendí que yo era parte del problema y que debía quitarme de en medio. Él se molestó con mi actitud y le entró lo agresivo contra todo el mundo. «Tócame un pelo, uno solo, y te refundo en el bote», lo amenacé. «Desapareció por un tiempo. José Ricardo, mi otro hijo, se enteró de que andaba por Puebla: le hacía al brujo y, al parecer, gente de la maña iba a verlo. Esos eran los rumores que jamás fuimos a verificar.

La hipótesis de que Galdino Mellado Cruz fuera el santero de los jefes zetas me pasó por la cabeza, por primera vez, durante la conversación con doña Carolina:

—¿Cree que haya conocido gente importante del narco por aquellos años?

—Dice José Ricardo que se mezcló con malandros cuando andaba de *babalawo*. Por eso sabe tanto de esos señores: porque fue su confesor durante no sé cuánto tiempo.

—Según usted, ¿quién es Galdino Mellado Cruz?

—Si usted mira la foto de ese señor, y luego la de mi muchacho, dirá que son la misma persona. La imagen del Mellado que aparece en internet es de Juan Luis. Es de cuando ingresó al Ejército, y luego está lo otro: cuando usted va a visitarlo a la cárcel, a veces lo mandan llamar usando el nombre de Galdino Mellado Cruz.

—¿Cómo se explica usted estas coincidencias? —interrogué.

—No lo sé. ¡Vaya usted a creer que si mi hijo fuera un zeta poderoso estuviéramos su familia tan jodidos! Ese muchacho nunca ha tenido un peso, por eso me río de la circunstancia: nació muerto de hambre y así se va a morir.

—Y lo de la fotografía, ¿cómo se explica lo de la fotografía en internet? —insistí.

—Pues alguien le jugó una mala broma: usurparon su personalidad. Solo le puedo decir que una cosa es que fuera santero yoruba, como él se hace llamar, y otra que sea el Zeta 9, ¿me entiende?

—¿Tendrá un acta de nacimiento de su hijo?

—Yo no guardo nada que pertenezca a ese malagradecido.

—Cuénteme del Ejército —avancé para verificar ese otro tramo de su biografía. Ella suspiró aliviada:

—Mientras estuvo de soldado tuve paz: por lo menos el gobierno se encargó de él por un rato. Recuerdo que un día fue a visitarme vestido de gala; yo, en cambio, estaba trabajando y pues llevaba toda la ropa manchada de harina. Juan Luis traía una boina negra, llevaba un escudo con unas alas y cargaba una espada cortita. Nadie con ese uniforme podía verse feo. Me dio gusto y luego recordé que se había olvidado de nosotros durante mucho tiempo. Soy su madre, pero no iba a atenderlo cuando le diera la gana, aunque tuviera curiosidad por saber dónde había estado. Dijo que no podía contarme: como si le hubiera cambiado otra vez la voz, usaba palabras que sonaban raras. Su forma de comunicarse se había vuelto, cómo decirlo, muy formal, como de patrón. Luego dejó el Ejército…

—¿Recuerda la fecha?

—La mera verdad, no. Supe que había regresado a las andadas cuando una vecina de Gilberto, mi exmarido, me llamó para decirme que el viejo estaba tirado en el suelo con varios huesos rotos. Fui a su casa; él continuaba viviendo en un cuarto por la avenida Martín Carrera. Lo encontré hecho una miseria. Cuando pregunté, no pude creer lo que me respondió: dijo que amigos de nuestro hijo fueron a exigir dinero y, como no encontraron nada, lo habían madreado. De verdad que Gilberto no tenía feria, de tanto beber se había quedado en la ruina.

—Según usted, ¿por qué fue a dar preso a la prisión de Chiconautla? —interrogué para conocer su versión.

—Me reclama que no he sido buena mamá, pero eso sí, una vez que fui a visitarlo tuvimos un problema grande: llevé comida para repartir entre sus compañeros y se puso agresivo, a pesar de que le expliqué que lo hacía porque me daba pena que nadie fuera a verlos. Además, no estaba bien que únicamente mi hijo anduviera trague y trague. No lo conoce cuando se enoja. Le dije que, si seguía así, vería que lo refundieran en ese lugar por otros cinco años.

»Créame que no estoy tranquila con el hecho de que vaya a salir, no está listo y podría recaer en el tema de la droga. Además, me da miedo que se enrede de nuevo con la vieja esa, la tal Rosaura, que es una mala influencia. ¿Sabe usted que dejó a sus hijas y al marido por seguirle los pasos a mi hijo? Yo no acepto esa relación, por muchas razones, pero sobre todo porque es una mujer infiel con sus parejas. Dizque la chamaca es cristiana, pero no hay que creerle; puro "Dios te bendiga", y en la realidad va haciendo chingaderas. Mi hijo robó unos micrófonos y unas bocinas y, ¿dónde cree que fueron a parar? Ella los escondió y luego ayudó a vender esos aparatos. Tal cosa me contó el pastor Láscari cuando fui a hablar con él; también me dijo que le daba pena conocerme en esa circunstancia, y me explicó que Juan Luis había sustraído de su casa una pistola. No sabe la vergüenza que sentí. Lo mejor que me pudo haber pasado fue que lo encerraran.

—¿Sigue siendo pareja de Rosaura?

—Él dice que no.

Calculando que la conversación se aproximaba al final, hice la última pregunta de aquella entrevista:

—Necesito que sea sincera.

Doña Carolina abrió los ojos.

—¿Diría usted mentiras para evitar que salga a la luz el reportaje sobre su hijo?

—No entiendo.

Intenté ser aún más explícito:

—¿Qué tal si usted me está diciendo que su hijo no es Galdino Mellado Cruz cuando en realidad sí lo es?

—De que lo es, lo es: la foto de internet es de Galdino y es de Juan Luis, pero mi hijo no es el Zeta 9. Eso es tan mentiroso como que su papá haya sido el Marino o que Ríos Galeana fuera amigo de la familia.

—Si no puedo probar que Juan Luis Vallejos de la Sancha es Galdino Mellado Cruz, el reportaje se irá directo a la basura —expliqué.

La señora Carolina sonrió de oreja a oreja:

—Pues eso está bien.

—No es lo que Galdino prefiere —afirmé.

—Lo que Juan Luis quiera me tiene sin cuidado, ya le dije que nosotros somos los del problema: hemos sufrido mucho por su culpa y ya es hora de que nos dejen en paz —concluyó.

Apuntes del periodista
Febrero, 2016

Me habría gustado entrevistar también a José Ricardo Vallejos de la Sancha, el supuesto hijo menor de la señora Carolina, pero aquella única cita terminó con una petición tajante para que jamás volviera a buscarla: «Lo que tenía por decirle ya se lo dije», me explicó, «allá usted y su conciencia con lo que vaya a publicar». Después de esa declaración perdí toda posibilidad de que ella me ayudara a contactar al hermano del interno de Chiconautla. Se sumó como problema que no hallé en redes sociales ni tampoco en internet a nadie con el nombre de esa persona. Si Galdino tenía un hermano menor, probablemente también usaba una segunda identidad.

Salí frustrado de aquella reunión porque, si bien la conversación sostenida con doña Carolina me ayudó a corroborar algunas piezas de información relevantes para la biografía de Galdino, ciertamente no fueron útiles para avanzar: no logré descifrar, por ejemplo, si el padre del Mellado fue realmente el Marino, aquel lugarteniente de Alfredo Ríos Galeana.

En cambio, sí pude verificar datos básicos como que de niño fue internado en una casa hogar, que sufrió de adolescente una operación del apéndice, la cual tuvo complicaciones, que por esas mismas fechas ingresó a la religión yoruba y también que, efectivamente, se integró a las filas del Ejército.

Un dato concreto, que pareciera menor y sin embargo llamó mi atención, fueron las versiones contradictorias a propósito de la abuela materna. Mientras Galdino contó que vivió un tiempo en casa de esa señora, durante nuestra charla doña Carolina se esmeró en sacar a su madre de la ecuación familiar. ¿Por qué Galdino sería el único mentiroso de la familia? Cabía la posibilidad de que ella hubiera decidido esconder la verdad, igual que hizo el hijo cuando de niño engañó para que la policía no diera con el paradero del Marino.

Si bien decidí no desechar la hipótesis de doña Carolina, a propósito de que Galdino pudo haber sido solo el santero de los Zetas —en vez de uno de los fundadores de este grupo criminal—, estaba consciente de que esa versión de los hechos era la que mejor convenía a los intereses de la panadera: la protegería en caso de que publicara mi investigación.

Me restaba una última conversación con Galdino, que obviamente aprovecharía, entre otros temas, para despejar este punto. Pero sabía que, al final, tendría que rendirme ante su respuesta porque nadie más podría ayudarme a corroborarla, a no ser que alguno de los zetas sobrevivientes de la primera generación, estuviera dispuesto a hablar sobre Galdino Mellado Cruz y tal cosa era prácticamente imposible: no tenía oportunidad de acceder, por ejemplo, a Jaime González Durán o a Jesús Enrique Rejón; el primero estaba encerrado en un penal de alta seguridad en México y el otro en una prisión infranqueable de Estados Unidos.

Psicoseado
Marzo 2016

—¿Qué es eso de *psicoseado*?

—Pues vigilado y a la vez en peligro: siento como si me quedaran unas horas de vida, como si tuviera un cáncer terminal, ¿comprende? Digo que estoy psicoseado porque me estoy imaginando cosas. A mí ya me mataron y ese es el mejor seguro de vida que puede conseguirse en este negocio. ¿Quién va a bajarme si ya me bajaron? Es igual que con el Lazca, ¿comprende?

Él no era el único que andaba ansioso. Yo también y por eso asistí a ese último encuentro con un propósito principal: resolver los términos de la despedida entre nosotros. Durante meses me había adentrado en el laberinto y ese era el momento en que intentaría salir de él sin echarme encima al minotauro.

No calculé, sin embargo, que el antiguo zeta estuviera en un trance similar: por razones distintas nos encontrábamos como si uno fuera el espejo del otro.

A Galdino comenzó a faltarle el aire, al tiempo que la boca se le iba secando. Instintivamente busqué sus brazos para confirmar si se había inyectado, pero llevaba puesta una playera de mangas largas.

—¿Consumiste? —me atreví a preguntar, porque era evidente que la droga lo había fragilizado.

—Ayer —respondió sin ocultar nada.

—¿Heroína? —pronuncié, calculando una respuesta afirmativa.

Guardó silencio.

—Tanto que te costó dejarla —me atreví a comentar y miré mi mano izquierda, por fin liberada de los vendajes que me había impuesto la fractura.

Nos habíamos dado cita en un pequeño parque que está a menos de un kilómetro de El Penacho de Moctezuma. Galdino habrá creído que, con llevarme cerca de ese restorán, comprobaría su historia sobre el asesinato del tal Fernando Zavaleta. No tenía duda de que el dinero había sido una de las razones por las que decidió compartir conmigo su largo rosario de historias: la cuota semanal para hablar con él en las palapas le habría servido para mantenerse alejado de la zona conocida como el pueblo, allá en Chiconautla. Debía también sumar el depósito que, con engaños, realicé a favor de su cuñado, Eduardo, para que trajera de Matamoros una caja con documentos que jamás llegó. Y, por último, estaba la extraña petición de un préstamo para recuperar el dinero que teóricamente recibió por liquidar al político, muy cerca de donde nos vimos esa última vez.

Yo decidí apostar con ambigüedad en el juego económico de Galdino porque no me pareció excesiva la inversión a cambio del tiempo dedicado por el Zeta 9 para contarme su vida. Sin embargo, con el tiempo descubrí otras dos motivaciones: en algún momento confesó que mis visitas a la cárcel le habían proporcionado protección; si era cierto que corría peligro, la presencia semanal de un periodista habría reforzado la vigilancia de los custodios con objeto de evitarse una nota negativa de prensa firmada por mí. Además, estaba el hecho de que nuestras conversaciones —según sus propias palabras— le hubieran servido de terapia: «Duermo mejor desde que usted me visita», dijo en alguna ocasión.

Todos estos argumentos habrían de servirme para pactar con él una despedida sin rencores; debía además aprovecharme de que estaba psicológicamente disminuido. Dejé a un lado la cuestión de la heroína y giré la conversación para hacer notar que nos encontrábamos muy cerca de las oficinas de la Procuraduría General:

—Es difícil creer que el operativo para asesinar a un político haya sucedido tan cerca de la autoridad.

—Pero si fueron ellos mismos quienes nos contrataron para matar a Zavaleta —afirmó Galdino con necedad y luego añadió—: La orden provino del gobierno.

—El Penacho de Moctezuma no tiene dos pisos y la gente que trabajaba ahí dentro, en las fechas que mencionaste, no recuerda un episodio ni remotamente similar —informé de nuevo a mi interlocutor.

Sobre las comisuras de sus labios anidaron gotas gruesas de saliva.

—Lo que sucede es que no puedo contarle los detalles verdaderos, pues porque estoy impedido...

Otro paso más dentro del laberinto y Galdino seguía tejiendo historias, alternando los hilos de la verdad con los de la mentira. Durante las largas horas que conversamos, el Zeta 9 contó falsedades —eso fue evidente—, pero también había compartido honestamente piezas de realidad que a lo largo del recorrido fui corroborando.

—¿Me va a prestar el dinero? —retomó Galdino.

—¿Qué dinero? —respondí como quien no tuviera ningún contexto previo.

—El que necesito para recuperar mi clavo.

Negué con la cabeza y sus ojos entristecieron. Entonces cambió la estrategia:

—Ayúdeme, por favor, y prometo que me esfumo.

—¿Dónde tienes pensado irte?

—Ya se lo he dicho —respondió fastidiado—. A Reynosa.

—¿Te vas a reincorporar?

—No quisiera, pero no nací para ser un muerto de hambre.

Me faltó empatía con la pendiente que estaba haciendo resbalar la conversación y él reaccionó:

—Usted no me toma en serio, ¿verdad?

—En serio, sí que te tomo, pero aún tengo muchas dudas.

—¿Cuáles?

—Por ejemplo, ¿dónde quedaron los documentos que iba a traer tu cuñado Eduardo?

—Ese hijo de la chingada me traicionó —escupió con la mirada atorada en las grietas del pavimento.

—Cuando tengas en tu poder esos documentos, hablamos de este otro asunto —ofrecí convencido de que tal condición jamás se cumpliría. Entonces aproveché para hacer avanzar, ahora yo, mis preocupaciones—: Por lo pronto creo que estamos a mano.

—¿Cómo que a mano? —interpeló.

—Durante todos estos meses te apoyé económicamente y eso sirvió para evitar que te bajaran al pueblo. Mi presencia en el reclusorio también te ayudó, según dijiste, para espantar las pesadillas.

—Aún no hemos terminado —intervino con un gesto de arrogancia malograda.

—Yo creo que sí —insistí—. Si tienes algo más para decirme puedes llamar al número de celular que te di… y yo puedo localizarte con tu madre, al fin que cuento con su dirección y su teléfono.

Me aseguré de que Galdino recibiera el mensaje: no solo él podía hacerme daño, yo también sabía dónde encontrar a sus seres queridos.

Respingó y la reacción corporal me indicó que íbamos por buen camino.

—Estamos en paz y así deberíamos despedirnos el día de hoy —rematé calculando que la heroína apaciguara esta vez sus desafíos.

El Zeta 9 se quejó, preocupado:

—No va a publicar el reportaje, ¿verdad?

—Aún no lo sé.

—Es una lástima, porque mayormente es cierto todo lo que le conté.

No era fácil plantear la hipótesis de doña Carolina sin delatar a la fuente, pero no podía irme de ahí sin atar ese último cabo suelto.

—¿Qué lo hace dudar? —cuestionó.

—¿Cabe la posibilidad de que hayas pertenecido a los Zetas, no como parte del grupo armado sino solo como santero de esa gente?

—¿Ya habló con mi mamá? —respondió, intrigado.

Me tocó el turno de mentir y rechacé enfático, porque doña Carolina exigió que por ningún motivo enterara a su hijo sobre nuestra conversación.

—Solo responde, por favor —dije.

—En esto no le he mentido: fui *babalawo* de todo el mundo dentro de la compañía. Del patrón Osiel, de su hermano, el Tony Tormenta, del Lazca, del Hummer, del Mamito; mis ahijados se contaban por docena.

—Por eso sabes tanto de sus vidas, ¿correcto?

—Y también porque soy uno de los originales, de los zetas fundadores, aunque usted se ponga necio.

Miré el arroyo vehicular que en ese momento se quedó sin carros y el vacío ocupó un lugar entre nosotros.

De pronto, Galdino hizo una propuesta descabellada:

—¿Quiere ver los dedos de mis pies?

Reacioné girando la mirada para constatar que nadie más lo hubiera escuchado. Era una paradoja que así concluyeran nuestras conversaciones: diez meses atrás sirvieron para aproximarnos, por primera vez, los tatuajes que llevaba en los brazos y la espalda. Recordé, durante nuestra primera cita, con cuánta urgencia mostró los dibujos en su piel y por eso tardé en decirle que, a diferencia de la ocasión anterior, no estaba interesado en conocer esa otra parte de su cuerpo.

Mi retraso cobró factura cuando, con increíble velocidad, se descalzó y también retiró los calcetines.

—Observe, mi señor —ordenó—, para que no ande dudando: así me quedaron después de ser torturado.

Tal como temí, fue desagradable mirar aquellos pedazos de carne deforme. Esos dedos me habrían impresionado menos de haber estado completamente desnudos, pero los trozos de cartílago color tabaco que crecían aquí y allá, sin ninguna armonía, los hacían repugnantes.

—Cada vez que olvido quién fui, mis pies se encargan de recordármelo.

—Te creo —dije maquinalmente, deseando con intensidad que volviera a cubrirse.

Él reaccionó satisfecho con la exhibición y yo no escondí el desagrado. Me incorporé y Galdino me imitó, con las plantas de los pies todavía al ras del cemento. Luego chocamos los puños:

—¡Me llamas cuando recuperes los documentos! —dije.

—Lo llamo —contestó, y yo supe que no lo haría.

Diez pasos después viré para mirar cómo se calzaba: distinguí entonces las cinco estrellas perfiladas en la parte baja de su cuello. ¡Una por cada estado, de los cinco que conquistaron primero!

Epílogo

Notas del periodista
Abril, 2016

Orisha implacable de la religión yoruba, Oggún es el más antiguo de los dioses, padre de las guerras y responsable de la violencia. Él es quien descubrió el fuego, quien inventó la forja y domesticó los metales, él es el creador de las herramientas y las armas, por eso suele representarse con un hacha.

Oggún es un dios engreído, confiado por entero a sí mismo; es todopoderoso, razón de la tragedia, del dolor y la muerte: se alimenta de sangre humana y tiene predilección por el cacao y la carne de perro.

Este orisha es para la tradición africana lo que Ares para la mitología griega, o Marte para la romana: es el dios de los ejércitos y progenitor de los soldados, poder viril que destruye cuando no es capaz de someter.

Diego Velázquez, artista español, capturó en un lienzo de 1640 las contradicciones del dios de la guerra. El óleo que hoy cuelga de las paredes del Museo del Prado muestra a Marte desnudo y sus músculos, que en otra época tuvieran volumen, se adhieren a los huesos de un cuerpo agotado.

No obstante, sobre la cabeza, el dios lleva un casco elegantísimo de general y, bajo la nariz, un mostacho cuyas puntas, procuradas con esmero, levantan vuelo hacia las orejas.

Esta es la primera incoherencia del lienzo: la cabeza decorada de Marte subraya la vulnerabilidad evidente de su constitución.

Los seres humanos inventamos a Oggún para que obtuviera victorias magníficas, pero ese cuadro cuenta lo que ocurre cuando el mito se desmorona. No importa cuánto se adornen los uniformes ni cuánto brillen las lanzas, que un día el hijo de la guerra volverá con los ojos ciegos y entonces no sabrá qué hacer con el escudo y la armadura que, a la postre, yacerán a los pies de la divinidad en cueros.

Velázquez también retrató la mirada opaca de un dios ebrio por haber atestiguado los horrores de la violencia: bajo la barbilla, un puño sostiene su cabeza en posición pensativa. La imagen también es extravagante porque Oggún no suele pensar: si se detuviera a contemplar la consecuencia de sus actos, asfixiaría de golpe el fuego que lo impulsa.

La desnudez del general, que solo viste un casco, y el falso momento para reflexionar, son la denuncia del artista contra la falacia bélica de su época: no importa cuántos himnos se canten ni cuántas loas se prodiguen, una vez que el soldado marcha sobre el campo de batalla, comienza a fraguarse su irremediable derrota.

Oggún conoce una sola verdad: Dios perdona a la muerte, pero la muerte no perdona a nadie.

Personajes principales

Alejandro Morales Betancourt: Betancourt, el Zeta 2, testigo protegido bajo el seudónimo de Yeraldín.

Alfredo Ríos Galeana: el Charro del Misterio, amigo del padre de Galdino Mellado Cruz.

Arturo Guzmán Decena: Decena, el Zeta 1, primer zeta reclutado por Osiel Cárdenas Guillén

Brígido Solís Guzmán: el Lobo, informante en Tepito.

Ciro Justo Hernández: Ciro Justo Guerrero Silva, zeta torturado y asesinado por sus compañeros.

Efraín Torres: Chispita, el Zeta 14, cabeza de playa de los Zetas en Michoacán y luego en Veracruz.

Ezequiel Cárdenas Guillén: Tony Tormenta o Tony Garza, hermano de Osiel Cárdenas Guillén.

Heriberto Lazcano Lazcano: el Lazca, el Verdugo, el Zeta 3, líder de los Zetas entre 2002 y 2012.

Galdino Mellado Cruz: el Mellado, el Zeta 9; también conocido como José Luis Ríos Galeana, Juan Luis Vallejos de la Sancha; es el personaje principal del relato.

Gilberto Vallejos Hernández: el Yuca, Emeterio Mellado Deantes, José Luis Marino, el Marino (lugarteniente de Alfredo Ríos Galeana), también conocido como Bernabé Cortés Mendoza.

Hania: amiga de Yaneth y de Galdino, trabajadora del Jelly's.

Jaime González Durán: El Hummer, el Zeta 4.

Jesús Enrique Rejón Aguilar: el Mamito, el Zeta 7.

Jonathan Láscari: hijo menor del pastor Samuel Láscari, quien acusó a Galdino de haber robado una pistola calibre .22 en su domicilio.

Jorge Eduardo Costilla: el Cos, líder del cártel del Golfo después de que detuvieran a Osiel Cárdenas Guillén.

Juan Luis Vallejos de la Sancha, José Luis Ríos Galeana, Galdino Mellado Cruz: el Mellado o el Zeta 9.

Lupe: hijo de Brígido Solís Guzmán, el Lobo, informante en Tepito.

Lluvia: novia de Galdino Mellado Cruz.

Mateo López Díaz: el Zeta 6.

Miguel Treviño: Miguelito, L-40 o Z-40, líder de los Zetas después de la muerte de Heriberto Lazcano Lazcano.

Montserrat Ferreira: perito forense.

Nazario Moreno: el Chayo, líder de la Familia Michoacana, quien torturó a Galdino en Cacahoatán, Chiapas.

Omar Méndez Pitalúa: el Pita, el Zeta 10.

Óscar Guerrero Silva: el Winnie Pooh, el Zeta 8, hermano de Ciro Justo Hernández.

Osiel Cárdenas Guillén: el M, el Mata Amigos, Ricardo Garza, líder del cártel del Golfo.

Paulina Fernández: trabajadora del hogar en casa de la familia Láscari, testigo en la acusación contra Juan Luis Vallejos de la Sancha.

Salvador Gómez: el Chava Gómez, líder del cártel del Golfo antes que Osiel Cárdenas Guillén.

Samuel Láscari Jr.: pastor y guía espiritual de Galdino Mellado Cruz.

Samuel Láscari: hermano del hijo mayor del pastor Samuel Láscari, exfuncionario de la policía judicial.

Saúl Quiroz: primer subprocurador de la Unidad Especial en Delincuencia Organizada (UEDO) de la Procuraduría General de la República.

Verónica Castillo: jueza que sentenció a Juan Luis Vallejos de la Sancha.

Yaneth: encargada del Jelly's, burdel de Reynosa.

Agradecimientos

Los agradecimientos de una obra como *Hijo de la guerra* serán siempre injustos. Fueron muchas las personas que hicieron posible la investigación, las entrevistas, las transcripciones, la redacción y las correcciones relacionadas con la hechura de esta novela.

Primero doy las gracias a Antonio Cervantes, quien visitó primero la prisión de Chiconautla y me compartió una gran historia. Luego, a Jorge Zepeda Patterson, por aquella tarde de domingo cuando le conté del proyecto y se entusiasmó. Sus consejos han sido los más valiosos.

También abrazo a mis amigos Gabriel Sandoval y Carmina Rufrancos quienes, durante casi cuatro años, confiaron con paciencia en que este relato valía la pena. Aportaron la levadura literaria indispensable. Como dice Gabriel: «por esfuerzos como éste es que vale la pena dedicarse a los libros».

En los momentos de mayor inseguridad compartí partes del texto porque necesitaba tomar valor para seguir adelante. Muchas gracias a Alma Delia Murillo, Sandra Lorenzano, Alicia de la Madrid, Jorge Javier Romero, Fernando Raphael, Macario Jiménez, Elena Azaola, Alejandro Madrazo, Salvador Azuela, Lizeth Castillo, Rufino Nolasco, Olivia León y Jorge Volpi por leer versiones anteriores y aportarme comentarios generosos y orientadores.

Particular agradecimiento quiero hacer aquí a Arturo Rocha, quien dedicó muchas horas a corroborar datos e historias que nos parecían increíbles. Su talento académico y su compromiso con el país fueron clave para que este libro llegara a buen puerto. Lo mismo que la valentía, seriedad y lealtad con que María Ríos Gaona se involucró en cada momento.

Es muy justo mencionar a Elizabeth Alvarado, quien transcribió decenas de horas de entrevista, que luego le provocaron pesadillas y también una mirada muy lúcida sobre la historia.

Menciono igual a Isabel Torrealba por la investigación exhaustiva que realizó en los medios de comunicación a propósito de la historia de los Zetas.

Gracias a Martha Castro y a Beatriz Marmolejo por la corrección de estilo y a David Martínez por su edición dedicada.

También quiero agradecer a los custodios de Chiconautla, que tanto me aportaron durante aquel año de visitas para comprender realidad y contexto. Incluyo a los vecinos de Tepito y a Samuel González, por su conocimiento del crimen organizado. Gracias también a Carlos Raphael, por cuidarme.

Este libro está dedicado a Alfredo Génis por dos motivos: porque con toda su inteligencia y experiencia del derecho penal estuvo presente en cada conversación con el personaje principal de esta obra, y también porque en nuestro camino semanal a Ecatepec recuperamos lo mejor de una amistad que tiene muchísimos años. (Gracias, Elisa, por prestarme a tu marido).

Cierro esta lista de agradecimientos mencionando a la persona más importante de mi vida, a la mujer más solidaria que conozco, a la cabeza más sensata y al corazón más grande: para ti Marcela, por tanto.